Verlockender Fundamentalismus

Türkische Jugendliche in Deutschland

Wilhelm Heitmeyer
Joachim Müller
Helmut Schröder

Suhrkamp

edition suhrkamp 1767
Neue Folge Band 767
Erste Auflage 1997
© Suhrkamp Verlag Frankfurt am Main 1997
Erstausgabe
Alle Rechte vorbehalten, insbesondere das der Übersetzung,
des öffentlichen Vortrags
sowie der Übertragung durch Rundfunk und Fernsehen,
auch einzelner Teile.
Satz: Hümmer GmbH, Waldbüttelbrunn
Druck: Nomos Verlagsgesellschaft, Baden-Baden
Umschlagentwurf: Willy Fleckhaus
Printed in Germany

1 2 3 4 5 6 – 02 01 00 99 98 97

Inhalt

Vorwort 9

Islamischer Fundamentalismus bei Jugendlichen.
Rückfall in die Vormoderne oder Begleiterscheinung
moderner Gesellschaften? 11

Helmut Frank, Kuno Kruse, Stefan Willeke
Szenen: Muslimische Jugendliche in Deutschland 14

I. Das Theoriekonzept

1. Ambivalentes Aufwachsen in der modernen
    Mehrheitsgesellschaft: zur Bedeutung ethnisch-
    nationaler Zugehörigkeit, kultureller Selbstverständlich-
    keiten und religiöser Gewißheiten 24

2. Islam: Persönliche Religiosität, kulturelle
    Gemeinschaft, militanter Fundamentalismus 27

3. Komplexe Sozialisation und die Attraktivität
    entdifferenzierender religiös-politischer
    Orientierungen 36

II. Die Untersuchungskonzeption

1. Das Analyseschema 42

2. Die Fragestellungen der Ursachenanalyse 42

Exkurs: Zur Erhebungsgruppe und zur Interpretation der
Ergebnisse 45

III. Die empirischen Ergebnisse

1. Zur Lebenssituation und zu Handlungsweisen
    türkischer Jugendlicher 49
1.1 Facetten der sozialen Lage: Status, Belastungen,
    Diskriminierungen und Gewalterfahrungen 49
1.2 Identitätsaspekte: Selbstbilder, Wertorientierungen,
    soziale Zugehörigkeiten und ethnisch-kulturelle
    Identifikationen 57

1.3   Subjektive Verarbeitungen: Lebensgefühl, politische
       Orientierungen, Gewalttätigkeiten 102

2.   Zur Verbreitung und Differenzierung religiöser
       Orientierungen und ihrer politischen Instrumen-
       talisierungen 113
2.1   Persönliche Religiosität in der muslimischen
       Gemeinschaft 116
2.2   Islamzentrierte Überlegenheitsansprüche 125
2.3   Religiös fundierte Gewaltbereitschaft 128
2.4   Organisatorische Einbindungen: Milli Görüş
       und »Graue Wölfe« 132
2.5   Zwischenfazit 144

3.   Ursachenzusammenhänge 146
3.1   Individuelle und soziale Problemlagen 146
3.1.1 Familienorientierung und (Erziehungs-)
       Traditionalismus 147
3.1.2 Kulturelle Probleme und ethnische Identifikationen ... 152
3.1.3 Die Bedeutung der schulischen Qualifikation
       und die Probleme des Statusgewinns 158
3.1.4 Diskriminierung und Rückzug in die eigene
       ethnische Gruppe 161
3.2   Gesellschaftliche und politische Konstellationen 166
3.2.1 Modernisierungsfolgen als Hinwendungsgründe 167
3.2.2 Akzeptanz durch fremdenfeindliche Gewalt 172
3.2.3 Verweigerung einer kollektiven Identitätspräsentation
       und die Distanz zur politischen und sozialen
       Umgebung in der Bundesrepublik 176
3.2.4 Mediale Einflüsse mit geopolitischen Ansprüchen 179

IV. Ein vorläufiges Fazit

Das Problem sozialer Integration und die Notwendigkeit
öffentlicher Diskussionen 183

Literatur 195

Anhang 201
1.   Interview-Kommentare zu einzelnen Items des
     Fragebogens 201
2.   Skalen zur Untersuchung 241
3.   Grunddaten der Befragung türkischer Jugendlicher 243

Die Autoren 279

Vorwort

Die vorliegende Analyse zu Ausmaßen und Ursachen islamisch-fundamentalistischer Orientierungen bei türkischen Jugendlichen in Deutschland ist unseres Wissens die erste empirische Erhebung in westlichen Industriegesellschaften mit muslimischen Minderheiten, die sich diesem Problemfeld zuwendet. Je nach weltanschaulichen und politischen Standorten oder massenmedialen Verwertungsinteressen wurde die Problematik entweder mit Tabuisierungen oder Skandalisierungen belegt. Das war für viele Seiten insofern komfortabel, als die Beliebigkeit zahlreiche Spielräume für Spekulationen offenließ. Weniger komfortabel war und ist diese Situation für die türkischen Jugendlichen und die türkische Bevölkerungsgruppe insgesamt, weil diese Problematik so nach Gutdünken instrumentalisiert werden konnte – eben je nach Interessen unterschiedlicher Gruppen der Mehrheitsgesellschaft, aber auch in der Minderheit selbst. Jedes diffuse Unbehagen über nicht deutlich erkannte Entwicklungen sorgt daher sowohl für Belastungen des Verhältnisses von Mehrheit und Minderheit als auch für Differenzen und Ängste in der Minderheit, obwohl klar ist, daß Islam und Fundamentalismus nicht grundsätzlich identisch sind.

Mit dieser Untersuchung wollen wir deshalb einen Beitrag sowohl gegen Tabuisierung als auch Skandalisierung und für die Herstellung einer demokratischen und sensiblen Öffentlichkeit leisten. Dazu haben die türkischen Jugendlichen dankenswerterweise durch ihre bereitwillige Mitarbeit die Grundlage geliefert und dabei zu einem Großteil deutlich gemacht, daß sie eine Vereinbarkeit von Islam und Moderne vertreten.

Die Realisierung der Studie wäre ohne das Ministerium für Arbeit, Gesundheit und Soziales des Landes Nordrhein-Westfalen nicht möglich gewesen. Deshalb gilt ein besonderer Dank dem zuständigen Referenten Toni Rütten für die Förderung und freundlich-kritische Begleitung.

Außerdem ist die Untersuchung innerhalb des »Instituts für interdisziplinäre Konflikt- und Gewaltforschung« mehrfach Gegenstand intensiver Debatten gewesen. Daher ist vor allem den Kollegen Heiner Bielefeldt und Levent Tezcan zu danken, die nicht mit konstruktiver Kritik gespart haben. Zudem gebührt der Dank in besonderer Weise auch Reinhard Hocker, der mit seiner fundierten Kenntnis der türkischen Jugendlichen, seinen Interviews und Anregungen zum Erhebungsbogen ebenfalls wesentlichen Anteil am Zustandekommen hatte.

Für die textliche Bearbeitung konnten wir auf die bewährte Unterstützung durch Renate Hillenkötter, Sigrid Ward und Byrthe Fink zurückgreifen. Gleiches gilt für die Auswertung der Daten durch Anke Testrot.

Bielefeld, August 1996

Wilhelm Heitmeyer
Joachim Müller
Helmut Schröder

Islamischer Fundamentalismus bei Jugendlichen
Rückfall in die Vormoderne oder Begleiterscheinung moderner Gesellschaften?

Die Rückkehr ethnisch-kulturell motivierter Gewalt hat die westlichen Gesellschaften weitgehend unvorbereitet getroffen. Es war im Zuge von Modernisierung und funktionaler Differenzierung nicht mehr »vorgesehen«, daß ethnische Zugehörigkeiten von Relevanz sein könnten. Angehörige der Mehrheitsgesellschaft haben durch ihre fremdenfeindliche Gewalt massiv diese Annahme kontinuierlich sich entwickelnder Friedfertigkeit widerlegt. In ähnlicher Weise wurde angenommen, daß Religion als besondere Gruppierungs- und Mobilisierungsressource im Zuge von Säkularisierungs- und Aufklärungsprozessen an Gewicht verlieren würde, was eingedenk historischer Erfahrung eher mit der Zivilisierung der Gesellschaft in Verbindung gebracht wurde. Religion sollte zur privaten Angelegenheit werden.

Nun zeigen sich inzwischen äußerst komplizierte Situationen in den modernen, hochindividualisierten und ethnisch-kulturell vielfältigen Gesellschaften westlicher Prägung. Die kulturellen Pluralisierungen gehen mit neuen ökonomischen Polarisierungen einher, die die Integrations-Desintegrationsdynamik sowohl für Teile der Mehrheitsgesellschaft als auch für Minderheiten auf Touren bringen. Dazu gehören einerseits die kulturell, politisch oder religiös fundierten Ausgrenzungen durch Mehrheiten gegenüber Minderheiten. Andererseits werden aber auch zusehends Prozesse innerhalb der Minderheiten sichtbar, die dokumentieren, daß sie sich nicht mehr mit der Opferrolle abfinden wollen. Daraus entstehen auch neue ethnisch-kulturelle Konfliktpotentiale, die sich in religiösen Differenzen äußern und in politisch motivierte Gewalt einmünden können.

In diesen Zusammenhang gehören nun auch Hinweise und Vermutungen, daß es auch unter türkischen Jugendlichen vermehrt offen wie öffentlich präsentierte Bekenntnisse sowohl zum islamischen Glauben, zur islamischen Gemeinschaft als auch zu islamisch-fundamentalistischen Positionen und Organisationen (nicht selten auch mit nationalistischen Versatzstücken) gebe.

Soweit eine öffentliche Debatte stattfindet, kreist sie sehr schnell um das binäre Muster feindbildgenerierender Verallgemeinerungen und damit einhergehende Bedrohungswarnungen, wobei häufig der Glaube mit religiös begründeten politischen Anschauungen gleichgesetzt wird. Dagegen werden ebenso häufig vereinfachende Zurückweisungen solcher Entwicklungen in Stellung gebracht. Diese Schematik rührt zu einem großen Teil daher, daß zwar ansatzweise *Beschreibungen* der vielfältigen Varianten islamischer Glaubenspraxis und entsprechender Organisationsangebote einschließlich der Verquickung mit fundamentalistischen und nationalistischen Facetten vorliegen, aber wichtige Elemente zu einer fundierten Beurteilung fehlen.

Will man die aktuelle *Verbreitung* unter türkischen Jugendlichen hinsichtlich eines möglichen Gefahrenpotentials adäquat beschreiben, muß man u. E. sehr genau unterscheiden zwischen einer religiös fundierten Hinwendung bzw. (Re)Aktivierung islamischer Glaubenspraxis, einer von islamischen Überlegenheitsansprüchen getragenen kulturellen Verankerung und religiös fundierter Gewaltbereitschaft sowie der Hinwendung zu totalitären, pluralismus-, demokratie- und auch integrationsfeindlichen Gruppen, die versuchen, Jugendliche für ihre Machtzwecke zu instrumentalisieren.

Dazu bieten sich empirische Untersuchungen an, die erste Ergebnisse liefern können. Sie sind mit bisher fehlenden sozialisations- wie jugendtheoretisch angelegten *Ursachenanalysen* zu verbinden, um die empirisch aufgezeigte Nähe von Jugendlichen zu entsprechenden Orientierungsmustern und Hinwendungen zu Organisationen erklären zu helfen.

Es ist das Ziel dieser Untersuchung, einen fundierten Beitrag zu leisten, damit diese Defizite nach und nach behoben werden und eine differenziertere Diskussion stattfinden kann, so daß sich weder die bisher dominierende Schematik weiter verhärtet noch die in sich aufgeklärt glaubenden Kreisen der Mehrheitsgesellschaft anzutreffende »selektive Unaufmerksamkeit« weiter um sich greift, also das Wegsehen bei gleichzeitigem Wissen.

Da nun die Grundlage dieser Untersuchung darin besteht, die türkische Minderheit als *normalen* Teil dieser Gesellschaft zu betrachten, deren Mitglieder als Muslime ein Recht auf Religionsausübung haben, wendet sich die Untersuchung sowohl gegen negative als auch positive Diskriminierung.

Dadurch wird eine kritische Analyse möglich, denn jede als normal angesehene Gruppe hat sich auch an unverzichtbaren Maßstäben von Gleichwertigkeit der Menschen und Gewaltfreiheit messen zu lassen. Umstandslose Akzeptanz und gleichzeitig einen Sonderstatus im Sinne eines exklusiven (nicht-öffentlichen) Schutzraumes zu beanspruchen widerspricht der universalen Gültigkeit demokratischer Prinzipien. Zudem ist dies auch unvereinbar mit dem genuinen Interesse einer modernen Gesellschaft nach Selbstaufklärung über ihre internen Entwicklungen. Verdeutlichen kann dies der »Mobile-Effekt«. Der Anstoß eines Teilelementes führt nicht nur zur Veränderung des Teilelementes und zu einer neuen Stellung im Verhältnis zu anderen Teilelementen, sondern das gesamte Gefüge verändert sich.

Insofern muß es im Interesse einer demokratischen Gesellschaft liegen, zu wissen, welche Entwicklungen sich in ihren Teilbereichen vollziehen. Das gilt auch für die Migrantengruppen der islamischen Gemeinschaft mit ihren ca. 2,5 Mio. Muslimen, von denen 80% aus der Türkei kommen und die über 1 600 regionale Organisationen verfügen (vgl. Karakasoglu 1995, S. 37 u. 42). Dazu gehören auch die mehr als 454 000 Schülerinnen und Schüler mit türkischem Paß an allgemeinbildenden und beruflichen Schulen (vgl. Bericht der Beauftragten der Bundesregierung für die Belange der Ausländer 1995, S. 127 f.).

Helmut Frank, Kuno Kruse, Stefan Willeke
Szenen: Muslimische Jugendliche in Deutschland[1]

Mit Bart und Würde die Männer, in Gel und Jeans die Jugend, Frauen mit Kopftuch und züchtig bedeckt. Ein Hauch von Orient durchzieht die Dortmunder Westfalenhalle. 13 000 Gläubige sind zur Jahresversammlung der Islamischen Gemeinschaft Milli Görüş in der Dortmunder Westfalenhalle zusammengeströmt. Zutritt hat nur, wer persönlich dazugebeten ist. Ordnungsdienste kontrollieren die Einladungen, durchsuchen die Taschen, patrouillieren in den Gängen.

Die Halle bebt. Delegationen aus ganz Europa werden jubelnd empfangen. Die Halle buht. Volkan Vural, der türkische Botschafter, steht am Mikrophon. Der offizielle Vertreter der laizistischen Türkei besänftigt die religiösen Eiferer: Das alte Großreich der Osmanen lebe weiter durch die Verbreitung des Islam. Warme Worte. Der Versammlungsleiter dankt mit der Überreichung einer Plakette.

Ein gelungenes Vorprogramm für Ali Yüksel, den Vorsitzenden der Milli Görüş in Deutschland. Nun spricht er zur tosenden Gemeinde, geißelt die Demokratie und die neue Weltordnung der US-Imperialisten, die hinter einer freundlichen Fassade den Islam verleugneten und bekämpften. Er klagt die Laster der Ungläubigen an und den deutschen Staat, der zulasse, daß die Jugendlichen zu Drogensüchtigen und Kriminellen würden. Die Halle tobt. Die Parolen tun ihre Wirkung. Und das nicht nur hier.

Ob in Duisburg-Marxloh, Hamburg-Wilhelmsburg, Berlin-Wedding, Köln-Ehrenfeld oder im Dortmunder Norden, vor allem im sozialen Umfeld »türkischer« Wohnviertel stoßen die Moscheevereine und Kulturzentren der expandierenden Milli Görüş auf fruchtbaren Boden: Die Anhänger fühlen sich aus ganz unterschiedlichen Gründen angezogen. Nicht nur religiöse Eiferer und politische Fanatiker kommen zusammen, viele andere suchen einfach Schutz in einer islamischen Gemeinschaft, die sich von der westlichen Welt abschottet.

---

1 Eine leicht gekürzte Fassung ist am 22. August 1996 in *Die Zeit* erschienen.

An die 26 000 Mitglieder zählt inzwischen die im Verfassungs-schutzbericht als »islamisch-extremistisch« eingestufte Milli Gö-rüş allein in der Bundesrepublik – gelegentliche Gottesdienstbesu-cher und viele Minderjährige nicht mitgezählt. 200 Moscheen hat die Vereinigung, die sich für die Refah-Partei des türkischen Isla-mistenführers Necmettin Erbakan stark macht, in Hallen, Fabrik-etagen, Ladenzeilen und Wohnblocks eingerichtet.

Die Gebetshäuser sind längst nicht mehr nur Treffpunkte alter Männer. In den Vorräumen stehen neben blankgeputzten Halb-schuhen und Sandalen Turnschuhe und Inline-Skates.

Während die Moscheen der staatlich gelenkten »Türkisch-Isla-mischen Union der Anstalt für Religion« ähnlich wie die christ-lichen Kirchen über Nachwuchssorgen lamentieren, laufen der fundamentalistischen Milli Görüş die Jugendlichen zu, angelockt durch Hausaufgabenhilfen, Computer- und Karatekurse, Zelt-lager, Sportstudios und Fußballvereine, durch Jobvermittlung und intensive Hilfe nach Gefängnisaufenthalten.

Allein gelassen und angewidert kehren junge Türken der deut-schen Ellenbogengesellschaft den Rücken. So spiegelt die Zuwen-dung zu radikalen Gruppen für Falk Meinert von der Regionalen Arbeitsstelle zur Förderung von Kindern und Jugendlichen (RAA) in Dortmund das Versagen der vielbeschworenen Integrations-politik. »Jeder hat geglaubt, daß die zweite und dritte Generation von Türken in Deutschland die Eingliederungsprobleme ihrer Vä-ter und Großväter überwinden würde. Aber genau das Gegenteil ist passiert.«

Der Pädagoge rügt das Desinteresse deutscher Lehrer und Er-zieher. Unter 400 Lehrern, die er im Dortmunder Norden, wo viele türkische Kinder leben, kennt, könnten nur zehn überhaupt einen türkischen Namen richtig aussprechen.

Die Kinder und Enkel der Gastarbeiter, als »Ausländer« in Deutschland nicht zu Hause, als »Alemanci« ausgegrenzt aus der Türkei, haben sich auf die Suche nach dem gemacht, was als »kultu-relle Identität« zum neuen Schlagwort geworden ist. »Wer bin ich? Woher komme ich? Wo gehöre ich hin?« fragt der junge Maler-geselle in Berlin, der am Wochenende an einer neuen Moschee mauert. »Das haben sich unsere Eltern nicht gefragt.« Hin- und hergerissen zwischen traditionellem Elternhaus und westlicher In-dividualisierung suchen viele Orientierung in einem festen, vier-zehn Jahrhunderte alten Regelwerk. Der Islam wird zur Heimat, die keinen Paß verlangt, und sie verbindet die Jungen wieder mit ihren Familien. Sie suchen Schutz in der Gemeinschaft der Moschee und träumen von einer sozialen Idee.

Wenn die Gläubigen nach dem Freitagsgebet in der Hamburger Merkez-Camii-Moschee in die notdürftig hergerichtete Tiefgarage eines ehemaligen Bürohauses ziehen, ist dort die Tafel bereitet. Fünfhundert Plätze hat die Speisehalle. An rohen Holztischen werden Menüs serviert, Suppe, gebratenes Lamm mit Reis und frischen Salaten, dazu ein Becher türkischer Trinkjoghurt. Jeder wird freundlich empfangen, ist eingeladen, bezahlen muß keiner. »Bei Allah ist alles umsonst«, sagt Cemal. Er ist zweiundzwanzig und seit zwei Jahren ein gläubiger Muslim. Wenn er von seiner Vergangenheit erzählt, malt er in düsteren Farben: »Mein Leben war Dreck, Spielhallen waren mein Zuhause, ich liebte Alkohol und deutsche Mädchen.«

Jetzt fühlt er sich geläutert und glaubt an die Überlegenheit des Islam: »Weil nur hier die Gebote Allahs klar formuliert sind.« Der Glaube hilft ihm gegen die alltäglichen Demütigungen: Weil sein türkischer Schulabschluß nicht anerkannt wurde, jobbt er in einem türkischen Schnellimbiß, bei den Türstehern »deutscher« Diskotheken kam er nie durch die Gesichtskontrolle. »Ohne Islam sind wir nichts«, sagt Cemal.

Doch die Suche nach Achtung verkehrt sich manchmal in Verachtung für die anderen. »Multikulturelle Gesellschaft«, »Assimilierung« und »Integration«, das sind Worthülsen, für die Cemal nur Hohn hat. »Assimilieren an deutsche Trinker und Schweinefleischfresser, die im Sommer nackt an türkischen Stränden liegen?« Er raucht Marlboro wie seine Kumpel und kleidet sich modisch. Doch in seinem Kopf nistet heiliger Zorn: »Nur der Islam verschafft uns Recht, und wer gegen den Islam kämpft, der wird sterben, er stellt sich gegen Allah.«

Von Feinden glauben sich die Radikalen unter den Anhängern von Milli Görüş geradezu umzingelt: US-Imperialismus, Zionismus, aber auch deutsche Ämter und die Arbeiterwohlfahrt. Die Agenten dieser »menschenfeindlichen Organisation«, warnt ein Flugblatt des Vereins zur Förderung der Hagia-Sophia-Moschee in der Berliner Stromstraße die Gläubigen, entrissen die Kinder ihren Eltern, zwängen sie in Heime und lockten sie in die Prostitution. Sie wittern Heroinhöhlen und »Herbergen für Lesbierinnen« unter der Obhut der Bezirksämter. Ihr Wissen über Kontakte zwischen Lehrer und Schüler haben sie, so scheint es, aus dem *Schulmädchenreport* der privaten Spätprogramme.

Die Viertel, in deren Nischen ein Platz für eine Moschee gefunden wurde, sind die der Türken, und es sind auch die der ausgegrenzten Deutschen, der Sozialhilfe und des Alkohols. Ob in der Merkez-Camii-Moschee in Hamburg St. Georg, wo die Prostituierten stehen, oder der Mevlana-Moschee am Berliner Junkie-Treff Kottbusser Tor, die Symbole der Verwahrlosung der westlichen Gesellschaft sind nicht zu übersehen. Eine Kulisse, die einlädt, Ressentiments zu schüren.

Der Imam der Merkez-Camii-Moschee reckt die Faust, seine Stimme wird scharf und laut, er geißelt das türkisch-israelische Militärabkommen und prophezeit dem israelischen Premierminister Benjamin Netanjahu das Schicksal seines Vorgängers Rabin. Die Agitation schlägt um in liturgischen Gesang, dann ordnet der Imam die Reihen und eröffnet mit einem »Allahu Akbar« die vier Gebetsdurchgänge.

Gebetshaus oder Parteibüro? Die Trennlinie ist nicht zu ziehen. Im Foyer ein metergroßes Foto der pilgerumströmten Kaaba von Mekka, daneben das Parteisymbol der Refah, die Umrisse Europas umschlossen vom türkischen Halbmond. Im Hochparterre sitzen Junge und Alte um Resopaltische und starren auf den Fernseher. Immer wieder die gleichen Bilder: Tumulte im türkischen Parlament, dann der Retter Erbakan in Großaufnahme.

Mittlerweile agitieren zwei religiöse Satellitensender europaweit für den Islam. Der 19jährige Erhan hängt oft vor dem Bildschirm. Und er betet »jeden Tag«, daß aus der laizistischen Türkei ein islamischer Staat werde. Chaos, Inflation und Wirtschaftskrise sind für ihn Beleg, daß allein mit dem Koran Staat zu machen sei. »Das einzige, woran ich mich festhalten kann«, sagt Zeki, »ist meine Religion. Die Türkei kümmert sich nicht um ihre Leute im Ausland.« Fast jeden Nachmittag kommt er gemeinsam mit seinen Freunden in das Jugendfreizeitheim von Dortmund-Eving, um zu kickern, Musik zu hören oder im Bodybuilding-Raum Muskeln aufzubauen. Die Sympathie des 17jährigen gilt allen, die ihm Sicherheit und Schutz bieten. Deswegen lobt er die deutsche Krankenversicherung genauso wie die Grauen Wölfe und die türkische Refah-Partei, die allesamt »was fürs Volk tun«.

Zeki und seine Freunde sehnen sich nach Eindeutigkeit, nach klaren Bekenntnissen, nach einer beherzten Unterscheidung zwischen Gut und Böse. Kompromisse verwirren sie, machen sie auf Dauer wütend, weil sie darin keine Orientierung zu finden glauben. »Schleimer« heißen bei ihnen alle, die auf Zugeständnisse aus sind: Lehrer genauso wie die laizistische Türkei, »die nicht gegen die Griechen vorgeht, nur weil sie in die EU will«.

Dschihad, das ist der Heilige Krieg für den Islam. So ist ein Pamphlet überschrieben, das in Hamburger Jugendzentren kursiert. Der Heilige Krieg ist darin die »erste Verpflichtung jedes Moslems«, die Refah-Partei die heilige »Armee«. Wer sich dem Krieg verweigert, wird »mit dem Schwert hingerichtet«.

In diesem Papier klingt »Heiliger Krieg« allerdings viel schlimmer, als es von den meisten muslimischen Türken gemeint ist. Die Formel steht für Umgestaltung, Neuschaffung. »Um Gottes willen, das ist kein Krieg gegen die Ungläubigen«, erklärt Nafic Ucan, »denn der würde nicht ins Paradies führen.« Für den Studenten ist der Heilige Krieg »einfach das Streben nach Wohlleben für alle und Anständigkeit«. Die Deutschen, versichert der deutsche Türke, müßten keine Angst haben: »Nach dem Ende des Kommunismus wird nun der Islam zum Schreckgespenst gemacht.«

Nafic akzeptiert nicht nur die deutsche Rechtsordnung, er studiert sie auch. Und als Jurastudent findet er »im überwiegenden Teil Gemeinsamkeiten«. Wo Menschen in unterschiedlicher Lebensweise und verschiedenen Weltanschauungen koexistierten, könne die islamische Scharia als Rechtsgrundlage selbstverständlich nicht gelten.

Da spricht er ganz im Sinne Werner »Jahja« Schülzkes. Der pensionierte Beamte ist Vizepräsident der Islamischen Föderation, eine Art Dachverband Milli Görüş nahestehender Gruppen und Vereine in Berlin. »Ich bin der wirkliche Fundamentalist«, sagt der Berliner Schülzke, der vor dreißig Jahren aus Enttäuschung über die opportunistische Haltung der christlichen Kirchen während des Nationalsozialismus zum Islam übertrat, »denn ich komme vom Koran, dem Fundament«.

Schülzke betont immer wieder das sozialrevolutionäre Element des Islam, der den Sklaven gleiche Rechte einräumte, spricht von Gerechtigkeit, Hoffnungen, Utopien und dem Modell, das den Kapitalismus in Schwierigkeiten bringen kann. Er will überkommene Traditionen zur Seite räumen, zugunsten der reinen Lehre. Voller Stolz blickt er auf das Gemeindeleben. »Es entsteht eine Struktur, die wir brauchen, aus Geschäftsleuten und Akademikern.« Und besonders glücklich ist er über die akademische Jugend, die er um sich sammelt. Sie soll das offene Gesicht des Islam zeigen.

Yunus Celikoglu, 24 Jahre alt und Student an der Technischen Universität, hat sich dafür extra rasiert. Junge Gläubige wie er laden skeptische Nachbarn zu einem Gespräch in die Moschee ein und zeigen sich aufgeklärt liberal gegenüber der jungen Frau, die – wenn der Vater nicht da ist – »von sich aus« ihren Bruder um Erlaubnis bittet, ausgehen zu dürfen.

Eigentlich, sagt Yunus, habe er immer alles abgelehnt, was der Vater gesagt habe. Am Ende der Gymnasialzeit aber sei ihm ein Streit mit dem Lehrer über das Palästinenserproblem der Schlüssel zum Islam geworden. Nun hat ihn, der früh von zu Hause ausgezogen war, der Glaube wieder eng an die Familie gebunden.

Positive Erfahrungen mit dieser offenen Seite islamischer Aktivisten bestärken auch Reza Raran von der Fraktion der Grünen im Berliner Abgeordnetenhaus darin, sie in die demokratische Gesellschaft einzubinden: »Wer religiös ist, ist nicht immer gleich fundamentalistisch.«

Tatsächlich sammeln sich nicht nur die Erfolglosen unter der Fahne des Propheten. In den großen Universitäten finden islamische Studentengruppen Zulauf. Das Gebet, fünfmal täglich, fügt sich noch schwer in den Seminarbetrieb, aber an der Technischen Universität in Berlin haben sich die Gläubigen längst ihren Gebetsraum eingerichtet.

Studenten wie Yunus Celikoglu fordern mehr Bildungsmöglichkeiten für junge Türken. Durch Sprachprobleme und kulturelle Unterschiede würden sie auf Haupt- und Sonderschulen abgedrängt. Schon deshalb sei die islamische Grundschule in Berlin-Kreuzberg so wichtig.

»Gläubige sind die besseren Schüler«, sagt Melih Dirik, Vertrauensmann dreier Moscheen im Hamburger Stadtteil Wilhelmsburg, wo, eingezwängt zwischen Hafenanlagen, Bahngleisen, einer Autobahn und einer Mülldeponie, ein Großteil der türkischen Familien in Hamburg lebt. Auf der »Armutsinsel«, wie der Erste Bürgermeister Henning Voscherau den vergessenen Stadtteil nennt, ist die Arbeitslosigkeit dreimal so hoch wie anderswo. Hier gibt es die meisten Sozialwohnungen, 16% der Wähler stimmten bei der letzten Bürgerschaftswahl für rechtsradikale Parteien. Der Ausländeranteil beträgt 30%, in manchen Blocks bis zu 80%.

Wo jugendliche Türken in Arbeitslosigkeit und Kriminalität abzugleiten drohen, werden die Religiösen zu erfolgreichen Vorbildern. Und so findet mancher Jugendliche tatsächlich Kraft in selbstauferlegter Strenge. Überall wird von Geläuterten berichtet, deren Wandlung oft verdächtig eng an die religiösen Jugendbücher angelehnt ist, in denen immer wieder in türkischem Laizismus oder westlicher Dekadenz Verirrte zu Gott zurückfinden.

»Es ist, als ob ein trockener Baum wieder blüht, wenn ein Jugendlicher zum Islam zurückfindet«, sagt der Refah-Sympathisant Dirik. »Bei uns lernen sie, zu beten und den Koran zu lesen, sie kommen zur Vernunft.«

Sorgen bereitet deutschen Pädagogen hingegen die wachsende Zahl junger Türken, die für westliche Maßstäbe von Vernunft nichts übrighaben. Wie schwierig es inzwischen geworden ist, türkische Problemjugendliche in das Ausbildungssystem einzugliedern, erlebt der Betreuer Falk Meinert in Dortmund immer wieder. An der Anne-Frank-Gesamtschule, in der sein Büro untergebracht ist, ist jeder zweite Schüler Türke. Meinert und sein Kollege Kenan Yilmaz erschrecken über die »kleinen, wegweisenden Zeichen«: Graue Wölfe-Symbole an Wänden und auf T-Shirts von Schülern, Wimpel mit der früheren osmanischen Kriegsflagge in den Autos der 18- und 19jährigen. Der »Graue Wolf« (Bozkurt) ist das Symbol der »Idealistenvereine«, ihr politisches Idol Alparslan Türkeş, Vorsitzender der rechtsextremen Partei der Nationalen Bewegung (MHP). Ursprünglich lehnte die Partei den Islam ab und agitierte für die Vereinigung aller Turkvölker in einem Staat. Aber auch sie hat die Zeichen der Zeit erkannt, und so entwickelte Alparslan Türkeş die »Türkisch-Islamische Synthese«. Die Grauen Wölfe in Westeuropa heulen ihm nach – wissend, daß die Religion auf viele türkische Jugendliche große Anziehungskraft besitzt. Schon 1988 spaltete Musa Serdar Celebi, ein ehemaliger Vorsitzender der Idealisten, einen religiösen Flügel von den Grauen Wölfen ab: die Türkisch-Islamische Union in Europa (ATIB). Nun konkurrieren sie um die Jugendlichen.

Beide Gruppierungen haben ihren festen Platz im Dortmunder Ausländerbeirat: Der ATIB-Chef ist erster Vorsitzender des städtischen Gremiums, der Kopf des grauen Wolfsrudels ist sein Stellvertreter. Beide verfügen über ein engmaschiges soziales Netz. Sie unterhalten eine Moschee, eine Teestube, ein Lebensmittelgeschäft und ein Kulturzentrum. Rentenbeiträge, Kindergeld, Aufenthaltsgenehmigungen, für alles werden Beratungen angeboten. Beide

Gruppen haben eigene Fußballmannschaften, die von türkischen Firmen gesponsert werden: »Anayurt« bei der ATIB, »Fatih Spor« bei den Grauen Wölfen. »Fatih Spor« kickt in der ersten Kreisliga und besitzt mehrere Jugendabteilungen.

Meinert und Yilmaz versuchen immer wieder, Jugendliche aus dem Bannkreis der Grauen Wölfe zu lösen und in berufsvorbereitende Schulungen zu holen. Doch bei den Hardlinern »müssen wir einfach kapitulieren«, gesteht Sozialpädagoge Yilmaz. So vermittelte er vier Jugendlichen, die den Grauen Wölfen nahestehen, Plätze in einem berufsbildenden Kurs, geleitet von einem Türken und einem Deutschen. Doch entweder kamen die jungen Türken nicht, oder sie zettelten im Unterricht Schlägereien an. »Nach einer autoritären Erziehung in einem konservativen Elternhaus kommen sie mit dem Freiraum in einer solchen Schulung nicht klar und leben Aggressionen aus«, glaubt Meinert, »sie fühlen sich schnell ungerecht behandelt und reagieren äußerst empfindlich, wenn ein Deutscher ihnen Anweisungen gibt. Deswegen kann es auch vorkommen, daß sie ihrem Meister im Betrieb spontan was vor die Mütze hauen.« Oft gibt's nur eine Notlösung: Rausschmiß.

Mittwochs und freitags ist Diskoabend im Jugendheim Dortmund-Derne. Während die Pädagogik-Studentin Nicole Lenfert den CD-Player mit Tanzhits füttert und Heimleiter Michael Schulze Getränkekisten schleppt, legt Mesut die Beine auf die Stuhllehne und schimpft auf »dieses Scheißland«. Die kalte Wut hat der 19jährige in einen muskulösen Körper gezwängt, unterstrichen von dunklem Outfit: schwarze Baseballmütze, schwarze Weste und schwarze Hose. Die nackten Füße stecken in klobigen Joggingschuhen. Die Lehrer der örtlichen Hauptschule hätten aus ihm »einen deutschen Jungen machen wollen«, sagt er angewidert und steckt sich eine Zigarette an. Seine Eltern verlangten, daß er sooft wie möglich zu Hause bliebe: »Ich sollte wohl keine schlechten Erfahrungen mit Deutschland machen.« Doch Mesut trieb sich nachts auf der Straße herum, und es setzte Prügel vom Vater. »In meiner Familie bin ich der Penner.« Die Hiebe gab er weiter an deutsche Jugendliche, zog bei Schlägereien selten den kürzeren.

»Die Grauen Wölfe helfen Leuten, die in Not sind, geben Geld«, erzählt Mesut, »sie gehen auf uns zu und geben mir das Gefühl, daß ich stolz darauf sein kann, Türke zu sein.« Dieses Gefühl braucht er heute mehr denn je. Nach zahllosen Schlägereien und etlichen anderen Delikten saß er fast zwei Jahre in der Jugendstrafanstalt

Iserlohn ab, suchte anschließend viele Monate, bis er endlich eine Stelle als Kesselreiniger in Hochöfen fand. Ein Job, der ihn »ankotzt«.

Manchmal schämt sich Mesut, daß er sowenig weiß vom Koran, daß er sich regelmäßig betrinkt, aber nur unregelmäßig eine Moschee betritt. Mesut ist einem Ringerverein beigetreten, einem deutschen Klub. Stolz streift er seine Weste vom Schulterblatt und zeigt eine vernarbte Wunde. Einmal im Jahr demonstriert er sein Können in einer »alten Kultur«, dem türkischen Ölringen. Beim letzten Wettkampf in dieser Disziplin wurde er Sieger. Da hat ihn sogar sein Vater freudig umarmt.

Es sind vor allem verbitterte türkische Jugendliche, die sich weniger zu den Islamisten als zu den Ultranationalisten hingezogen fühlen. Gemeinsam ist ihnen der Wunsch nach Umarmung. Doch auch wenn die Grauen Wölfe von der pantürkischen Idee zu Allah gefunden haben, verbleiben die Fraktionen des Nationalismus für die religiösen Anhänger der Milli Görüş im feindlichen Lager. Sie werfen den Grauen Wölfen eine enge Zusammenarbeit mit dem türkischen Geheimdienst vor.

In Hamburg-Wilhelmsburg betreibt Milli Görüş inzwischen ein eigenes Jugendzentrum mit Satellitenfernsehen und Freizeitangeboten; statt Reisen an die Ostsee bietet die Parteiorganisation Pilgerfahrten nach Mekka. Nach erfolgreicher Mission kehren die Jugendlichen dann mit Bartflaum und Takke, einer in der Türkei verbotenen religiösen Kopfbedeckung, zurück in eine fremder gewordene deutsche Realität.

Das Refah-Jugendhaus versucht offensiv, Jugendliche vom städtischen Haus der Jugend am Rotenhäuser Damm abzuwerben. »Das Klima ist rauher geworden«, sagt Heimleiter Ulrich Gomolzik. Mit einem breiten Freizeitangebot halten fünf Sozialarbeiter die 300 meist 11- bis 27jährigen Besucher bei Laune. Bodybuilding, Boxen und Fußball verbindet Deutsche, sunnitische Türken, Aleviten und Kurden. Während die Väter bei Tee türkische Sportsendungen ansehen, spielen die Söhne Streetball oder Billard. Die Mädchen treffen sich am Frauentag zum Kochkurs, der große Saal steht für Familienfeiern und rituelle Beschneidungsfeste offen.

Die Sozialarbeiter begegnen dem Islamisierungsdruck mit einer Mischung aus offenem Gespräch und Restriktion: Goldkettchen mit dem roten Emblem der Grauen Wölfe müssen an der Türschwelle im Hemd verschwinden. Doch manchmal müssen die

Betreuer ohnmächtig zusehen, wie die Eiferer sich breitmachen: Eine als Modenschau angekündigte Veranstaltung türkischer Frauen entpuppte sich im Laufe der Veranstaltung als Propaganda für den Schleier. Mädchen in langen schwarzen Gewändern verteilten plötzlich Kampfliteratur.

Die 1994 gegründete Sozio-kulturelle Arbeitsgemeinschaft Hamburg will dem Rückzug aus der deutschen Gesellschaft entgegenarbeiten. Türkische Jugendliche, die nachmittags zur Koranschule gehen, kommen abends zu ihren Konzerten oder Diskussionsforen. »Wir müssen den Islam aus den finsteren Kellern der Hodschas herausholen«, sagt der Sozialarbeiter Cemal Özdemir. Immerhin ringen im Islam über siebzig verschiedene Richtungen um den rechten Weg Allahs. »Da sollten wir mitmachen.«

I. Das Theoriekonzept

1. Ambivalentes Aufwachsen in der modernen Mehrheitsgesellschaft: zur Bedeutung ethnisch-nationaler Zugehörigkeit, kultureller Selbstverständlichkeiten und religiöser Gewißheiten

Die Sozialisation von türkischen Jugendlichen wurde bisher vielfach in die Metapher des Kulturkonflikts bzw. des »Lebens zwischen zwei Kulturen« gekleidet. Damit sollten Widersprüche zwischen familiären Traditionen und modernen, jugendspezifischen Lebensweisen als Ausdruck von Spannungen zwischen Herkunfts- und Aufnahmegesellschaft benannt werden, die zudem mit dem Generationskonflikt verknüpft wurden. Als besonders problemreich wurde dieses Aufwachsen deshalb deklariert, weil damit, so die These, Identitätsprobleme bis hin zu Identitätsdiffusionen verbunden seien. Günstiger erscheint dagegen eine Entwicklungsrichtung, wenn deutlich würde, daß die Jugendlichen in *beiden* Bedeutungssystemen »zu Hause« sind (Auernheimer 1988) und damit als »Inländer« (mit ausländischem Paß) in der dritten Generation fähig werden, in der alltäglichen Lebensbewältigung in Familie, Schule und Beruf sowie in der jugendkulturellen Lebenspraxis (»unter sich«) pragmatisch Neues zu kreieren. Ob dies gelingt, hängt von mehreren Bedingungen ab – ausgehend von einem Sozialisationsverständnis, daß eine aktive, eigenständige Auseinandersetzung mit der historisch entwickelten gesellschaftlichen Umwelt nicht nur möglich, sondern auch erforderlich sei. Diese soziale Umwelt ist von weitreichenden Individualisierungsprozessen gekennzeichnet. Der einzelne muß die Gestaltung seines Lebenslaufes in der zunehmenden Spannung neuer, vielfältiger werdender *kultureller Optionen* und sich verschärfender *sozialökonomischer Ungleichheiten* bewältigen. Die Chancen auf eigenständige Lebensgestaltung nehmen generell zu, während für immer größere Teilgruppen die Realisierungsmöglichkeiten abnehmen.

Die *Integration* in die Gesellschaft, u. a. durch den Erwerb schulischer Qualifikationen zur Erlangung sozialer und beruflicher Positionen, die Sicherung gesellschaftlicher Zugehörigkeiten und Partizipation müssen eigenhändig betrieben werden. Dieser Prozeß ist gesellschaftlich von *Desintegrationserscheinungen* begleitet, also u.a. von der Auflösung stabiler Zugehörigkeiten und Beziehungen, der Labilisierung von Lebenszusammenhängen, von der Abnahme der Partizipation an gesellschaftlichen Institutionen und der Auflösung einer Verständigung über gemeinsame Wert- und Normvorstellungen.

In dieser Integrations-Desintegrationsdynamik (vgl. Heitmeyer 1997) sind die vielfältig verschachtelten Chancen und Risiken höchst ungleich verteilt. Dies gilt für Mitglieder von sozialen Milieus der Mehrheitsgesellschaft und insbesondere für Angehörige von Minderheiten. Denn die rapide Geschwindigkeit des Wandels in der durchkapitalisierten Gesellschaft erzeugt dabei eine Zunahme an Desintegrationserfahrungen, die in hohem Maße mit Unsicherheiten, Ängsten, Verunsicherungen verbunden sind, die in den verschiedenen Milieus ganz unterschiedlich verarbeitet werden. Neben sozialverträglicher Abfederung sind seit Mitte der achtziger Jahre auch neue politisch motivierte Bedrohungen für jene entstanden, die als »Fremde« etikettiert wurden. Bekanntlich wurde und wird die Gefährdung nicht nur durch physische Gewalt hervorgerufen, sondern besonders durch unkalkulierbar variierende Größenordnungen jener Bevölkerungsgruppen in der Mehrheitsgesellschaft, die in Abhängigkeit von der Wahrnehmung ihrer eigenen Situation und mittels der Versorgung mit fremdenfeindlichen Thematiken durch Teile der politischen Elite für dauerhafte Verunsicherung sorgen.

An diesem Zusammenhang kann exemplarisch deutlich werden, in welche dialektischen Prozesse und Verstrickungen die Sozialisationsverläufe, ihre identifikatorischen Anbindungen, ihre Identitätskonstruktionen und jugendkulturellen Lebenspraktiken eingebunden sind. Vielfältige Varianten sind möglich, die allesamt kaum als sicher, stabil oder labil zu prognostizieren sind.

Zu diesen Varianten zählen

– die typischen pragmatischen *patchwork*-Aktivitäten, d.h. die Tendenz, die jeweils als passend angesehenen Elemente der je eigenen türkischen wie deutschen Referenzgruppe aufzunehmen und zu leben.

– die eher aus der Not geborenen, quasi *chamäleonhaften* Aktivitäten, weil die Personen zwischen (z.B. familiären) Konformitätsdruck und (jugendkulturellen) Erwartungsdruck geraten,

– das *Assimilations*verhalten als unauffällige Angleichung an die Kultur der Aufnahmegesellschaft.

25

Was entwickelt sich nun unter dem Druck der Verhältnisse, wenn in der subjektiven Sicht etwa die nur beispielhaft aufgeführten drei Varianten nicht als befriedigend angesehen werden?

Dies könnte der Fall sein,

– wenn sich immer deutlicher abzeichnet, daß ein Identitätsspagat nicht mehr zu verkraften ist – und die Suche nach »Einheit«, Eindeutigkeit und Gewißheit zunimmt,

– wenn der ständige Wechsel zwischen den Erwartungen der kulturellen Referenzgruppen nicht ausgehalten wird und zugleich die existentiellen Versorgungs- und Unterstützungsleistungen immer unsicherer werden,

– wenn die Angleichungsbemühungen als Anpassung an die kulturellen Maximen der Aufnahmegesellschaft trotzdem mit der Erfahrung von Diskriminierung und u. U. fremdenfeindlicher Gewalt einhergehen.

Wie werden solche Erfahrungen verarbeitet, und zu welchen Konsequenzen führen sie? Zunächst ist anzunehmen, daß ein großer Teil der türkischen Jugendlichen aus der dritten Generation die Kraft hat, mit diesen Anforderungen zurechtzukommen, d. h. eine individuell befriedigende Biographie zu gestalten. Gleichzeitig ist aber auch aufgrund älterer Migrationsstudien aus den dreißiger und sechziger Jahren in den USA (Hansen 1938, Herberg 1960) festzuhalten, daß sich ein erheblicher Teil der dritten Generation der Einwanderer der kulturellen Identifikation mit der Aufnahmegesellschaft widersetzt. Die Ursache für die Rückbesinnung auf die ethnisch-kulturelle Herkunft der Großeltern wird in der Erfahrung faktischer Undurchlässigkeit eines nur formal offenen Statussystems gesehen. Dieses historisch schon erkennbare Muster scheint sich durch die aktuellen Entwicklungen in der Bundesrepublik der neunziger Jahre zu bestätigen und u. U. zu verschärfen. Dazu trägt die Differenz zwischen der historischen und der aktuellen Entwicklung bei. Damals hatte sich eine Ausweitung des Arbeitsmarktes ergeben, während sich in der heutigen Situation die bekannte »jobless growth«-Entwicklung anbahnt, also Wachstum *und* Arbeitsplatzabbau, was auch türkische Jugendliche der dritten Generation besonders treffen wird. Deshalb ist zu vermuten, daß infolge gesellschaftlicher Desintegrationsprozesse u. a. auf dem Arbeitsmarkt ethnisch-kulturelle Identifikationen für die individuelle wie kollektive Identität an Gewicht gewinnen werden. Dazu gehört auch, daß z. T. die traditionsvermittelte Lebensweise, ihre religiösen Ausdrucksformen, nationalen Identifikationsanker und v.a. der Rückzug in die eigenethnische »Wir«-Gruppe u.U. jene Sicherheiten bieten sollen, die eigentlich in modernen Gesellschaften durch universal gültige systemische Zugänge zum Arbeitsmarkt, Bildungssystem etc. erwartet wurden.

Inzwischen hat sich erwiesen, daß es zu den fatalen Irrtümern soziologischer Klassiker gehört, die Bedeutung und Brisanz von *ethnischen Zugehörigkeiten, kulturellen Selbstverständlichkeiten* und *religiösen Gewißheiten* für individuelle wie kollektive Identitätsentwicklungen unterschätzt zu haben (Esser 1988). Deshalb kann die Aufmerksamkeit für das Aufwachsen von türkischen Inländern der dritten Generation nicht bei den vielfältig schon untersuchten Themen stehenbleiben, etwa der beruflichen Eingliederung oder der Identitätsentwicklung, sondern muß auch die verschiedenen Varianten und Funktionen des individuellen islamischen Glaubens, die Bedeutung kollektiv-kultureller Verankerung und die Folgen politisch ausgerichteter nationalistischer und fundamentalistischer Orientierungen für die Sozialisation in einer säkularisierten Mehrheitsgesellschaft einbeziehen, in die die türkischen Jugendlichen zumeist hineingeboren wurden und als deren selbstverständliche Mitglieder sie sich überwiegend fühlen.

2. Islam: Persönliche Religiosität, kulturelle Gemeinschaft, militanter Fundamentalismus

Die dieser Untersuchung zugrundeliegende Konzeption zur Bedeutung der Religion hat mehrere Facetten. Zunächst geht es um kategoriale Unterscheidungen.

I. Als erste Kategorie ist die *islamische Religiosität* als *persönliche* Angelegenheit zu nennen. Dazu sind Fragen zu den religiösen Praktiken, zur *identitätssichernden* Bedeutung in der alltäglichen, *gemeinschaftlichen* Lebensgestaltung und zum gesellschaftspolitischen Anspruch, und zwar zunächst unabhängig von monopolisierenden Weltdeutungen und Gewalt, zu untersuchen.

II. Die zweite Kategorie konzentriert sich auf solche *kollektiv-kulturellen* Aspekte des Islams, die die *Konkurrenz* zu anderen Glaubensgemeinschaften und -überzeugungen in den Vordergrund stellen. Dementsprechend sind Fragen nach Überlegenheitsansprüchen und Grenzziehungen (Gläubige/Ungläubige) mitsamt deren Bewertungen gegenüber anderen Kulturen zu behandeln.

III. Die dritte kategoriale Unterscheidung betrifft *jene politische Dimension des Islams, der eine enge Verbindung von Religion und Machtpolitik inhärent ist.* Damit sollen Zusammenhänge thematisiert werden, die auf *Durchsetzung* der Prinzipien und *Ausbreitung* der Machtsphäre zielen und für deren Verwirklichung auch Gewalt bzw. Gewaltbereitschaft von Angehörigen der Glaubensgemeinschaft ins Kalkül gezogen wird.

In dieser Untersuchung interessieren die drei Bereiche in je unterschiedlicher Weise. Die kritische Perspektive konzentriert sich auf die zweite und insbesondere auf die dritte Kategorie, von denen konkrete Teilausprägungen nach unserem Verständnis in einen aggressiven islamischen Fundamentalismus eingehen.

Davon abzusetzen ist jener islamische Fundamentalismus, der zwar auch im engeren Wortsinn die Glaubenssätze im Sinne einer »rückwärts gewandten Utopie« (Wielandt 1990, S. 52) auslegt und propagiert, kulturelle Modernisierungen westlicher Prägung ablehnt, dies aber eher defensiv, gewissermaßen religiös begrenzt vertritt. Eine gänzliche Ausschaltung der politischen Dimension ist aber auch in dieser Variante nicht zu erwarten, wenn etwa an die Fragen der Gültigkeit religiöser Glaubenssätze für die öffentliche Rechtsprechung gedacht wird.

Die wissenschaftliche wie v. a. die öffentlich-politische Debatte um jene Phänomene, die mit dem Begriff »islamischer Fundamentalismus« umschrieben werden können, sind unübersichtlich, angespannt und z. T. auch riskant.

Zur Unübersichtlichkeit tragen die vielfältigen Erscheinungen ebenso bei wie die Tatsache, daß bisher interdisziplinär angelegte Analysen fehlen. So dominieren eindeutig separierte Forschungen. Islamwissenschaftliche und religionsphilosophische Ansätze sind vielfach darauf beschränkt, die historischen Grundlagen bzw. neueren Entwicklungen in ihren zahlreichen Ausprägungen freizulegen. In diesem Kontext sind auch Publikationen zu finden, die nachweisen, daß es *den* islamischen Fundamentalismus nicht gebe – was niemand ernsthaft bestreitet. Es zeichnet diese Diskurse aus, daß auf die sozialwissenschaftliche Analyse des Umfangs und der komplexen gesellschaftlichen Ursachen von demokratie- und menschenfeindlichen Tendenzen in den entsprechenden Bevölkerungsteilen der Migrantengruppe verzichtet wird. Dies läuft darauf hinaus, die Fragen der Macht und damit u. U. der Bedrohung demokratischer und zumindest programmatisch der Freiheit des Individuums verschriebener Gesellschaften auszublenden. Dagegen geraten jene empirischen Analysen, die nicht dem islamwissenschaftlichen Kontext entstammen, in den Verdacht, Unkenntnis mit *Pauschalierung* zu verbinden, *Alarmismus* auszulösen und *Diffamierung* den Boden zu bereiten, weil Islam, Fundamentalismus und Gewalt gleichgesetzt würden.

Festzuhalten bleibt das Defizit an interdisziplinär angelegten empirischen Forschungen zum Tatbestand des vielgestaltigen Gesamtphänomens des islamischen Fundamentalismus. Dies gilt wohl weniger für jene vermutlich kleinen, organisatorisch verfestigten (Terrorismus-)Strukturen, die Objekte von Sicherheitsbehörden sind. Deshalb interessieren sie hier nicht. Um so mehr aber beschäftigen uns die vermutlich größeren Teile der Minderheiten, die aufgrund des gemeinsamen Glaubens und der jeweiligen ethnisch-kulturellen Zugehörigkeiten den aktiven Gruppen ihre unterstützenden Einstellungen signalisieren, ohne selbst entsprechend tätig zu werden. Das Problem liegt in diesem Fall eher in der Tatsache, daß die Unterstützungspotentiale den agierenden Gruppen wesentliche Legitimationen liefern und die politischen Aktivitäten auf die Stabilisierung und damit wiederum auf die Vergrößerung des Unterstützungspotentials zurückwirken.

Jede *Tabuisierung* dieses »kommunizierenden« Zusammenhanges dient eher der Aufschaukelung, weil große Teile dieser Gesellschaft kein Bewußtsein für die schwärenden Konflikte entwickeln und gerade Elitediskurse diese Konfliktpotentiale oft eher verdecken oder unterdrücken als offenlegen und damit auch bearbeitbar machen.

Die politische Öffentlichkeit verfängt sich ebenfalls in einem bemerkenswerten Schematismus: der linksliberalen Verharmlosung des Problems und der Ausbreitung von islamischem Fundamentalismus in den muslimischen Minderheiten steht eine rechtskonservative Dramatisierung gegenüber. Den ersteren können die Ausmaße nicht passen, den letzteren in der Regel nicht dessen Ursachen, nämlich die Sozialisationsbedingungen jener »einheimischen Jugendlichen mit türkischem Paß« in der Bundesrepublik. Diese Schematismen dokumentieren pauschale »*Entlastungsversuche*« einerseits und grundlegende *Diffamierungsversuche* andererseits; in beiden Fällen äußert sich eine Unsicherheit, die sich sowohl aus Unkenntnis als auch aus »Traditionen« positiver wie negativer Diskriminierung speist.

Notwendig sind statt dessen zweifellos *Differenzierungen*. So ist u. a. zu unterscheiden

– zwischen individueller Religiosität, also der vielgestaltigen Praxis islamischen Glaubens, und politisch instrumentalisiertem islamischem Fundamentalismus,
– zwischen gutgläubigen Anhängern des Volksislams und hartleibigen Kadern,
– zwischen Anforderungen einer universalistischen Moral, die auch in der Aufnahmegesellschaft keineswegs verwirklicht ist, und solchen partikularistischen Positionen innerhalb des Islams, die u. a. Menschenrechten widersprechen.

Eine Klärung des Begriffs »Islamischer Fundamentalismus« ist aufgrund der vielfältigen Varianten ein schwieriges Problem (vgl. Heine 1992). Für eine empirische Untersuchung kann jedoch nicht in die Vielgestaltigkeit ausgewichen werden. Eine Operationalisierung, die sich einerseits als anschlußfähig an die Theorie- und Analysedebatte erweist und andererseits anstelle von fortwährendem Relativismus auch Festlegungen trifft, ist also unerläßlich. Vor diesem Hintergrund folgen wir einem Verständnis, das islamischen Fundamentalismus als die Umwandlung der Religion des Islam in eine *politische Ideologie* interpretiert (vgl. u. a. Hottinger 1993, S. 7; Tibi 1993). Wir fassen Ideologie als Verzerrung der Realität im Sinne der *Monopolisierung von Weltdeutung* zum Zwecke der *Durchsetzung von Macht* auf, die in *Anti-Aufklärung* (Tibi 1992) mündet. Dazu wird die Sehnsucht von religiösen Menschen nach Sinn und Transzendenz in eine Sehnsucht für eine *geschlossene Ordnung* umgeformt. Ziel ist die *vollkommene Einbindung* des Gläubigen in die islamische Gemeinschaft, die nach innen strikt an die Prinzipien der Scharia gebunden ist (vgl. Bielefeldt 1991, S. 37) und in verschiedenen Varianten nach außen zur Abwehr wie zur Ausweitung Gewalt als Mittel propagiert oder nutzt. Insofern geht es um den Anspruch der unmittelbaren *Einheit* von Politik und Religion gegen die Grundlagen und Praxis einer freiheitlichen Demokratie und individueller Menschenrechte (Meyer 1989, S. 18). Ein generelles Kennzeichen von Fundamentalismus ist, daß er sich gegen eine vermutete »Gefährdung der eigenen kulturellen Identität und religiösen Glaubensgewißheiten« (ebd., S. 19) formiert, um mit allen Mitteln die *Authentizität* zu retten bzw. zu sichern. Inwieweit es gelingt, die Gefährdung zu erzeugen oder an solche anzuknüpfen, hängt u.E. von der Bedeutung und Qualität von Gewißheiten ab. Solche Gewißheiten sind charakterisiert durch die immerwährende, zeit- und raumunabhängige Gültigkeit, eine unhinterfragbare, nicht reformierbare göttliche Ordnung, die Einzigartigkeit der Religion gegenüber anderen Glaubensgemeinschaften und die Rolle des eigenen Auserwähltseins. Dazu werden unterschiedliche Deutungen vorgetragen. Während Riesebrodt (1990) Fundamentalismus in erster Linie als *Defensiv*bewegung patriarchalischer Eliten versteht, betont Kepel (1991) den *Offensiv*charakter. Diese differierenden Interpretationsperspektiven schließen einander nicht aus, sondern könnten sich auch auf unterschiedliche Milieus beziehen. Dann wäre der islamische Fundamentalismus einerseits eine *Defensivideologie* des traditionalen Milieus, das von der Moderne nichts wissen will, andererseits eine *Offensivideologie* von Gruppen, die eine andere Moderne wollen. Diese Gruppen sehen die Überlieferung mit Blicken der westlichen Moderne und geben ihr eine politisch-aggressive Bedeutung (Schiffauer 1995b, S. 97), u.a. auch dadurch, daß latente Unterlegenheitsgefühle mit Überlegenheitsansprüchen zu bekämpfen versucht werden.

In beiden Varianten dokumentiert sich ein wechselseitiger Prozeß. Die Umwandlung des Glaubens (von »*innen*« und »*unten*«) durch Gläubige selbst ist kombiniert mit der Funktionalisierung (von »*außen*« und »*oben*«) durch Eliten. Islamische Fundamentalismen benutzen die islamische Religion gegen den Säkularismus und die Praxis einer freiheitlichen Demokratie. Nach Tibi ist Fundamentalismus eine Politisierung religiösen Glaubens, nicht aber eine Renaissance des Religiösen (1995, S. 29). Die Politisierung religiösen Glaubens schafft eine neue Qualität geschlossener kultureller Entitäten. Dies zeigt, daß es im Kern auch um kulturelle Probleme geht. Die westlichen Ausprägungen von kultureller Pluralisierung und Aufklärung werden abgelehnt, während gleichzeitig die instrumentelle Übernahme ihrer materiellen und technischen Errungenschaften eher begrüßt wird (vgl. Göle 1995). Von daher ist Tibi zuzustimmen, daß es falsch sei, den islamischen Fundamentalismus auf religiöse Militanz zu reduzieren und hierbei seine kulturellen Verästelungen und Superioritätspostulate zu übersehen (vgl. Tibi 1995, S. 32). Auch in einer weiteren Variante stellt sich der islamische Fundamentalismus gegen die westliche Moderne. Die Differenz dokumentiert sich im Vorrang der Kollektive vor dem Individuum. In diesem Prinzip manifestiert zeigt sich dann auch der Konflikt mit der modernen Demokratie (vgl. Tibi 1995, S. 41; Kepel 1996), welcher auf gewaltaffines Terrain führt. Diese Problematik basiert auf der Tatsache, daß Fundamentalisten in der politischen Praxis mit dichotomischen Grenzziehungen zwischen eigenen »Wir«-Gruppen, den Gläubigen, und den »anderen«, den Ungläubigen, operieren, selbst wenn in den Schriften, auf die sie sich berufen, die Differenzierung zwischen Gläubigen, Andersgläubigen und Ungläubigen existiert. Ganz gleich, ob deren politische Praxis ein Reflex ist auf die scharfe Differenz zwischen »Einheimischen« und »Fremden« durch Teile der Mehrheitsgesellschaft, es ist auch in diesem Fall eine für Gewalt mobilisierungsfähige Ressource.

Vor diesem Hintergrund kann nun eine weitere *Differenzierung* der eingangs aufgeführten drei Kategorien erfolgen. Sie sind nicht additiv, also unabhängig voneinander zu sehen, sondern *überschneiden* sich, so daß komplexe Figurationen aus *religiösen, kulturellen* und *politischen* Bestandteilen entstehen (vgl. Abb. 1).

I. Der ersten Kategorie ist die *persönliche Religiosität, d. h. der Glaube des einzelnen in der muslimischen Gemeinschaft*, zuzuordnen. Es geht um die alltägliche religiöse Praxis.

II. Die zweite Kategorie des *islamzentrierten Überlegenheitsanspruches* läßt sich als ein Überschneidungsbereich zeichnen, so daß zwei Strömungen sichtbar werden. Neben den genuin *religiös* motivierten Superioritätspostulaten werden außerdem identitätsbezogene Aspekte erkennbar, d. h. daß durch religiöse Überlegenheitsansprüche *kulturelle* Bindungen erzeugt oder gesichert werden sollen.

III. Die dritte Kategorie, die um den Kern der Gewaltbereitschaft gruppiert ist, kann als zweiter Überschneidungsbereich gefaßt werden. Ihm sind erstens jene Personen oder Gruppen zuzuordnen, die *religiös* motivierte Gewaltbereitschaft präsentieren, also religiöse Fanatiker; zweitens jene, die eine identitätspolitisch motivierte, also auf *kulturelle* Dominanz ausgerichtete Gewaltbereitschaft deklarieren, und drittens jene, die die persönliche Religiosität in der muslimischen Gemeinschaft gewissermaßen von »außen« politisch instrumentalisieren.

Abb. 1: Untersuchungskategorien

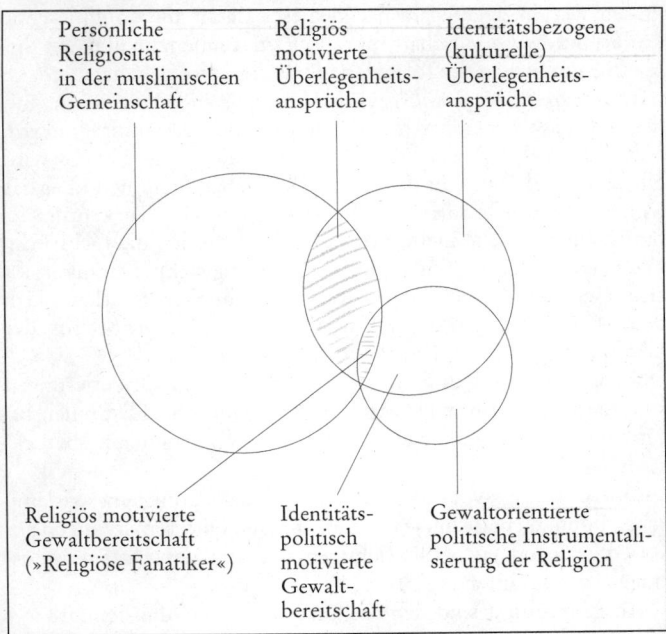

Persönliche
Religiosität
in der muslimischen
Gemeinschaft

Religiös
motivierte
Überlegenheits-
ansprüche

Identitätsbezogene
(kulturelle)
Überlegenheits-
ansprüche

Religiös motivierte
Gewaltbereitschaft
(»Religiöse Fanatiker«)

Identitäts-
politisch
motivierte
Gewalt-
bereitschaft

Gewaltorientierte
politische Instrumentali-
sierung der Religion

Im türkischen Zusammenhang ist die politische Seite des islamischen Fundamentalismus nicht ohne einen nationalistischen Kontext zu denken. Allerdings ist der türkische Nationalismus nicht einheitlich[1]: Der *kemalistische Nationalismus* verfolgt die Idee einer politischen Nation. Sie soll die Alternative zur islamischen oder osmanischen Identität bieten. Zwar autoritär auf die Durchsetzung einer homogenen Kultur und die westliche Zivilisation ausgerichtet, ist er ein defensiver Nationalismus, der die Gesellschaft von oben in Richtung der westlichen Moderne transformieren will.

Der *konservative Nationalismus* verbindet radikal westlichen

1 Die Hinweise sind dem Vortrag von Levent Tezcan, *Die Funktion von Kultur und Zivilisation bei der Konstitution türkischer nationaler Identität* entnommen, gehalten in der Reihe »Ethnizität und Moderne« am 8. 7. 1996 in der Universität Bielefeld.

Kemalismus und gemäßigten ethnischen Nationalismus mit religiösen Werten. Der Islam hat in dieser Lesart die dominierende Funktion, die Gesellschaft moralisch zusammenzuhalten. In diesem Sinne wird an der formalen Demokratie festgehalten.

Der *radikale Nationalismus* setzt auf eine enge Verbindung mit dem Islam, wobei es interne Konflikte um den Betonungsgrad von Nation und Religion bei der Identitätsbestimmung gibt. Es wird eine Linie gezogen von den zentralasiatischen Stämmen über das osmanische Reich zur türkischen Republik. Das Türkentum erfährt eine ethnische Definition, allerdings werden die nichttürkischen, muslimischen Völker der Türkei dazugezählt. Daraus ergibt sich auch der Versuch einer türkisch-islamischen Synthese nach dem Motto: »Das Türkentum ist unser Körper, unsere Seele ist der Islam. Ein seelenloser Körper wird ein Leichnam.«

In der Analyse islamisch-fundamentalistischer Orientierungen sind deshalb immer auch Verbindungen mit nationalistischen Facetten, insbesondere in der zuletzt genannten Fassung, zu berücksichtigen.

Das schwierige Vorhaben der Operationalisierung eines »islamischen Fundamentalismus« hat diese inneren Differenzierungen der Orientierungen zu berücksichtigen und mit der Organisationsfrage zu verknüpfen (vgl. Abb. 2).

Ausgangspunkt sind demnach drei Varianten, die sich zu zwei Kombinationen zusammenfügen lassen, die z. T. auch ineinandergreifen:

1. Die erste Verbindung resultiert aus islamzentrierten Überlegenheitsansprüchen und religiös fundierter Gewaltbereitschaft. Das Resultat findet sich u. a. in unorganisierten, instabilen Jugendgruppen, die diese Muster in der Auseinandersetzung mit Gleichaltrigen aus anderen Kulturen legitimatorisch verwenden, ohne daß diese Erscheinungen mit den raschen Veränderungen in sonstigen Jugendkulturen gleichgesetzt werden können.

2. Ernsthafter und dauerhafter ist die zweite Verbindung, die einen politischen Charakter enthält, weil etablierte und stabile Organisationen die Bindungen bzw. Instrumentalisierungen der Personen übernehmen.

Daraus ergeben sich zwei konkurrierende Interpretationsansätze, die weiter zu verfolgen sind. Der eine versteht die Zustimmung zu islamisch-fundamentalistischen Orientierungen als jugendspezifi-

»Das Türkentum ist unser Körper, unsere Seele ist der Islam. Ein seelenloser Körper wird ein Leichnam.«

sche Erscheinung, gewissermaßen als jugendtypisches (Übergangs-)Problem. Der zweite Ansatz fokussiert dagegen die Interpretation auf ein dauerhaftes politisches Problem.

Die zentrale Frage ist nun, in welchem Umfang und aus welchen Gründen auch inländische türkische Jugendliche »als Kinder der westlichen Moderne« mit traditionalen Stützen wie Behinderungen sich verschiedenen Facetten fundamentalistischer Orientierungsmuster annähern, sich damit identifizieren und in diesem Sinne u. U. individuell und kollektiv zu handeln bereit sind. Dazu

35

Abb. 2: Operationalisierungsschema

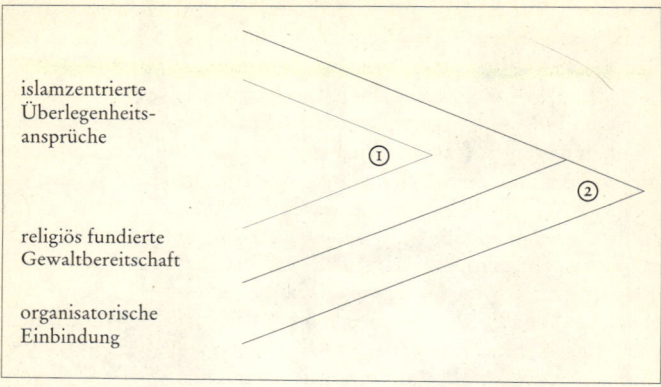

islamzentrierte
Überlegenheits-
ansprüche

religiös fundierte
Gewaltbereitschaft

organisatorische
Einbindung

sollen nun zunächst die Sozialisation und Religion erneut in einen Zusammenhang gebracht werden.

3. Komplexe Sozialisation und die Attraktivität entdifferenzierender religiös-politischer Orientierungen

In einer säkularisierten, an der Freiheit des Individuums orientierten Gesellschaftsverfassung kann die Analyse der *persönlichen Religiosität* nur insofern von Interesse sein, als daß ermittelt wird, inwieweit die *gleichberechtigte* Ausübung gesichert ist. Diese kritische Aufmerksamkeit muß sich also auf die Mehrheitsgesellschaft richten und danach fragen, ob deren eigene Prinzipien tatsächlich gültig sind bzw. welche Defizite in der Verwirklichung dieser Prinzipien existieren.

Der kritische Fokus verlagert sich auf die Ebene der *kollektiv-kulturellen Formierung* als religiöse Gemeinschaft bezüglich des Verhältnisses zu anderen Überzeugungen. Dort stellt sich die Frage nach *Gleichheit* und *Gleichwertigkeit* neu und ist dann skeptisch zu untersuchen, wenn etwa Superioritätspostulate artikuliert werden, weil damit auch *wechselseitige* Anerkennungs- und Integritätsprobleme aufgeworfen werden können.

Eine weitere Zuspitzung der kritischen Sichtung muß dann die

Analyse des *militanten islamischen Fundamentalismus* erfahren, weil darin der Angriff auf die Prinzipien einer freiheitlichen Demokratie, auf verbriefte Menschenrechte und auf den Grundsatz der Gewaltfreiheit von Auseinandersetzungen zum Ausdruck kommt. Die Nähe zu solchen Orientierungsmustern und eine Hinwendung zu entsprechenden Organisationen und Gruppen können in dem Fall als Indizien einer Distanz zu demokratischen Prinzipien und einer Abwendung vom politischen System der Mehrheitsgesellschaft gewertet werden.

Eine Untersuchung mit dem bisher schon dargestellten Zuschnitt ist auf präzise *Unterscheidungen* angewiesen. Gleichzeitig muß auf den interaktiven *Prozeßcharakter* (analog zu politischen Abläufen) hingewiesen werden, in dem Eliten eine zentrale Bedeutung haben. *So kann sich in den Gefühlen wie Überlegungen von Einzelpersonen und Gruppen – analog zu anderen Religionsgemeinschaften auch – die individuelle Religiosität sehr schnell mit kulturellen Überlegenheitsansprüchen verbinden und die Gleichheits- und Gleichwertigkeitsgrundsätze unterhöhlen. Mitsamt den dazugehörigen Abwertungen können somit ideologische Voraussetzungen dafür geschaffen werden, daß sie als Legitimationen verwendet werden, um gegebenenfalls diese »neue Weltsicht« auch mit Gewalt durchzusetzen.*

Diese Beschreibung verweist in einer Untersuchung mit einer Sozialisationsperspektive, der gerade bei Jugendlichen ein dynamischer, unabgeschlossener Prozeß der Individuierung wie der Vergesellschaftung zugrunde liegt, auf die Komplexität. So sind die kategorialen Unterscheidungen zwar notwendige Hilfen, aber nicht hinreichend. Deshalb muß immer wieder das Augenmerk auf die eigenständigen Aktivitäten der Jugendlichen selbst gelenkt werden, die sich in den Auseinandersetzungen mit den gesellschaftlichen Strukturen, den Institutionen und den sozialen Beziehungen im jeweiligen kulturellen Umfeld abspielen. Die besondere Situation für die heutige Generation besteht gerade in dem Umstand, daß sie diese eigenständigen Tätigkeiten nicht nur durchführen können, sondern daß sie dazu geradezu gezwungen sind – mit allen dazugehörigen Chancen und Risiken. Dies erfordert der Individualisierungsprozeß als Signatur der modernen Gesellschaft. Diese Facetten, die sich um die Herauslösung aus historisch vorgegebenen Sozialformen und -bindungen, um Verluste von traditionalen Sicherheiten, Glauben, leitenden Normen sowie den neuen

Formen der sozialen Einbindung und Kontrolle gruppieren, sind vielfältig beschrieben worden (vgl. Beck 1983, Heitmeyer/Olk 1990).

Ambivalenz wird als zentrales Lebensparadigma in der modernen Gesellschaft ausgemacht (Hoffmann-Nowotny 1988). Diese Ambivalenz zeigt sich in zahlreichen Spielarten:

- Die Chancen der Lebensplanung und die Vielfalt der Optionen nehmen zu, aber die Berechenbarkeit der Lebenswege nimmt ab.
- Die Entscheidungschancen vermehren sich, aber es steigen auch die Entscheidungszwänge.
- Die Gleichheit in manchen Bereichen wird größer, dadurch erweitert sich aber auch der individuelle Konkurrenzdruck zur sozialen Plazierung und Statussicherung.
- In dem Maße, wie alte Strukturen und Umgangsformen an Gültigkeit verlieren und neue Optionen sich vervielfachen bis zur scheinbaren Beliebigkeit, wächst das Bedürfnis nach Unterscheidung.
- Die Befreiung aus einem Lebenslaufkorsett erhöht die Verlustmöglichkeiten sozialer Verortung.
- Die Möglichkeiten größerer individualistischer Selbstdeutung gehen einher mit einer Destabilisierung sozialer Lebenszusammenhänge.
- Viele Gewißheiten gehen verloren, aber das Bedürfnis nach ihnen bleibt bestehen. Dies ist insbesondere dann bedrängend, wenn sich die Erkenntnis durchsetzt, daß sich diese Epoche durch das Fehlen neuer Gewißheiten politischer oder sonstiger Art in demokratischer Qualität auszeichnet.

Diese Kennzeichnungen für die Mitglieder der Mehrheitsgesellschaft werden verschärft für Angehörige von Minderheiten wahrnehmbar und erfahrbar, zumal offene oder verdeckte Diskriminierungen bis hin zu massiver fremdenfeindlicher Gewalt noch hinzukommen.

Auernheimer (1988) hat in einer differenzierten Analyse die These vertreten, daß der Kulturkonflikt nicht das zentrale Problem der »Inländer mit ausländischem Paß« darstelle, da sich normative Diskrepanzen auf vielerlei Weise bearbeiten und pragmatisch lösen ließen. Diese Position ist auch deshalb nachzuvollziehen, weil etwa auch Jugendliche der Mehrheit in der pluralisierten Gesellschaft zu vielfältigen eigenständigen Anpassungs- und Distanzhaltungen aufgefordert sind. Gleichwohl müssen ausländische Jugendliche immer besondere Konflikte zwischen »traditionellem Familialismus und modernen Autonomieansprüchen« (ebd., S. 193) bewältigen, wenn z.B. eine Heirat ansteht oder das religiöse Selbstverständnis und der Umgang mit religiösen Praktiken zu klären sind.

Es ist Auernheimer ebenfalls zuzustimmen, daß das eigentliche Problem in struktureller Benachteiligung und kultureller Enteignung (ebd., S. 193) liegt. Dadurch wird eine angemessene Verlagerung der Problemzonen erreicht, in denen sich ausländische Jugendliche befinden. In ihnen können sie z.T. eigenständig agieren, z.T. sind sie bloß Objekte. Faktisch ist aber auch dieses Verhältnis von struktureller Benachteiligung und kultureller Enteignung nicht statisch und stabil. Formen der Benachteiligung im Hinblick auf Zugänge zum Arbeitsmarkt können sich z.B. mit neuen Formen der Wiederaneignung von Kultur verbinden. Es stellen sich also Fragen, welche strukturellen Konstellationen dominieren, welche kulturellen »Angebote« und eigenständigen Neuentwicklungen existieren und welche aktiven Folgerungen durch die Jugendlichen daraus gezogen werden.

Zunächst wäre es äußerst zweifelhaft, verspräche man sich die Lösung der Probleme von ausländischen Jugendlichen der dritten Generation allein aus einer Veränderung der Benachteiligung etwa auf dem Arbeitsmarkt. Denn wenn die These stimmt, daß Jugendliche heute generell vor der schwierigen Aufgabe stehen, ihre Identität nicht nur selbst entwickeln zu *können*, sondern dies auch tun zu *müssen*, dann muß immer intensiver zu ermitteln versucht werden, wo identitätsstiftendes Potential »lagert«, auf das Jugendliche zurückgreifen können bei der dauerhaft virulenten Frage danach, wer *ich* bin, *wozu* ich *gehöre* und warum das, was ich tue, auch *sinnvoll* ist. Das *Selbst*(-Bewußtsein), *Zugehörigkeiten* und *Sinn* müssen austariert werden in einer eigenständigen und keineswegs spannungsfreien Identitätsentwicklung, die eingebunden ist in die strukturellen Bedingungen der gesellschaftlichen Teilsysteme und der kollektiv geteilten kulturellen Deutungsmuster von Mehrheit und Minderheit.

Dabei zeigt sich, daß auch eine Lockerung der Benachteiligung auf dem Ausbildungs- und Arbeitsmarkt kaum Entlastungen in Fragen der Identitätsentwicklung bringt. Dies liegt darin begründet – und dies trifft deutsche Jugendliche gleichermaßen –, daß die identitätsstiftende Funktion von Arbeit dramatisch nachläßt, während deren existentielle Bedeutung auch angesichts des Abbaus sozialstaatlicher Leistungen ebenso stark zunimmt. Wenn dies so ist, und die Analysen weisen übereinstimmend in eine solche Richtung, dann ist Arbeit als besonders bedeutsamer Ort keinesfalls mehr das einigende Band von systemischer und sozialer Integration (Hörning/Michailow 1990). Damit gewinnt die kulturelle Seite zunehmend an Gewicht, d. h., Fragen der Identität entstammen verstärkt auch diesem Fundus. Wer ich bin, wozu ich gehöre und warum das, was ich tue, sinnvoll ist, wird stärker kulturell beantwortet, also über Wertvorstellungen und Lebensstile. Aus welchen Quellen sich dies speist und in welchen Auseinandersetzungen dies geschieht, gilt es zu klären. Für die türkischen Jugendlichen stellt sich diese Frage entlang den »Eckpunkten« eines familialen Traditionalismus, eigenständiger Autonomieansprüche, religiöser Praktiken und nationaler Zugehörigkeiten.

Die bunte Vielfalt und ganze Bandbreite der ständig sich verändernden »Lösungen« vieler Jugendlicher sind aufgrund der jugendtypischen Dynamik nicht empirisch zu fassen. Gleichwohl lassen sich – gewissermaßen momenthaft stillgestellt – »Lösungen« feststellen, die problematische Züge tragen, und zwar dann, wenn

– sie in traditionsfixierter familialer Abhängigkeit stattfinden,
– Selbstbestimmung und Eigenständigkeit zugunsten »enger« Gemeinschaften aufgegeben werden,
– individuelle Religiosität in Überlegenheitsansprüche mündet oder
– soziale Zugehörigkeiten nationalistisch überhöht werden.
   Es sind dann Konstellationen
– vielfältiger Auslieferungen an familiale Gewalt,
– einer selbstverantworteten Verletzung der eigenen Integrität,
– der gewalthaltigen Aufteilung von Gläubigen und Ungläubigen oder
– Aufwertungen der eigenen Gruppe und gewaltförmiger Abwertungen von anderen

denkbar. Es geht also um das kulturelle Ensemble aus individuellen, sozialen, religiösen und politischen Orientierungen und Praktiken. Dabei interessiert in dieser Untersuchung das Ausmaß der individuellen Religiosität, v. a. aber eines religiös-kulturellen Überlegenheitsanspruches des Islam und einer religiös fundierten,

40

politisch ausgerichteten Gewaltbereitschaft in den Positionen von Jugendlichen sowie deren Präferenzen für Organisationen, die diese Orientierungen institutionell binden und sie somit über nur jugendspezifische Vorlieben für starke Stilisierungen hinaus verfestigen.

Dementsprechend ist zu untersuchen, welche *identitätsrelevante* Bedeutung für den einzelnen die

– individuelle Religiosität hat, über die er Sicherheit und *Gewißheiten* gewinnt, gewissermaßen als Antworten auf die Frage »Wer bin ich?«.

– Diese Frage muß zweitens in einer kollektiv-kulturellen Erweiterung gestellt werden. Darin geht es um die soziale Dimension der *Zugehörigkeit* zu einer (Religions-)*Gemeinschaft* und um Antworten auf die Frage »Wozu gehöre ich?«.

– Die dritte identitätsrelevante Frage bezieht sich auf die *Sinnfrage,* also »warum das, was ich tue, auch sinnvoll ist«. Hierzu ist empirisch zu klären, inwieweit u. a. *auch* der militante islamische Fundamentalismus mit seinen Durchsetzungs- und Ausbreitungsinteressen einschließlich der Gewaltvarianten als sinnhaft bei den Jugendlichen erscheint.

Solche Fragerichtungen werden angezielt, weil Positionen von islamischen Überlegenheitsansprüchen bis hin zu religiös fundierter Gewaltbereitschaft unterschiedliche *Funktionen* haben können. Ein *ambivalenzreduzierendes* Differenzmuster (Gläubige/Ungläubige; »Wir« vs. »Die«) ist identitätsklärend; ebenso ist es geeignet, gegen Inkonsistenz, also widersprüchliche Erwartungen, eingesetzt zu werden, weil es »Entweder-Oder«-Präferenzen mit sich führt. Kontingenzen können durch Entschiedenheiten »verscheucht« werden, und zudem lassen sich mit hoher Autorität versehene Legitimationen auch für Gewalt verwenden. Es ist also von weitreichenden Problemen auszugehen, wenn sich herausstellen sollte, daß innerhalb der hochkomplexen Sozialisationsprozesse mit entdifferenzierenden religiös-kulturellen Orientierungsmustern operiert wird. Solche Präferenzen, die in einer enttraditionalisierten Gesellschaft eine Durchsetzung von religiösen Normen befürworten und damit kulturellen Pluralisierungen und Freiheitsräumen widersprechen, würden dann nur über Zwang und Gewalt realisiert werden können.

II. Die Untersuchungskonzeption

1. Das Analyseschema

Die bisherigen Überlegungen sollen nun in drei Untersuchungsbereiche und -schritte »übersetzt« werden.

Erstens werden *Beschreibungen* von Facetten der Lebenslagen, von Identitätsaspekten und subjektiven Verarbeitungen der Lebenssituationen vorgestellt.

Der zweite Bereich ist einerseits auf die *Ausmaße* individueller Religiosität und andererseits auf islamzentrierte Überlegenheitsansprüche, religiös fundierte Gewaltbereitschaft und die Einbindung in organisatorische Strukturen ausgerichtet.

Im dritten Bereich werden dann *Ursachenzusammenhänge* für jene Orientierungen und politischen Einbindungen mit Hilfe der Lebenssituation und existierenden Weltbilder untersucht (vgl. Abb. 3).

2. Die Fragestellungen der Ursachenanalyse

Die *Ursachenanalyse* gliedert sich in individuelle und soziale Problemlagen sowie gesellschaftliche und politische Zusammenhänge mit islamzentrierten Überlegenheitsansprüchen und religiös fundierter Gewaltbereitschaft sowie ihren institutionellen Einbindungen.

Zu den individuellen und sozialen Problemlagen werden vier Fragestellungen verfolgt:

– Eine erste Blickrichtung betrifft die *Herkunftsfamilie* sowie *kulturelle und religiöse Traditionen,* in denen rigide Wert- und Normvorstellungen enthalten sind, die einerseits Konflikte erzeugen und andererseits die Ausrichtung auf die eigenethnische Gruppe zementieren, mithin Abgrenzung sichern.

– Daran schließt eine zweite Fragestellung an, die sich mit den *kulturellen Konflikten* und *Ablehnungen westlicher Wertvorstellungen* beschäftigt, welche mit ethnischen Identifikationen einhergehen.

– Diesen Fragestellungen zur Einbindung in die familiäre und kulturelle Gemeinschaft folgt zunächst der Blick auf die indivi-

Abb. 3: Analyseschema der Untersuchung

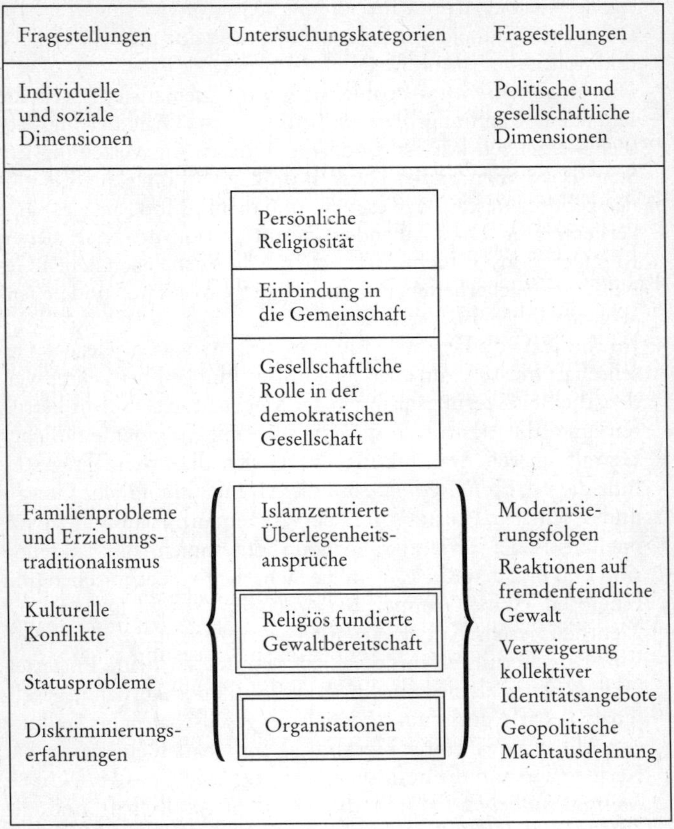

Fragestellungen	Untersuchungskategorien	Fragestellungen
Individuelle und soziale Dimensionen		Politische und gesellschaftliche Dimensionen

	Persönliche Religiosität	
	Einbindung in die Gemeinschaft	
	Gesellschaftliche Rolle in der demokratischen Gesellschaft	
Familienprobleme und Erziehungstraditionalismus	Islamzentrierte Überlegenheitsansprüche	Modernisierungsfolgen
Kulturelle Konflikte	Religiös fundierte Gewaltbereitschaft	Reaktionen auf fremdenfeindliche Gewalt
Statusprobleme		Verweigerung kollektiver Identitätsangebote
Diskriminierungserfahrungen	Organisationen	Geopolitische Machtausdehnung

duelle Situation zur Realisierung der Erarbeitung eines eigenständigen *Status über Bildungserfolge* bzw. *-aussichten* in der modernen Gesellschaft. Der Fragestellung liegt die Annahme zugrunde, daß gerade jene, die in diesem System tagtäglich ihre Schwäche demonstriert bekommen, um so eher »stärkeverheißenden« Symboliken und Postulaten folgen.

– Dies gilt zumal dann – und dies ist die vierte Fragestellung – wenn *private oder öffentliche Diskriminierungen* das Selbstwertgefühl der Jugendlichen verletzen und den Rückzug in die eigenethnische Gruppe forcieren.

Das zweite Bündel von Fragen focussiert auf gesellschaftliche und politische Faktoren.

– Die *Modernisierungs*-Problematik wird thematisiert, weil die schnellen Wandlungsprozesse zum einen Orientierungsprobleme erzeugen können und zum anderen die Verteilung der Statuspositionen immer enger an höhere Bildungsqualifikationen gebunden ist, so daß es mehr und mehr »Modernisierungs«-Verlierer gibt. Die drohenden Desintegrationsprozesse ziehen Reintegrationsversuche nach sich, die die Suche nach neuen Gewißheiten, Sicherheiten, unhinterfragten Loyalitäten und neuem »Auserwählt-Sein« verstärken.

– Im Kontext von Desintegrationsprozessen in der modernen Gesellschaft müssen nun auch jene Entwicklungen betrachtet werden, die Bevölkerungsgruppen der Mehrheitsgesellschaft betreffen und die deshalb ihrerseits u. a. mit fremdenfeindlicher Gewalt agieren. Daher konzentriert sich die zweite Fragestellung darauf, ob *Reaktionen* auf diese fremdenfeindliche Gewalt und Rechtsextremismus mit der Akzeptanz islamisch-fundamentalistischer Orientierungen im Zusammenhang zu sehen sind und u. a. den Rückzug in die Sicherheit von ethnischen und religiösen »Wir«-Gruppen beeinflussen, also die Distanz zur Mehrheitsgesellschaft erzeugen oder vergrößern.

– Eine Erweiterung erfährt die Analyse durch die dritte Fragestellung insofern, als sie zum einen die Politik der Aufnahmegesellschaft betrifft und zum anderen die gesellschaftliche Stellung von Migranten in ihrer Herkunftsgesellschaft thematisiert. Im Kern geht es um die politische *Verweigerung* eines *kollektiven Identitätsangebotes* durch die Mehrheitsgesellschaft und die *Auflösung* einer eindeutigen *Identitätsverankerung* in der Herkunftsgesellschaft. Daraus, so die Annahme, ergibt sich eine Überlagerung der ethnisch-territorialen Zugehörigkeit (»Türken«) durch die religiös-kosmopolitische Verständigungsgemeinschaft (»Muslime«), die zudem auch als politische Schicksalsgemeinschaft aufgrund einer Geschichte von Niederlagen (durch den modernen Westen) von Bedeutung ist.

– Vor dem Hintergrund dieser Zusammenhänge wird schließlich zu ermitteln versucht, inwieweit die Einbindung in eine religiöse Schicksalsgemeinschaft auch zusammenfällt mit *geopolitischen*

Postulaten der *Ausdehnung des Machtraumes* des Islams, die insbesondere über Medien an die muslimischen Migranten in Europa herangetragen und z.T. von ihnen geteilt werden.

Die generelle Annahme dieser Untersuchung besagt nun, daß *nicht* einzelne Elemente ursächlich sind für jene Orientierungen, in denen sich islamische Überlegenheitsansprüche und religiös-fundierte Gewaltbereitschaft zu *einer* Variante machtpolitisch ausgerichteten islamischen Fundamentalismus mit seiner ausschließlichen und radikalen Kraft verbinden, sondern das *Zusammenwirken* von sozialen, religiösen, kulturellen, innenpolitischen und geopolitischen Faktoren von zentraler Bedeutung ist.

Exkurs: Zur Erhebungsgruppe und zur Interpretation der Ergebnisse

Die Erhebungsgruppe

Die vorliegende Untersuchung wurde an insgesamt 63 allgemein- und berufsbildenden Schulklassen Nordrhein-Westfalens durchgeführt. Mit Hilfe einer standardisierten schriftlichen Befragung sind von Ende Juni bis Mitte Juli und von Anfang September bis Anfang November 1995 15- bis 21jährige Jugendliche türkischer Herkunft befragt worden. Wir haben dazu in großstädtischen (Köln, Dortmund), in städtischen (Bielefeld, Hamm) und in städtisch-ländlichen (Unna, Düren, Minden-Lübbecke) Regionen Schulen mit einem ausreichenden Anteil türkischer Jugendlicher ausgewählt. Die Mitarbeit der Jugendlichen an der Befragung, die auf ca. 90 Minuten angelegt wurde, war anonym und freiwillig.

Insgesamt gingen in die Auswertung 1 221 Fälle ein. Aufgrund der Verteilung der von uns gesetzten Quotierungsmerkmale (Alter, Geschlecht, Schulform, Erhebungsregion) ergibt sich ein hohes Maß an Verallgemeinerbarkeit der Ergebnisse. Dies gilt auch für das Alter der Jugendlichen, obwohl sich mit 73,4% ein Übergewicht jüngerer, 15- bis 17jähriger Jugendlicher gegenüber den älteren 18- bis 21jährigen Jugendlichen (26,2%) findet. Denn dies hat keine Auswirkungen auf die Ursachenzusammenhänge. Bezüglich des Geschlechts (männlich = 52,6%; weiblich = 47,4%) und des Schultyps (Hauptschule = 37,5%; Realschule = 7,0%; Gymnasium = 10,2%; Gesamtschule = 21,3%; Berufsbildende Schule = 24,0%) weist die Stichprobe eine hohe Kompatibilität zu den zugrunde gelegten »Sollzahlen« nordrhein-westfälischer Schüler und Schülerinnen türkischer Herkunft auf (vgl. hierzu MAGS 1995, S. 171 ff.; LDS 1994, S. 145). Auch die von uns angestrebte räumliche Verteilung der Fälle (Köln/Dortmund 50%, Bielefeld/Hamm 30%, Unna/Düren/Minden-Lübbecke 20%) konnte von uns sowohl in bezug auf die Erhebungsregionen (großstädtisch 49,9%; städtisch 33,7%, städtisch-ländlich 16,4%) als auch innerhalb der Erhebungsregionen bezogen auf die jeweiligen Schulformen eingelöst werden. Die gezielte Erhebung in Stadtgebieten mit hoher Migrationsdichte ist bewußt vermieden worden.

Zur Beschreibung der Stichprobe läßt sich darüber hinaus anmerken, daß 78,0% der Jugendlichen in der Bundesrepublik geboren und 21,4% erst nach der Geburt in die BRD eingereist sind, daß fast alle befragten Jugendlichen im Haushalt der Eltern wohnen (97,2%) und die türkische Staatsangehörigkeit besitzen (93,9%). Die große Mehrheit gibt bezüglich der Zugehörigkeit zu einer Religionsgemeinschaft Sunniten (58,5%) oder Moslem (13,8%) an, und eine Minderheit kennzeichnet sich als den Aleviten (13,3%) zugehörig.

Ein zentrales Problem der Konzeption bestand in der Ausrichtung der Erhebungsinstrumente im Hinblick auf die Differenzen und Konflikte zwischen Kurden und Türken. Wir haben uns bemüht, keine der durch diesen Konflikt aufgeladenen Begriffe oder Einordnungskategorien zu verwenden.

Überlegungen zur methodischen Anlage

Die Untersuchung thematisiert ein in mehrfacher Hinsicht sensibles Problem. Es werden Jugendliche einer Minderheit analysiert, die zweifellos gesellschaftlich diskriminiert werden. Dies führt zur Tabuisierung, obwohl Annahmen nicht von der Hand zu weisen sind, daß die Ursachen für problembeladene Orientierungen und Handlungsweisen aus mehreren Quellen gespeist werden. Insofern gibt es keine Alternative zu dieser Untersuchung, um auf die in vielerlei Hinsicht komplizierte Lebenssituation von türkischen Jugendlichen und die damit einhergehenden instrumentalistischen Ausnutzungen durch islamisch-fundamentalistische Gruppen und Organisationen hinzuweisen.

Inwieweit dies gelingt, hängt auch von der Anlage und dem Interpretationsvorgehen ab. Um unsere Deutungen nicht nur auf einzelne Statements zu stützen, haben wir an vielen Stellen der Studie eine Operationalisierung der Fragestellungen mittels empirisch geprüfter Skalen vorgenommen. Die Skalen und die in ihnen eingegangenen Einzelitems sind im Anhang aufgelistet. Trotz solcher methodischer Absicherungen gibt es Bedenken gegen eine Fragebogenerhebung, weil damit – so die Mutmaßungen – u.a. die eigentliche Problematik nicht erfaßt werden könne. Es gehört zu den Gemeinplätzen, daß jede Methode ihre Grenzen hat. Dies gilt auch für die quantitativen Verfahren, zumal dann, wenn Fragestellungen in einem interkulturellen Kontext plaziert sind. Der Nachteil, daß etwa die Bedeutungsräume eines Sachverhaltes aufgrund der Standardisierung nicht erfaßt werden können, kann durch ergänzende Äußerungen mit Hilfe qualitativer Methoden zumindest ansatzweise ausgeglichen werden. Der gravierende Vorteil der schriftlichen Befragung muß aber darin gesehen werden, daß stark tabuisierte Inhalte etwa zur Gewalt abgefragt werden, zu denen u.E. nur in der *anonymisierten* Befragungssituation erwartbar »richtig« geantwortet wird. Jede Face-to-face-Situation hätte – mit Ausnahme der Angehörigen von Kadergruppen – zu massiven Verzerrungen geführt, zumal Interviewer mit einem Universitätsstatus die Situation wesentlich in Richtung sozialer Erwünschtheit verschieben könnten. Die Antwortverteilungen zu den Items in dieser Untersuchung bestätigen uns nun in der Annahme, daß keine weitreichenden Verzerrungen aufgetreten sind, die aus der Befragungssituation herrühren.

Ein weiterer Einwand wird gegen die Durchführung in deutscher Sprache vorgebracht. Dagegen ist einzuwenden, daß Tests zu einem eindeutigen Votum für die Befragung in deutscher Sprache geführt haben (vgl. Allerbeck/Hoag 1995).

Ein dritter Einwand zielt auf die gestellten Fragen, die in ihrer Authentizität oft angezweifelt werden. Dazu ist anzuführen, daß die Items zur Skala der Überlegenheitsansprüche wie zur religiös fundierten Gewaltbereitschaft *keine* Konstruktionen der Forschungsgruppe darstellen, sondern aus Interviews mit Muslimen entnommen bzw. aus offiziellem, veröffentlichtem Schriftgut islamischer Organisationen stammen.

Ein vierter Einwand gegen Untersuchungen dieser Art richtet sich gegen die Interpretation der Ergebnisse. Insbesondere wird dabei geäußert, daß die Antworten auf die Fragen zumeist nur Äußerungen zur Selbststärkung, also nur »Medium«, seien, die mit den »Inhalten« nichts gemein hätten, mithin völlig austauschbar wären. Deshalb seien die Ergebnisse wertlos und nur von instrumentellem Interesse der Jugendlichen diktiert. Eine solche Unterstellung dokumentiert lediglich, daß man die Jugendlichen in keiner Weise ernst zu nehmen gedenkt. Unter dem Deckmantel, sie vor Befragungen zu schützen, werden sie entmündigt.

Besonders sensibel für die Konzeption der Untersuchung und die Interpretation der Ergebnisse ist die Zusammensetzung der Forschergruppe. Das Verhältnis von Nähe und Distanz zum Analysegegenstand muß bestimmt werden, zumal bei der hier anstehenden Thematik, die eine Minderheit in einer Mehrheitsgesellschaft betrifft. Deshalb sind sowohl zu hohe Identifikationen als auch zu große Fremdheit gleichermaßen riskant. Gleichwohl ist die wissenschaftliche Arbeit auf angemessene Distanz angewiesen, um eine kritische Analyse zu gewährleisten. Das heißt auch, daß die ethnisch-kulturelle und religiöse Zusammensetzung der Forschergruppe nicht zum entscheidenden Kriterium gemacht werden kann, obwohl gerade Funktionäre von Minderheiten dazu neigen, indem z. B. moniert werden könnte, daß die Analyse »islamischer Werte« fehle. Dabei wird offensichtlich übersehen, daß es um ein selbstgewähltes Leben in einer modernen Gesellschaft geht.

Wichtiger als das Kriterium der personellen Zusammensetzung ist deshalb ein interkultureller und interdisziplinärer Diskussionszusammenhang, in dem *mehrere* Perspektiven zur kritischen Interpretation beitragen. *Diese* Konzeption liegt dieser Untersuchung zugrunde.

Insgesamt gibt es also genügend Anlässe, sehr sorgfältig und umsichtig mit der untersuchten Problematik umzugehen.

III. Die empirischen Ergebnisse

1. Zur Lebenssituation und zu Handlungsweisen türkischer Jugendlicher

1.1 Facetten der sozialen Lage: Status, Belastungen, Diskriminierungen und Gewalterfahrungen

Status

Für eine breite Auffächerung des sozialen Status der Eltern liegen uns insgesamt zuwenig differenzierte und aussagefähige Daten vor. Um dennoch die soziale Situation sowohl der Jugendlichen als auch der Herkunftsfamilie einschätzen zu können, haben wir neben den Angaben zum beruflichen Status der Eltern aus dem von den Jugendlichen angestrebten Schul- und Berufsabschluß die Variable »Berufs- und Bildungsaspiration« konstruiert. Andere Untersuchungen zur Sozialstruktur zeigen, daß eine hohe Korrelation zwischen dem sozialen Status der Herkunftsfamilie und der Berufs- und Bildungsaspiration der Jugendlichen zu verzeichnen ist. Dies gilt auch für die vorliegende Befragung türkischer Jugendlicher. Bezogen auf die Gesamtstichprobe, sind Väter von Jugendlichen mit einem hohen Aspirationsniveau seltener Arbeiter und zu einem höheren Prozentsatz Facharbeiter, Selbständige oder Akademiker. Gleichzeitig zeigen die Ergebnisse, daß Mütter von Jugendlichen mit hoher Aspiration wesentlich häufiger ganz- oder halbtags einer bezahlten Erwerbstätigkeit nachgehen, Mütter von Jugendlichen mit niedrigerem Aspirationswert wesentlich häufiger ausschließlich Hausfrauen sind.

Unter Ausschluß fehlender Werte ergab sich für die Variable »Berufs- und Bildungsaspiration« folgende Verteilung: Jugendliche mit niedriger Aspiration: 37,1%, mit mittlerer Aspiration: 26,2%, mit hoher Aspiration: 36,7%.

Konkret auf den angestrebten Schulabschluß bezogen, wollen 26,5% der Befragten den Hauptschulabschluß erreichen, 36% haben als schulisches Qualifikationsziel den Realschulabschluß ins Auge gefaßt, und immerhin mehr als jeder dritte türkische Jugendliche (34,8%) möchte das Abitur bzw. die Fachhochschulreife erlangen. Diese Zahlen, die insgesamt ein außerordentlich hohes

Niveau der schulischen Bildungsaspiration widerspiegeln, haben ihre Entsprechung in den von den Jugendlichen *angestrebten* Berufsabschlüssen. Bei einer Quote von 13%, die hier (noch) keine Angabe machen wollen oder können, geben 26% eine Lehre als geplanten Berufsabschluß an, fast 42% allerdings wollen ein Studium absolvieren. Dabei strebt mit 26,7% jeder vierte Jugendliche einen akademischen Abschluß an einer Universität an.

Die Zahlen verdeutlichen zumindest zweierlei: zum einen zeigt sich neben einer vorangeschrittenen Integration in sämtliche Schulformen eine erhebliche Diskrepanz zwischen den hohen Erwartungen und den geringen Chancen zur Realisierung der entsprechenden Bildungsabschlüsse. Gleichzeitig belegen die Aspirationen der Jugendlichen den weitverbreiteten Wunsch innerhalb der dritten Generation nach Aufstieg und Anerkennung in einer Gesellschaft, die für sie – zumindest im alltäglichen Leben – die »eigene« Gesellschaft ist.

Dabei zeigen die Jugendlichen, die die Realschule und das Gymnasium besuchen, den größten Optimismus, die von ihnen angestrebten schulischen Ziele auch zu erreichen, während Hauptschüler und -schülerinnen bezüglich ihrer schulischen Qualifikation am skeptischsten sind. Je höher also das eigene Berufs- und Bildungsaspirationsniveau ist, um so sicherer sind sich die Jugendlichen hinsichtlich ihrer Chancen, diese Ansprüche auch tatsächlich zu erreichen.

Wie stark sich in dieser Generation ein angestrebter Statusaufschwung vollzieht, wird um so deutlicher, wenn man sich den beruflichen Status der Väter im Vergleich zum angestrebten Status ihrer Kinder ansieht. So sind drei Viertel der von uns befragten türkischen Jugendlichen Kinder von Arbeitern bzw. Facharbeitern (74,9%), lediglich 0,5% der Befragten kommen bereits aus einer Akademikerfamilie.

Diesem Umstand entspricht, daß für fast drei Viertel der Jugendlichen (72,8%) es wichtig oder sogar sehr wichtig ist, die berufliche und soziale Stellung der Eltern zu übertreffen.

Daß diese Aspirationen allerdings auch ihren Preis haben, wird darin deutlich, daß sich mehr als ein Drittel der Jugendlichen gleichzeitig unsicher ist, ob sie den angestrebten Schul- bzw. Ausbildungsabschluß auch bekommen. Zudem fühlen sich 44,3% stark bzw. sehr stark durch die Anforderungen in Schule oder Ausbildung strapaziert.

Der Druck, der auf vielen türkischen Jugendlichen lastet, wird aber offensichtlich nicht in erster Linie durch die Erwartungen der eigenen Familie erzeugt, da nur 22,6% glauben, daß ihre Leistungen unter den Erwartungen ihrer Eltern liegen.

Diesen subjektiven Ansprüchen steht ein hoher realer Nachholbedarf an höheren Schulabschlüssen gegenüber: lediglich 30 000 (6,6%) der 454 000 türkischen Schülerinnen und Schüler sind Abiturienten und 84 000 (18,4%) Realschüler, hingegen 72,1% Hauptschüler (Beauftragte der Bundesregierung über die Belange der Ausländer 1995, S. 27).

Offenbar geraten nicht wenige Jugendliche der dritten Generation in einen – zumindest subjektiv so empfundenen – gesellschaftlichen »Integrationsdruck«, der sich v. a. in der Relevanz der Erlangung eines anerkannten sozialen Status ausdrückt.

Daß dieser gesellschaftlich erzeugte Druck tatsächlich ein Problem für türkische Jugendliche insgesamt und nicht nur für eine Minderheit unter ihnen ist, äußert sich in der Tatsache, daß alle von uns abgefragten Aspekte zum Status letztlich keine nennenswerten Unterschiede in soziodemographischer Hinsicht aufweisen: die angesprochenen Perspektiven bzw. Problemlagen finden sich bei den Jugendlichen unabhängig von der von ihnen besuchten Schulform, unabhängig von ihrem Alter, unabhängig vom Ort ihres Aufwachsens (Großstadt, Stadt, Land) und auch unabhängig von ihrem Geschlecht.

Belastungen in unterschiedlichen Lebensbereichen

Die Erfahrung von schwierigen und konflikthaften Situationen sowie der persönliche Umgang damit gehören unter sozialisationstheoretischem und entwicklungspsychologischem Blickwinkel zu zentralen Elementen des Entwicklungsprozesses im Jugendalter (vgl. u. a. Oerter/Montada 1987, Tillmann 1994, Popp/Tillmann 1996). Tab. 1.1 gibt einen Überblick darüber, im welchem Umfang bestimmte Situationen des Alltags von türkischen Jugendlichen erlebt wurden bzw. werden und in welcher Häufigkeit dies jeweils als Belastung empfunden wurde.

Interessant für unseren Zusammenhang sind hier insbesondere solche Situationen bzw. die mit ihnen verbundenen Belastungen, bei denen davon auszugehen ist, daß sie aus der spezifischen Lebenssituation türkischer Jugendlicher resultieren. Erwähnenswert

Tab. 1.1: Belastungssituation türkischer Jugendlicher (Angaben in Prozent)

	bereits erlebt	davon haben als starke bzw. sehr starke Belastung erlebt
Streitigkeiten in der Familie	64,6	33,9
Tod eines Familienangehörigen	61,7	50,4
Abbruch einer wichtigen Freundschaft	57,5	46,3
Schwierige finanzielle Situation	52,7	27,7
Sitzenbleiben in der Schule	48,8	33,2
Umzug mit Verlust der Umgebung und von Freunden	47,5	24,8
Schulwechsel, den ich nicht wollte	40,8	29,4
Tod eines(r) wichtigen Freundes/Freundin	35,8	50,8
Ärger mit Behörden oder Polizei	35,5	29,3
Arbeitslosigkeit eines oder beider Elternteile	35,2	27,0
Schwierigkeiten, einen Ausbildungsplatz zu finden	33,0	38,2
Abbruch der Schulausbildung	20,9	17,7
Neue Partnerin/neuer Partner eines Elternteils	18,5	18,4
Scheidung oder Trennung der Eltern	17,9	33,0
Veränderungen im Ausbildungsverhältnis	17,7	22,6

Frage: »Welche der folgenden Ereignisse haben Sie bisher erlebt, und wie stark haben diese Sie belastet?«

ist insofern insbesondere der mit 35,5% hohe Anteil von türkischen Jugendlichen, die bereits Ärger mit der Polizei oder Behörden hatten. Daß dieser Ärger wiederum von fast einem Drittel (29,3%) zugleich auch als stark bzw. sehr stark belastend empfunden wurde, läßt vermuten, daß hier die ethnische Zugehörigkeit eine wesentliche Rolle spielte.

Diskriminierungserfahrungen

Zur spezifischen Situation türkischer Jugendlicher in der Bundesrepublik gehören neben der Bewältigung der Anforderungen, die sich aus dem Leben »zwischen zwei Kulturen« ergeben, ganz sicher in zentraler Weise ihre alltäglichen Diskriminierungserfahrungen durch ihren rechtlichen Status als sogenannte »Ausländer«.[1]

Dabei sind solche ethnischen Diskriminierungen schon deshalb schwierig zu verarbeiten, weil sie in sehr unterschiedlichen Formen und oft nicht ohne weiteres erkennbar stattfinden. Neben der unmittelbaren Diskriminierung durch Personen bzw. Personengruppen existieren z. B. auch Formen der institutionalisierten Diskriminierung, welche sowohl direkt als auch indirekt sein können, wobei letztere wiederum »mal intentional und mal nicht intentional erfolgen« (vgl. Bommes/Radtke 1993, S. 490). Die hier zum Ausdruck kommenden zwei Dimensionen der unmittelbaren und mittelbaren Diskriminierungserfahrungen decken sich mit dem von uns gefundenen empirischen Ergebnis. Faktorenanalytische Berechnungen mit den Variablen zu den unterschiedlichsten Feldern von Diskriminierungen, denen sich Jugendliche türkischer Herkunft in der Bundesrepublik in ihrer alltäglichen Lebenswelt gegenübersehen, ergaben eine zweifaktorielle Lösung mit den beiden Bereichen »*Diskriminierungen im öffentlichen Raum*« und

---

1 Es ist schon bemerkenswert, mit welcher Selbstverständlichkeit Politik, Medien, Öffentlichkeit und auch Wissenschaft in diesem Zusammenhang den Begriff »Ausländer« benutzen angesichts des Umstandes, daß nicht wenige der so bezeichneten Kinder und Jugendlichen ihr »Heimatland« Türkei nur aus Erzählungen der Familie bzw. aus dem Fernsehen kennen und z. T. überhaupt noch nie in irgendeinem »Ausland« gewesen sind. Vielleicht wäre die konsequente Benutzung einer Bezeichnung wie »Inländer ohne deutsche Staatsangehörigkeit« schon aufgrund ihrer sprachlichen Unbequemlichkeit sinnvoll, weil dies bereits beim Formulieren eine permanente Mahnung gegen unzulässige Vereinfachungen und Verkürzungen wäre.

Abb. 1.1: Diskriminierungserfahrungen (Angaben in Prozent)

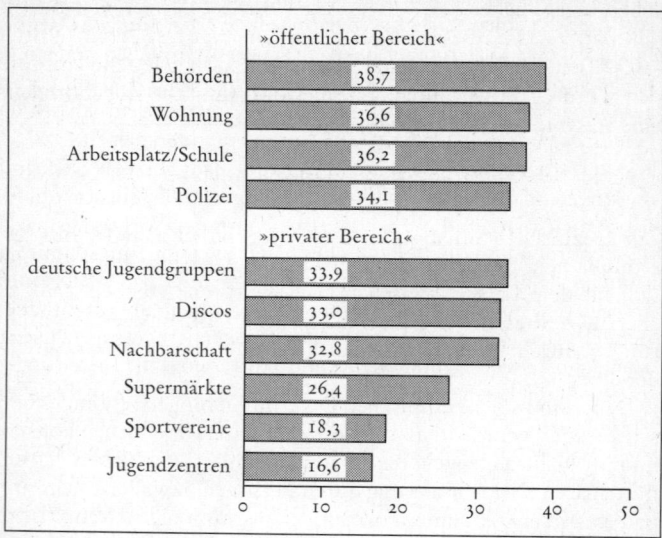

Frage: »Deutsche und Ausländer werden im täglichen Leben häufig ungleich behandelt. Sagen Sie uns bitte, ob auch Sie diese Erfahrung von ungleicher Behandlung gemacht haben.«

»*Diskriminierungen im privaten Bereich*«. Wenn wir uns im weiteren Verlauf der Analyse auf die von den Jugendlichen gemachten Diskriminierungserfahrungen stützen, beziehen wir uns im wesentlichen auf diese beiden aggregierten Variablen. Die Zuordnung und die Verteilung der Einzelitems zu den beiden Faktoren werden aus Abb. 1.1 deutlich.

An der Unterscheidung von Diskriminierung in einen öffentlichen und in einen privaten Bereich läßt sich zunächst einmal ablesen, wie ausgeprägt solche Erlebnisse bei den türkischen Jugendlichen jeweils sind. Dabei wird deutlich, daß Jugendliche türkischer Herkunft von Diskriminierungserfahrungen im öffentlichen Bereich häufiger betroffen sind als im privaten Bereich und daß insbesondere Diskriminierungserfahrungen in Jugendzentren oder in Sportvereinen vergleichsweise gering ausfallen. Dies dürfte u. a. damit zusammenhängen, daß gerade in den letzten Jahren eine deutliche Zunahme eigenethnischer Sportvereine oder weitgehend national oder ethnisch separierter Jugendzentren zu verzeichnen ist, in denen solche Erlebnisse dann seltener stattfinden. Darüber hinaus ist eine Differenzierung nach einem öffentlichen und einem privaten Bereich sinnvoll, weil sich speziell in den Diskriminierungen durch Institutionen im öffentlichen Raum am deutlichsten die *gesellschaftliche* Distanz zu den Migranten widerspiegelt.

Ältere Jugendliche berichten insgesamt häufiger von Diskriminierungen im öffentlichen Bereich als jüngere. Dies gilt sowohl für den Arbeitsplatz und die Schule als auch für den Wohnungsmarkt, die Behörden und die Polizei. Dies hängt in erster Linie damit zusammen, daß die älteren Jugendlichen insgesamt bereits selbständiger agieren, insofern mehr Kontaktsituationen im öffentlichen Bereich erleben und über eine höhere Reflexivität verfügen. Unterscheidet man nach dem Geschlecht, so differieren die Erfahrungen in den Bereichen Wohnung und Schule/Arbeitsplatz nicht, allerdings fühlen sich männliche Jugendliche sowohl von Behörden als auch von der Polizei eher ungleich behandelt als die weiblichen Jugendlichen. Hier dürfte eine zentrale Erklärung in den stark ausgeprägten geschlechtsspezifischen Rollenmustern liegen, die dazu führen, daß männliche Jugendliche gerade im öffentlichen Leben eine erheblich größere Eigenständigkeit nicht nur entwickeln dürfen, sondern auch müssen, was dann zwangsläufig mehr Erfahrungen – auch negativer Art in Form von Diskriminierungen – mit sich bringt.

Im privaten Bereich gibt es insgesamt hinsichtlich des Alters keine Unterschiede in bezug auf Diskriminierungserfahrungen, jedoch berichten ältere Jugendliche deutlich häufiger als jüngere von Diskriminierungen in Diskotheken. Dies dürfte nicht zuletzt mit der höheren Anzahl von Diskothekenbesuchen älterer, insbesondere männlicher (türkischer) Jugendlicher zusammenhängen. Gerade die männlichen türkischen Jugendlichen treten um die Gunst (deutscher) Mädchen in diesem Alter verstärkt in ein Konkurrenzverhältnis zu deutschen Jugendlichen, die sich ihrerseits mit ethnischen Abwertungen u. U. einen Vorteil sichern wollen. Diese Interpretation läßt sich außerdem durch die Beobachtung stützen, daß männliche türkische Jugendliche gegenüber weiblichen im privaten Bereich, und hier insbesondere in Diskotheken, wesentlich häufiger von Diskriminierungen berichten.

Tab. 1.2: Gewalterfahrungen (Angaben in Prozent)

Ist es in den letzten 12 Monaten vorgekommen, daß...	oft	gelegentlich	nie	k. A.
Ihnen Sachen von anderen absichtlich zerstört oder beschädigt wurden?	13,2	28,7	46,6	11,5
jemand Sie absichtlich geschlagen oder verprügelt hat?	5,1	17,9	65,0	11,9
Sie von anderen erpreßt/bedroht wurden, damit Sie taten, was andere von Ihnen wollten?	5,8	13,7	68,1	12,4
jemand Ihnen eine Sache mit Gewalt weggenommen hat?	6,5	14,4	67,3	11,8
bei Ihnen eingebrochen wurde (z. B. in Ihre Wohnung, in Ihr Auto)?	5,9	13,8	68,5	11,8

Gewalterfahrungen

Als letzte Facette der sozialen Lage türkischer Jugendlicher werden die von ihnen gemachten Gewalterfahrungen untersucht. Dabei geht es weniger um ethnisch bedingte Gewalterfahrungen im Zusammenhang von fremdenfeindlich oder rassistisch motivierten Übergriffen durch Teile der Mehrheitsgesellschaft als vielmehr um die eher »alltägliche« Gewalt, die auch ihre deutschen Altersgenossen erleben. Tab. 1.2 verdeutlicht das Ausmaß solcher Gewalterfahrungen.[2]

Die Auswertungen hinsichtlich soziodemographischer Merkmale zeigt, daß männliche Jugendliche eher als weibliche und

2 Um die unterschiedlichsten Aspekte von allgemeiner Gewalt zu erfassen, haben wir den Jugendlichen zwei unterschiedliche Fragebatterien vorgelegt und einer Faktorenanalyse unterzogen. Die zweifaktorielle Lösung ergab dabei eine Dimension, die wir mit »Gewalterfahrungen« (FGEW2), und eine, die wir mit »Gewalttätigkeiten« (FGEW1) bezeichnet haben. Auf das allgemeine Gewalthandeln werden wir später im Zusammenhang mit den subjektiven Formen der Verarbeitung zurückkommen.

diejenigen an Haupt- und Berufsschulen häufiger als die übrigen Jugendlichen Gewalterfahrungen machen. Ebenso geben türkische Jugendliche mit niedrigem Aspirationsniveau mehr Erfahrungen von Gewalt an, während das Alter kein signifikantes Unterscheidungskriterium ist.

Wie die oben beschriebenen Belastungen und Diskriminierungen gehören Gewalterfahrungen, die Jugendliche in ihrem Alltag machen, zum Ursachenbündel von Verunsicherungen. Zahlreiche empirische Untersuchungen belegen, daß gerade auch Jugendliche, die Beschädigungen ihres Selbstwertgefühles – in diesem Fall durch Gewalt – erfahren haben, zur Rückgewinnung von Selbstsicherheit und Stärke ihrerseits auf der Handlungsebene zu Gewalttätigkeiten und auf der Orientierungsebene zur Übernahme von Einstellungen oder Ideologien bzw. deren Versatzstücken neigen, die subjektiv Sicherheiten und Gewißheiten vermitteln. Deshalb ist später zu untersuchen, inwieweit dieser Zusammenhang auch direkt oder vermittelt auf die hier im Mittelpunkt stehenden Fragestellungen zutrifft.

1.2 Identitätsaspekte: Selbstbilder, Wertorientierungen, soziale Zugehörigkeiten und ethnisch-kulturelle Identifikationen

Der Sozialisationsprozeß ist von zahlreichen Anforderungen begleitet, insbesondere für Jugendliche aus Migrantenfamilien. Der komplizierte Prozeß weist wenigstens drei zentrale Dimensionen auf:

– Erstens geht es um die Notwendigkeit der Individuation einerseits und der Vergesellschaftung andererseits. Die personale Identität (»Wer bin ich?«) und die soziale Identität (»Wozu gehöre ich?«) müssen *ausbalanciert* werden, um eine eigenständige Identität auszubilden. Dazu muß das Individuum an der sozialen Identität festhalten, ohne daß es sich selbst im Wahrnehmen der verschiedensten Anforderungen aufgibt, indem es sich rigide an vorgegebenen Rollendefinitionen und Normen festklammert – und die persönliche Identität wahren, ohne daß es aus sozialen Zusammenhängen ausgeschlossen wird.

– Zweitens muß im biographischen Prozeß der *Übergang* von einer Rollenidentität, die noch durch Abhängigkeiten (meist innerhalb der Familie) gekennzeichnet ist, zu einer Ich-Identität bewältigt werden, um eigenständig in der modernen Gesellschaft zurechtzukommen. Jugendliche machen dabei überraschende und für sie vielfach irritierende Erfahrungen, insbesondere vor dem Hintergrund objektiver Plazierungsschwierigkeiten in der Gesellschaft.

Das Handeln entlang heteronomer Rollenidentitäten beschert die Erfahrung, sich in einer widersprüchlichen und komplexen Welt mit immer neuen, z. T. schnell wechselnden Anforderungen nicht zurechtzufinden.

Das Handeln entlang autonomie-orientierter Identitätsentwürfe bringt die Erfahrung mit sich, daß damit eine Verortung innerhalb der Gesellschaft gleichfalls immer schwieriger wird, da objektive Zwänge dem entgegenstehen und die Sinnfrage bedrängender wird.

Ein Ausweg aus dieser schwierigen Situation ist das situationsgebundene »Pendeln« zwischen heteronomer Rollenidentität, von der aufgrund zurückliegender Erfahrungen ein gewisses Maß an Verhaltenssicherheit erwartet wird, die aber bei rigoroser Anwendung ständig zu Konflikten, Mißverständnissen und Irritationen führt, die dann über eigenständige Identitätsleistungen »behoben« werden sollen. Dies stellt aber erhebliche Anforderungen an Interpretationsfähigkeiten, Präsentationen etc. der Jugendlichen, was bei Überlastungen zu einem weiteren Ausweg führen kann, d. h. sich ganz auf überkommene Rollenidentitäten zurückzuziehen. Dies muß innerhalb der widersprüchlichen und komplexen Umwelt zu neuen Konflikten führen, die u. a. dann wiederum dadurch »abgearbeitet« werden, daß man seine eigenen Anstrengungen nicht mehr auf die Entwicklung einer eigenständigen Identität richtet. Statt dessen nimmt die Neigung zu, diese Konflikte entweder gesellschaftlich oder gemeinschaftlich zu wenden, d. h. Forderungen für sinnvoll zu erachten, die die gesellschaftliche Realität wieder so zu gestalten versprechen bzw. noch geltenden Normen zur Durchsetzung verhelfen wollen, daß das heteronome, rollenidentische Handeln (wieder) möglich wird, und zwar möglichst konfliktfrei und ohne eigene Interpretations- und Reflexionszwänge, ohne Ambivalenzkonflikte.

– Drittens müssen die »*Balanceakte*« und der *Übergang* innerhalb z. T. widersprüchlicher kultureller Angebote und Ansprüche durch die Mehrheitsgesellschaft bzw. durch die traditionsvermittelten Normen der Herkunftsfamilie bewältigt werden.

Es entstehen also komplexe Anforderungen im vielfältigen Spannungsfeld von Abhängigkeiten und Freiheiten, die auch dazu führen können, auftretende Probleme durch die Suche nach Gewißheiten bewältigen zu wollen:

- Gewißheiten ausschließlich in Gemeinschaften abseits der gesellschaftlichen Auseinandersetzungen in den Großinstitutionen;
- Gewißheiten über Totalidentifikationen;
- Gewißheiten über eindeutige Normanweisungen ohne Interpretationszwänge;
- Gewißheiten über surrogathafte kollektive Identitäten, durch deren »Stärke« und in deren vermeintlichem Schutz dann »Geborgenheit« gesucht wird;
- Gewißheiten, durch die feste Positionen zugewiesen und Überlegenheit versprochen wird.

Zu diesem Komplex haben wir uns nun im weiteren auf solche Facetten konzentriert, die in besonderer Weise auf die für die Identitätsentwicklung zentralen Fragen »Wer bin ich?«, »Wozu gehöre ich?« und »Was gibt meinem Handeln Sinn?« Bezug nehmen, da im weiteren auch die individuelle Religiosität, die Zugehörigkeit zu einer religiösen Gemeinschaft und auch islamisch-fundamentalistische Orientierungshilfen in ihrer Relevanz für diese Identitätsfragen beleuchtet werden.

Es sind also drei Zugänge, mittels derer wir Aufschluß über die Identitätsverortung Jugendlicher türkischer Herkunft erhalten möchten: mit der Untersuchung des Selbstbildes der Jugendlichen in bezug auf Ängste und Unsicherheiten, Selbstzweifel und ein damit verknüpftes Selbstwertgefühl soll der für die Identitätsbildung zentralen Frage »Wer bin ich?« nachgegangen werden. Die Angaben der Jugendlichen zu sozialen Zugehörigkeiten und Beziehungen in Familie und Gleichaltrigengruppe sowie zu ihrer ethnischen Identifikation sollen Aufschluß über ihre subjektive Beantwortung der Frage »Wozu gehöre ich?« geben; und mit der Analyse von Wertorientierungen der Jugendlichen wird schließlich untersucht, welche Bedeutungen für die Jugendlichen mit der Frage »Was gibt meinem Handeln Sinn?« verbunden sind.

- Selbstbild
- Zugehörigkeiten
- Wertorientierungen

In vielen Studien ist immer wieder betont worden, daß eine der zentralen Voraussetzungen zur Bewältigung der aufgezeigten komplexen Anforderungen die Entwicklung des Selbstwertgefühles ist, also eines positiven Selbstkonzeptes. Darin spiegeln sich zurückliegende biographische Erfahrungen, die eine Basis für eine eigenständige Identität bilden oder diese im negativen Fall auch behindern können. Je positiver also das »Gesamtergebnis« des Selbstkonzeptes ist, das sich in der Biographie v. a. auf dem Hintergrund familiärer Erfahrungen angesammelt hat, desto höher wird die Handlungsfähigkeit zur Lösung von Problemen eingeschätzt. Damit korrespondiert dann auch die Fähigkeit zu autonomen Entscheidungen und zu kritischem Verhalten. Umgekehrt wird postuliert, daß ein niedriges Selbstwertgefühl mit der Suche nach stabilisierenden Gewißheiten in Verbindung gebracht werden kann.

Da wir in unserem Untersuchungszusammenhang auch die islam-zentrierten Überlegenheitsansprüche und die religiös fundierte Gewaltbereitschaft zu diesen »Gewißheitsangeboten« zählen, interessieren uns neben der Gesamtkontur des Selbstbildes der untersuchten Gruppe v. a. die Hintergründe für niedrige Selbstwertgefühle.

Im Ergebnis wird deutlich, daß sich ca. 80% der befragten Jugendlichen nicht als Versager sehen, also ein hohes Selbstwertgefühl[3] zum Ausdruck bringen (vgl. Abb. 1.2). Zahlreiche Untersuchungen mit Jugendlichen zeigen, daß solche Ausmaße zum Schutze des eigenen Selbstwertes »normal« sind. Diese Selbstbeschreibung ist allerdings unterlegt mit einem hohen Ausmaß an Angst[4] und Unsicherheit. Die Selbstbeschreibung steht demnach auf schwankendem Boden (vgl. Abb. 1.3).

Nun ist naheliegend, daß ein geringes Selbstwertgefühl damit verknüpft ist, wenn Angst und Unsicherheit geäußert ($r = -.51$) oder Selbstzweifel ($r = -.44$) »zugelassen« werden. Einflüsse auf Angst und Unsicherheit gehen davon aus, daß Jugendliche glauben, sich nicht gut durchsetzen zu können, oder meinen, daß ihnen die

---

3 Die Skala »Selbstwert« (SSELBWE) hat folgende statistisch relevanten Werte: Mean = 3 006; Std. dev. = .702; Min. = 1 000; Max. = 4 000.
4 Die Skala »Angst/Unsicherheit« (SANGST) hat folgende statistisch relevanten Werte: Mean = 2 322; Std. dev. = .561; Min. = 1 000; Max. = 4 000.

Abb. 1.2: Selbstwert

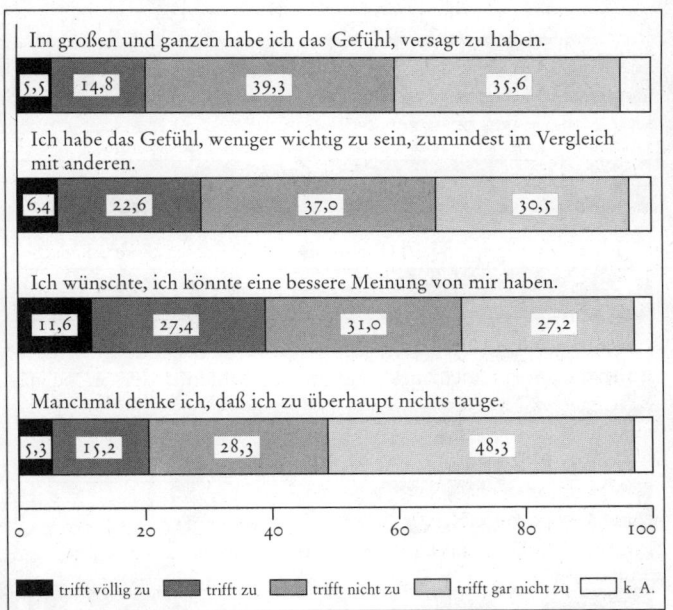

Im großen und ganzen habe ich das Gefühl, versagt zu haben.

| 5,5 | 14,8 | 39,3 | 35,6 | |

Ich habe das Gefühl, weniger wichtig zu sein, zumindest im Vergleich mit anderen.

| 6,4 | 22,6 | 37,0 | 30,5 | |

Ich wünschte, ich könnte eine bessere Meinung von mir haben.

| 11,6 | 27,4 | 31,0 | 27,2 | |

Manchmal denke ich, daß ich zu überhaupt nichts tauge.

| 5,3 | 15,2 | 28,3 | 48,3 | |

0   20   40   60   80   100

■ trifft völlig zu   ■ trifft zu   ▨ trifft nicht zu   ▢ trifft gar nicht zu   ▢ k. A.

Frage: »Man kann sich ja so oder so sehen. Hier sind nun einige Aussagen dazu, wie Sie sich selber sehen. Bitte sagen Sie uns, ob diese Aussagen auf Sie völlig zutreffen, zutreffen, nicht zutreffen oder gar nicht zutreffen.«

Dinge, die sie »anpacken«, nicht gelingen. Außerdem wird diese Unsicherheit besonders durch Familienangehörige gefördert, die nur selten da sind, wenn sie gebraucht werden bzw. wenn ein schlechtes Verhältnis zu den Eltern herrscht.

Ein dritter Einfluß ergibt sich aus den unbeantworteten Statusfragen und den Belastungen in Schule und Ausbildung. Zudem stehen Diskriminierungs- und Gewalterfahrung im Zusammenhang mit Angst und Unsicherheit.

Zu fragen ist nun, ob diese Ängste und Unsicherheiten mit ihren Auswirkungen auf das Selbstbild durch soziale Zugehörigkeiten und ethnische Identifikationen »ausgeglichen« werden können.

Frage: »Es passieren einem manchmal die unterschiedlichsten Sachen. Bitte geben Sie an, inwiefern die folgenden Situationen auf Sie zutreffen.«

Soziale Zugehörigkeiten und Beziehungen: Familie und Gleichaltrigengruppe

Die personale Identitätsentwicklung und damit Selbst(-Bewußt-sein), Selbstwertgefühle wie auch die Antworten auf »Sinnfragen« mit ihren Wertorientierungen, religiösen Praktiken etc. sind in hohem Maße von den sozialen Zugehörigkeiten und den emotionalen Bindungen abhängig. Dementsprechend müssen Familie und Gleichaltrigengruppe, die die soziale Identität ermöglichen oder auch gefährden, genauer betrachtet werden. Will man diese Zugehörigkeiten und Bindungen für die in der Bundesrepublik Deutschland lebenden und aufgewachsenen türkischen Jugendlichen der dritten Generation adäquat erfassen, ist man darauf verwiesen, einerseits auf die gesellschaftlichen Prozesse und Veränderungen hinzuweisen, die die gesamte Population der Jugendlichen betreffen. Andererseits muß aber auch – wenn möglich in einem Vergleich zu deutschen Jugendlichen – auf die besondere Situation ausländischer Jugendlicher hinsichtlich ihrer Einbindung in Familie und Gleichaltrigengruppe aufmerksam gemacht werden.

Exkurs: Charakteristika von Familienkonstellationen und -beziehungen in der Mehrheitsgesellschaft

Im Rekurs auf den Wandel im Zuge von Modernisierung werden wir zunächst aufzeigen, wie sich vor dem Hintergrund von Individualisierung auch die Strukturen und Beziehungen im Handlungsfeld der Familie in den letzten Jahren verändert haben. Anschließend werden wir beschreiben, welche Modifikationen und Konsequenzen sich daraus für die familialen Beziehungen, insbesondere zwischen Kindern und ihren Eltern unter der türkischen Bevölkerung, ergeben. Aus Sicht der Jugendlichen werden wir anschließend empirisch untersuchen, wie sich – auch im Vergleich zu deutschen Jugendlichen – das emotionale Verhältnis zu den Eltern darstellt, wie stark das familiale Bindungs- und wie hoch das innerfamiliale Konfliktpotential ist.

Zunächst geht es um den Ambivalenzcharakter von Individualisierungsprozessen, der vor dem Hintergrund des generellen Wandels gesellschaftlicher Verhältnisse der Moderne auch einen kritischen Blick auf die Entwicklung familialer Beziehungen ermöglicht. Folgt man der Bündelung des Individualisierungs-Theorems bei Beck (1986, S. 206), dann lassen sich drei Formen besonders herausheben, die eine Ambivalenz von Freisetzungen und neuen Abhängigkeiten erzeugen:
– die Herauslösung aus historisch vorgegebenen Sozialformen

und -bindungen traditionaler Herrschafts- und Versorgungs-
zusammenhänge;
– ein Verlust an traditionellen Orientierungssicherheiten im Hinblick auf Handlungsweisen, Glauben und den Geltungsan-
spruch leitender Normen;
– die Entstehung neuer Arten und Institutionen sozialer Einbindung.

Diese Formen finden sich in besonderer Weise auch in den Ver-
änderungsprozessen von Familien, in denen Kinder ihre »Eingangsbedingungen« in die Jugendphase erfahren und die heute
sowohl von einer äußeren als auch inneren Pluralisierung und Individualisierung struktureller Konstellationen wie subjektiver
Verhaltens- und Empfindungsweisen gekennzeichnet sind (vgl.
Ferchhoff/Olk 1988, S. 16 f.). Sie bilden den Hintergrund für die
Debatte um Bedeutungswandel oder Krise der Familie (Bertram/
Borrmann-Müller 1988).

Daß dem Begriff der »Krise« nicht umstandslos das Äquivalent
»Fortschritt« gegenübergesetzt wird, ist ein erstes Indiz dafür, daß
die Entwicklungen der »Eingangsbedingungen« von Kindern in
die Jugendphase im Rahmen familialer Sozialisation nicht umstandslos im sonnigen Licht zu betrachten sind, ebensowenig wie
in einer einfachen Krisensicht, die das vielfältige Leiden unter
Machtansprüchen, Gewalt, Ausbeutung und seelischer Not etwa
einem zentralen Ziel wie Stabilität leichtfertig unterordnet.

Welche Ambivalenzen lassen sich nun in den Pluralisierungs-
und Individualisierungsprozessen erkennen?

Betrachtet man nun die »äußeren« Veränderungen, also die der
strukturellen Konstellationen, dann lassen sich zumindest drei
herausheben:

– Die Familie gibt Erziehungs-, Betreuungs- und gesellschaftliche
Kontrollaufgaben ab.

Einerseits schaffen sich die Eltern dadurch zeitliche und kräftemä-
ßige Freiräume für eigene Aktivitäten; andererseits werden sie –
falls nicht genügend Geldmittel zur Verfügung stehen – dazu gezwungen, dies jenseits aller Emanzipationsambitionen von Frauen
zu tun. Beck-Gernsheim (1986) hat die ambivalenten Folgen fol-
gendermaßen pointiert: Dort, wo *Selbstverwirklichung zum kulturellen Zwang wird, bleibt häufig nur noch Selbstbehauptung
übrig.* Dies trifft nicht nur auf die Elternpaare zu, sondern auch auf
Kinder und Jugendliche, da sie bereits frühzeitig in eine »institu-

tionenabhängige Individuallage« (Beck 1986) hineinmanövriert werden, die etwa der *Standardisierung von Verhaltensweisen* gegenüber ihren Bedürfnissen z. B. nach individuellen Ruhe- und Bewegungszeitrhythmen Vorrang einräumt, wie u. a. in schulischen Ganztagsgroßbetrieben, die auch entsprechende Auswirkungen auf die schulische Sozialisation zeitigen. Die Ausweitung der Verfügungszeit der Eltern wird durch die Standardisierung der Verfügungszeit der Kinder erkauft.

– Kinder und Jugendliche wachsen heute in Familien auf, die im Vergleich zu den fünfziger Jahren sehr viel kleiner sind. Über ein Drittel wächst ohne Geschwister, knapp 50% nur mit einem Geschwisterteil auf. Einmal abgesehen davon, wie sich dies auf die Verwandtschafts- und Familiennetzwerke auswirkt, erscheint gravierender, welche sozialen Folgen die »Verinselung« des Aufwachsens mit sich bringt, weil z. B. das Aushandeln von Regeln und die Erfahrung von Gleichheit vorrangig veranstaltet, also institutionalisiert an verschiedenen Orten erlernt werden. Bertram/Borrmann-Müller (1988, S. 19) haben dies kritisch angemerkt und ebenso auf das Problem verwiesen, wie bei fehlender sozialer Einbindung denn noch das eigenständige Erlernen von Solidarität etc. stattfinden soll.

– Es gibt eine Zunahme von Ein-Elternteil-Familien, die sich in erster Linie aus Geschiedenen mit Kindern zusammensetzen. Sie sind daher kaum Ausdruck eines neuen Selbstverständnisses, sondern Folgen von Ehen, die nicht selten, v. a. bei alleinerziehenden Frauen, in eine ökonomische und soziale Zwangslage führen und bei Kindern – so Bertram/Borrmann-Müller (ebd., S. 20) – zu frühzeitigen Vereinsamungsentwicklungen führen können, die gekoppelt sind mit hohen Anforderungen an die Entscheidungskompetenz für die Bewältigung des Alltags. Die Kinder *können* zwar aufgrund der meist berufsbedingten Abwesenheit des erziehenden Elternteils mehr selbst entscheiden; sie *müssen* gleichzeitig aber auch mehr entscheiden und die Konsequenzen der Alltagsbewältigung allein tragen, weil ein – zumindest in Krisenzeiten nützliches – familiäres Stützungsnetzwerk kaum oder gar nicht (mehr) vorhanden ist. Die Entscheidungs-»Freiheit« zehrt die Sorgenlosigkeit eines kindlichen Alltags auf.

Diesen äußeren Pluralisierungen und Individualisierungen entsprechen innere; demzufolge lassen sich auch hier die Ambivalenzen festhalten:

– Verhaltensvorbilder haben an normativer Kraft verloren; Macht-
und Herrschaftsansprüche sind in ihrem selbstverständlichen
Geltungsumfang eingegrenzt. Mithin gilt es, die Beziehungen si-
tuativ und interaktiv »auszuhandeln«, allerdings vor dem Hintergrund nicht-autonomer Lebensschicksale und -planungs-
möglichkeiten. Das Konfliktpotential (Beck-Gernsheim 1986)
steigt, damit auch der Bedarf an Zeit, um diese Konflikte nicht
nur zu verschweigen und zu verdrängen. Offen bleibt dabei die
Frage, ob der Flexibilisierungsdruck etwa bei Arbeitszeiten (u. a.
im Falle breit durchgesetzter Sonntagsarbeit) dazu führt, daß
weder die gemeinsam geteilte Zeit zur Bearbeitung ausreicht
noch dem Problem begegnet wird, daß Kinder Gefahr laufen,
jeweils anläßlich von elterlichen oder familiären Zuwendungen
in die jeweils elterlicherseits individuell verfügbaren Zeitlücken
gestopft zu werden. Das fruchtbare Konfliktpotential zur Veränderung von z. B. erniedrigenden Rollenbildern kann sich zu
einem furchtbaren verwandeln, wenn an die Stelle von selbstver-
ständlicher Geltung von Ansprüchen nur die selbstverständliche
Verschiebung und Verdrängung treten.

Die steigenden Scheidungsquoten sind ein drastisches Beispiel
für die Folgen, wobei die Studie von Wallerstein/Blakeslee (1989)
nachdrücklich darauf hinweist, daß die Kinder zumeist auch
langfristig nicht zu den Gewinnern zu zählen sind und mit diesen kritischen Lebensereignissen bereits erhebliche »Eingangs-
belastungen« für die Verarbeitungen der Anforderungen in der
Jugendphase aufweisen, etwa was die Selbstachtung, die sexuel-
len Orientierungen und die Angst vor der Unfähigkeit zu dauer-
haften Beziehungen anbelangt.

– Der emotionale Wert von Kindern löst den (ökonomischen und
sozialen) Versorgungswert (etwa im Alter) für Eltern ab. Kinder
rücken zusehends (vgl. Schütze 1988) in den Mittelpunkt auch
von Partnerbeziehungen; sie bilden nicht selten bezüglich der
Veränderung von Verhaltensvorbildern und Bedürfnissen in der
Partnerschaft den »Kitt«. Für Kinder auf dem Weg in die Jugendphase gestalten sich ihre Ablösungsprozesse insofern um, als daß
sie unter diesen Bedingungen in den Sog krampfhaften Festhal-
tens gezogen werden, weil von seiten der Eltern nicht nur der
»Verlust« des Kindes, sondern oft auch der Partnerschaft auf
dem Spiel steht.

– Kinder entwickeln sich vor diesem Hintergrund von Zu-Erziehenden partiell und sukzessive zu persönlichen Gesprächspartnern. Dieser scheinbare Zugewinn »herrschaftsfreier« Kommunikation kann durch neue Formen von Herrschaft dergestalt konterkariert werden, daß Kinder gewissermaßen schutzlos den Nöten und Konfliktpotentialen der Ehebeziehungen ausgesetzt und nicht selten zur Stellungnahme für oder gegen den anderen Elternteil, teils heimlich, teils offen, gedrängt werden bzw. glauben, sie sollten dies tun. Diese Delegation der Verantwortung für den Bestand der Familie kann den Schutzraum einer möglichst unbeschwerten Kindheit zerstören.

Andererseits weisen die Ergebnisse von Jugendbefragungen ebenfalls darauf hin, daß für Familien deutscher Herkunft aus der Sicht der Jugendlichen seit längerem von einem positiven familialen Klima gesprochen werden kann (vgl. Oswald 1989, S. 368). Jugendliche bekunden ein gutes Einvernehmen mit den Eltern und eine hohe Akzeptanz ihres Erziehungsstils. Dieses führt jedoch keineswegs dazu, daß Jugendliche deshalb Wertorientierungen und Lebensideale ihrer Eltern übernehmen (vgl. Schröder 1995, S. 67). Die Studien zeigen, daß das im Zusammenhang des allgemeinen Generationenkonflikts diskutierte Modell der pragmatischen oder »friedlichen Koexistenz« der Generationen in der Familie (vgl. Böhnisch/Blanc 1989, S. 58 f.) längst abgelöst ist durch ein Modell der intergenerativen Beziehung, das sich durch komplementäre und von wechselseitiger Anerkennung getragene Kommunikationsstrukturen beschreiben läßt:

»Im emotional dichter gewordenen Binnenklima, das von größerer Gleichgewichtigkeit zwischen den Ehepartnern und den Eltern und Kindern gekennzeichnet ist, in dem die Individualität des einzelnen mit seiner akzeptierten Selbständigkeit bedeutender geworden ist, in dem mehr auf verbaler Ebene ausgehandelt wird, werden heute die jeweiligen Phasen in der Entwicklung von Kindern und Jugendlichen anders bearbeitet« (Fend 1988, S. 130).

Hier ist v. a. das Moment der Kommunikation im innerfamilialen Diskurs von Bedeutung. Längst haben viele Eltern »gelernt«, demokratische »Spielregeln« auch bei Erziehungsfragen gelten zu lassen, stellt das Aushandeln alltäglicher Arrangements eine feste und immer selbstverständlichere Größe im familialen Beziehungsgefüge dar.

Betrachtet man demgegenüber die Struktur türkischer Familien in Deutschland, so zeigen sich äußerlich stabile und weitgehend »uniforme« traditionelle Familienkonstellationen. An der vermeintlichen Idylle türkischer Familien werden allerdings, wie hier von dem Psychologen Kadir Kaynak, längst Zweifel angemeldet:

> »Wir haben den Politikern immer wieder versucht klarzumachen, daß die türkische Familie nicht so stark ist, wie sie glauben möchten. Die Energien der Familien reichen nicht mehr aus, die Konflikte mit den Jugendlichen, die viele Ursachen haben, alleine zu lösen. Viele Eltern haben kaum noch Kontakt zu ihren Kindern. Sie stehen morgens um 4.00, 5.00 Uhr auf und gehen in die Fabrik. Um 16.00 Uhr haben sie Feierabend, und anschließend treten sie ihren zweiten Job an und putzen nach Ladenschluß noch zwei, drei Stunden irgendwelche Büroräume und Kaufhäuser. Wenn diese Kinder nicht durch Kinderläden und andere soziale Einrichtungen aufgefangen werden, landen viele bereits mit 9, 10 Jahren in kriminellen Gruppen. Ich lerne 11jährige Kinder kennen, zu denen kein Kontakt mehr aufzubauen ist« (zit. nach Farin/Seidel-Pielen 1991, S. 36).

Neben der Regulierung ökonomischer Probleme haben türkische Eltern auch abzuwägen zwischen der Notwendigkeit einer Vorbereitung ihrer Kinder auf eine für sie immer noch zu erheblichem Anteil fremde Kultur und der Angst der Entfremdung der Kinder aufgrund eines anderen Normen- und Wertesystems. Hinter dieser als belastend anzunehmenden Familiensituation von (türkischen) Migrantenfamilien liegt die These vom Kulturkonflikt. Diese besagt, daß das Aufeinandertreffen verschiedener Kulturen (wie der deutschen und der türkischen) zu psychischen Spannungen sowohl seitens der Elterngeneration und vermittelt über den Sozialisationsprozeß auch seitens der Jugendlichen führt. Psychische Spannungen entstehen nach der Kulturkonflikttheorie im wesentlichen durch die Inkompatibilität der Werte und Normen der Herkunfts- und Einwanderungsgesellschaft. Bei Lajios (1991) ist diese These sowohl aus der Sicht der Eltern als auch aus der Sicht der Jugendlichen idealtypisch nachgezeichnet. So seien die Erziehungsvorstellungen der Eltern von in der Bundesrepublik aufgewachsenen türkischen Jugendlichen vor dem Hintergrund der eigenen Migrationsgeschichte häufig gespalten: Die Eltern seien aufgrund der moralischen Wertvorstellungen ihrer Herkunftsländer und der Anforderungen der sie umgebenden kulturellen Einflüsse auch in der Anwendung ihrer eigenen Erziehungsstile stark verunsichert.

»Die oft isolierte und verunsicherte Familie klammert sich stärker an traditionsgebundene, für die offene und pluralistische Gesellschaft der Bundesrepublik Deutschland rigide Erziehungsmuster. Sie schränken Flexibilität und Freiräume der Kinder ein und verursachen große Anpassungsschwierigkeiten im Kindergarten und in der Schule« (ebd., S. 44 f.).

Als wesentliche Erziehungsziele lassen sich laut Özkara (1991) in diesem Sozialisationsprozeß geschlechtsspezifische Erziehungsvorstellungen, Respekt und Gehorsam, Religiosität, Leistungsstreben und nationale Identität feststellen (vgl. ausführlich ebd., S. 95 ff.). Gleichzeitig entwickelt sich nach Lajios (1991) bei den Kindern und Jugendlichen in den Pubertätsjahren und in der Verselbständigungsphase eine extensiv freundliche Haltung gegenüber der Kultur der Aufnahmegesellschaft und provoziert dadurch eine Verhärtung der Haltung der Eltern.

»In vielen Fällen gerät der normale Erziehungsprozeß zu einer Auseinandersetzung zwischen zwei Kulturen und Gesellschaften sowie zwischen unterschiedlichen Weltanschauungen. Als Folge davon sind verstärkte Bemühungen der Elterngeneration, durch flankierende Maßnahmen auf der Ebene des Gemeindelebens und nationaler Verbundenheit die Tradition des Herkunftslandes, die Sitten und Bräuche sowie die Normen und Werte zu erhalten und zu pflegen. Dabei übernimmt die religiöse Gemeinde eine tragende und wichtige Rolle« (ebd., S. 46 f.).

Auch wenn für die hier untersuchten und größtenteils in der Bundesrepublik Deutschland geborenen Jugendlichen von einem Aufwachsen in zwei unterschiedlichen Kulturen ausgegangen werden kann, ist u. E. genauer zu prüfen, ob potentielle Konflikte daraus zwangsläufig abzuleiten sind. Unsere Ergebnisse deuten vielmehr darauf hin, daß das Aufwachsen in (oder zwischen) zwei Kulturen für türkische Jugendliche der zweiten oder der dritten Generation durchaus Normalität darstellt und keineswegs automatisch zu einem mißlungenen Sozialisationsprozeß oder gar zu abweichendem Verhalten führt.[5]

Es scheint vielmehr so zu sein, daß sich (ausländische) Jugend-

5 Dies ist deshalb von Bedeutung, da die These vom Kulturkonflikt häufig als Erklärungsmuster für eine hohe Kriminalitätsrate unter ausländischen Jugendlichen herangezogen wird, ohne daß sich solche höheren Kriminalitätsraten insbesondere in Dunkelfeldforschungen zu einzelnen jugendrelevanten und *vergleichbaren* Straftatbeständen nachweisen ließen (vgl. Mansel 1990, S. 51).

Tab. 1.3: Das emotionale Verhältnis zu Mutter und Vater (Angaben in Prozent*)

Emotionales Verhältnis	Nationalität	sehr gut	gut	weniger gut	schlecht
zur Mutter	türkisch	61,3	29,9	6,2	2,6
	deutsch	42,1	48,1	7,1	2,7
zum Vater	türkisch	50,9	33,1	11,3	4,7
	deutsch	33,4	47,9	14,1	4,6

Frage: »Wie gut verstehen Sie sich mit Ihren Eltern (bzw. den Personen, die Mutter- oder Vaterstelle bei Ihnen einnehmen)?«

* Fehlende Werte und die Kategorie »trifft nicht zu« sind aus den Berechnungen ausgeschlossen und den »missing values« zugeordnet.

Quelle: Schröder 1995, S. 50; eigene Berechnungen

liche sehr wohl einen Freiraum für die Durchsetzung eigener Interessen und Vorstellungen auch dann sichern, wenn ihre eigenen und die Orientierungen der Altersgleichen erheblich von denen der Eltern abweichen.

»Dieser Freiraum entsteht dadurch, daß der Jugendliche in der *Normebene* durchaus an die familiären Vorstellungen gebunden bleibt, aber in der *Verhaltensebene* differenziert und von den Normen abweicht« (Boos-Nünning/Nieke 1982, S. 76).

Insgesamt läßt sich für den Erziehungsprozeß türkischer Jugendlicher davon ausgehen, daß auf seiten der Eltern einige dazu tendieren, ihre Kinder offensiv auf die deutsche Gesellschaft vorzubereiten, während andere Familien, denen die Vermittlung von religiösen Werthaltungen stärker am Herzen liegt, eher dazu neigen, ihre Kinder vor den Einflüssen der Einwanderungsgesellschaft schützen zu wollen (vgl. Schiffauer 1995a, S. 14). Ob bei den betroffenen Jugendlichen die Inkonsistenz zwischen Norm- und Verhaltensebene auch zu verstärkten Rückzügen in die »konsistente« eigenethnische Gemeinschaft und entsprechenden religiösen »Rück«-Besinnungen führt oder gar mitverantwortlich für eine Hinwendung zu islamisch-fundamentalistischen Orientierungsmustern ist, werden wir zu untersuchen haben.

Tab. 1.4: Familiales Bindungspotential (Angaben in Prozent)

	trifft gar nicht zu	trifft nicht zu	trifft zu	trifft ganz genau zu	k. A.
In meiner Familie hat jeder großes Interesse am anderen.	12,8	21,2	42,3	16,1	7,7
In meiner Familie sind die anderen nur selten für mich da, wenn ich sie brauche.	37,4	33,5	15,9	6,1	7,2
In meiner Familie kann ich mich auf die anderen immer verlassen.	8,7	15,9	36,5	31,6	7,3
Meine Eltern kümmern sich recht wenig um mich.	50,0	27,1	9,2	7,4	6,3

Frage: »Im folgenden finden Sie einige Aussagen zu Ihrer Familie. Bitte geben Sie an, ob diese gar nicht zutreffen, nicht zutreffen, zutreffen oder ganz genau zutreffen.«

Inwieweit eine problematische Inkonsistenz entsteht, hängt in hohem Maße von der emotionalen Qualität des Eltern-Kind-Verhältnisses ab (vgl. Tab. 1.3).

Der Vergleich zwischen deutschen und türkischen Jugendlichen macht zunächst deutlich, daß das emotionale Verhältnis der türkischen Jugendlichen zu ihren Eltern wesentlich besser als das ihrer deutschen Altersgenossen zu sein scheint. Insgesamt verstehen sich alle Jugendlichen mit der Mutter besser als mit dem Vater und jüngere sich mit den Eltern besser als ältere.

Neben diesen eher allgemeinen Einschätzungen haben wir bei den türkischen Jungen und Mädchen auch konkret nach dem familialen Bindungspotential Ausschau gehalten (vgl. Tab. 1.4).

Die Antworten der Jugendlichen machen insgesamt deutlich, daß von einem außerordentlich hohen Bindungspotential türkischer Familien ausgegangen werden kann. Trotz eines überaus guten emotionalen Verhältnisses und eines hohen innerfamilialen Bindungspotentials finden innerhalb türkischer Familien selbstverständlich auch Auseinandersetzungen zwischen Eltern und Jugendlichen über die unterschiedlichsten Bereiche des Alltags statt. Dabei muß berücksichtigt werden, daß die familiale Lebenswelt von türkischen Jugendlichen sehr heterogen ist und daß sich bei näherem Hinsehen manche als Kulturkonflikt gedeutete Probleme »als generationsspezifische Auseinandersetzungen über innerfamiliale Handlungs- und Entscheidungsspielräume« (Popp/Tillmann 1996, S. 87) entpuppen, wie sie sich in allen Familien finden (vgl. Hoffmann 1990, S. 209).

Die Spezifika der Konflikte zwischen türkischen Jugendlichen und ihren Eltern sind sicherlich nicht der Streit oder die Auseinandersetzungen an sich, sondern es sind z. T. die Themen des Streites, die sich auf der Basis der Fragen der Assimilation, Integration, Religion etc. von denen deutscher Jugendlicher deutlich unterscheiden. Teilweise ist der Hintergrund der Auseinandersetzungen innerhalb der Familie aber durchaus mit dem deutscher Jugendlicher vergleichbar. Will man einen Einblick in die besondere Lebenssituation der türkischen Familien gewinnen, dann reicht es u. E. nicht aus, »nur« zu erfahren, wie stark das gesamte Konfliktpotential in den Familien ist, sondern es ist von zentraler Bedeutung, mit welcher Intensität um wichtige Themen gestritten wird (vgl. Abb. 1.4).

Um die Intensität der innerfamilialen Konflikte zu messen, haben wir alle Einzelitems zu der Skala »*Innerfamiliales Konfliktpotential*«[6] zusammengefaßt. Wenn wir später im Zusammenhang der Erörterung islamisch-fundamentalistischer Einstellungsmuster die familiale Lebenssituation unter dem Aspekt der Konflikthaftigkeit zur Analyse der Ursachen mit heranziehen, werden wir uns in der Regel auf diese Gesamtskala familialer Konflikte beziehen.

Bringt man die Themen der Auseinandersetzungen zwischen türkischen Jugendlichen und ihren Eltern in eine Rangfolge, ergibt sich folgendes Bild: Abendliches Ausgehen und schulische Leistungen sind die hauptsächlichen Konfliktthemen in türkischen Familien. Fragen der Mode wie Kleidung und Aussehen, des Freundeskreises und auch religiöse Fragen nehmen in der Rangfolge der Auseinandersetzungen eine mittlere Position ein. Deutlich abgeschlagen liegt die in der Literatur zu Migrationsfragen

---

6 Die Skala »Innerfamiliales Konfliktpotential« (SSTREIT) hat folgende Werte: Mean = 1.720, Std. dev. = .459, Min. = 1 000, Max. = 3 000.

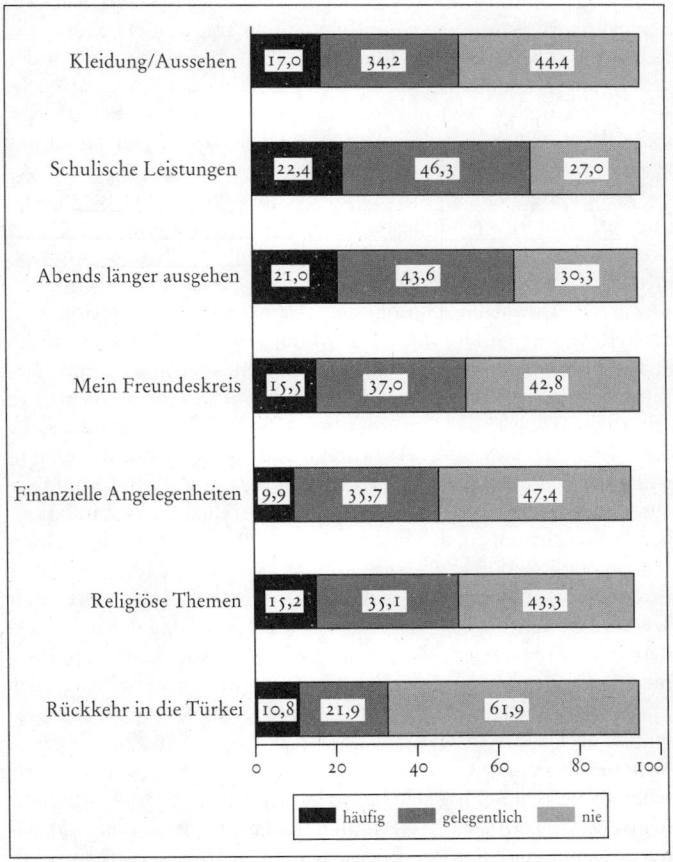

Abb. 1.4: Auseinandersetzungen mit Eltern (Angaben in Prozent)

Frage: »Haben die folgenden Punkte häufig, gelegentlich oder nie zu Auseinandersetzungen mit Ihren Eltern geführt?«

noch häufig thematisierte Auseinandersetzung um die Rückkehr in die Türkei. Die Rückkehr in die Türkei scheint in familialen Krisensituationen als ein letztes Sanktionsinstrument zu dienen, wird aber nur äußerst selten angewandt. Überdies ist es für türkische

Familien kaum praktikabel – selbst wenn noch verwandtschaftliche Beziehungen in ihrem Heimatland bestehen –, Söhne oder Töchter z. B. bei Erziehungsproblemen in die Türkei »zurückzuschicken«. Insbesondere wenn Jugendliche traditionelle Werte wie z. B. die Achtung vor den Eltern mißachten, kann ihnen seitens der Eltern eine »Rückkehr« in die Türkei zu Verwandten in Aussicht gestellt werden. Wie bei anderen drastischen negativen Sanktionen, z. B. dem »Rausschmiß«, werden solche Drohungen allerdings eher selten verwirklicht.

Gerade angesichts der prekären Lebenssituation der türkischen Jugendlichen in der Bundesrepublik Deutschland muß darauf verwiesen werden, daß diese Probleme nicht unabhängig von den Eltern betrachtet werden können. In einer empirischen Untersuchung über sozialpsychologische Aspekte der Integration von türkischen Migrantenschülern hat Firat (1991) festgestellt, daß intrafamiliäre Probleme dann stark auftreten, »wenn türkische Migrantenkinder sich deutschen Lebensgewohnheiten anpassen, ihre Eltern derartige Verhaltensänderungen als Assimilationstendenzen ablehnen« (ebd., S. 326). Auf der Grundlage einer breiten Datenbasis können wir diese Ergebnisse bestätigen und weiter konkretisieren. Die Antworten zu Fragen der kulturellen Eigenständigkeit werden später zeigen, daß mehr als die Hälfte der Eltern der befragten Jugendlichen großen bzw. sehr großen Wert darauf legt, daß ihre Kinder anders leben als die meisten der ihnen bekannten Deutschen. Gleichzeitig können wir feststellen, daß ein insbesondere von Fragen der Mode, Religion und Rückkehr geprägtes innerfamiliales Konfliktpotential eindeutig mit der Betonung einer kulturellen Differenz durch die Eltern zusammenhängt. Ein gravierender Unterschied zur Familiensituation deutscher Jugendlicher muß denn auch darin gesehen werden, daß es den Eltern nicht völlig gleichgültig sein kann, »wenn ihre Kinder zunehmend deutsche Normen- und Wertvorstellungen übernehmen und dadurch von dem türkischen Kultursystem entfremdet werden« (Firat 1991, S. 326).

Ein wesentlicher Unterschied in der Eltern-Kind-Beziehung zwischen türkischen und deutschen Jugendlichen scheint u. E. weniger in den emotionalen Beziehungen (Empathie, Verstehen etc.), sondern eher in den Wert- und Kommunikationsstrukturen zu liegen. Zentrales Moment dieses familialen Beziehungsgefüges, dem insbesondere die Autorität des Vaters immanent ist, bleibt die

<u>Nichthinterfragbarkeit der Norm der *Ehre*</u>. Selbst wenn dem Vater von den Jugendlichen altmodisches Verhalten oder (traditionell-) dörfliches Denken attestiert wird, ist er in der Regel die nach außen sichtbare, unangefochtene Autorität in der Familie. Dabei scheint es sogar noch unter gleichaltrigen Freunden schwierig zu sein, offen über die familiäre Situation zu sprechen. Sich kritisch gegenüber der eigenen Familie zu äußern ist selbst in Krisensituationen ein Tabu (vgl. Tertilt 1996, S. 139).

Achtung und Ehrfurcht vor den Eltern, die auch Gehorsam miteinschließen, sind – so Schiffauer (1984) – ein konstitutives Merkmal des dörflichen Islam. Während diese gesellschaftliche Ordnung (als die Gesamtheit von Vorstellungen und Praktiken mit Bezug zum Sakralen) auf dem symbolischen Tausch (Prinzip der Gegenseitigkeit) beruht, d. h. zwischen Gleichen stattfindet, die auf eine Balance von Verpflichtungen und Gegenverpflichtungen achten, ist der Tausch innerhalb des Hauses prinzipiell asymmetrisch.

»Die einseitige Pflege der Eltern konstituiert ein Recht der Eltern (…) und eine Verpflichtung der Kinder, die ein Leben lang besteht. Der Forderung auf die Ehrfurcht/Achtung (…) der Kinder, die daraus abgeleitet wird, wird dadurch Nachdruck verliehen, daß nach der Dorfüberlieferung der einseitige Gabenfluß den Eltern auch die Macht gibt, die Kinder zu verfluchen« (ebd, S. 493).

Wenn Jugendliche etwas heimlich machen, z. B. trotz elterlichen bzw. väterlichen Verbotes in Diskotheken gehen, werden symbolische Bedeutungen sozialen Handelns außer Kraft gesetzt. Erst wenn eine untersagte Aktivität öffentlich bekannt würde und als Zeichen für Ehrlosigkeit oder Herausforderung gegenüber der Familie/dem Vater verstanden werden könnte, stellt sie auch eine Ehrverletzung dar. Solange verbotene Aktivitäten jedoch nicht öffentlich werden, gefährden sie auch nicht die Ehre der Familie. Die hieraus resultierende Doppelstrategie eröffnet den Jugendlichen Freiräume, die ihnen ihr Vater in den meisten Fällen nicht gestatten würde, gleichzeitig birgt eine solche von Heimlichkeit gekennzeichnete Konstellation allerdings auch erhebliches Belastungspotential, u. a. in Form des permanent »schlechten Gewissens«.

Die Kommunikationsprobleme innerhalb der Familie beruhen auf »ungeschriebenen Gesetzen«: es scheint eine ganze Fülle von nicht hinterfragbaren Normen, Werten und Verhaltensvorschriften zu bestehen, die eine gegenseitige Verständigung oder auch nur Auseinandersetzung bei gegensätzlichen Erwartungen zwischen

Eltern und Kindern erheblich erschwert, wenn nicht gar verhindert. Das von den Jugendlichen angegebene gute emotionale Klima in der Familie muß daher auch in diesem relativierenden Licht betrachtet werden.

Eine im Zusammenhang der Präferenz für traditionelle oder »moderne« Werte geführte Diskussion ist speziell die Frage der Gleichberechtigung von Mann und Frau.

Gegenüber deutschen Jugendlichen sehen sich türkische Jugendliche – v. a. die Mädchen – rigideren Norm- und Wertvorstellungen und restriktiverem Erziehungsverhalten seitens der Eltern ausgesetzt. Das wirkt sich nicht zuletzt auch auf die Präferenz der eigenen Erziehungsziele bei den befragten Jugendlichen aus. Neben den bereits diskutierten Werten der Ehre und der Achtung vor den Eltern ist hierbei v. a. das geschlechtsspezifisch ausgerichtete Erziehungsverhalten in türkischen Familien zentral. Im Laufe des Migrationsprozesses erhält allerdings die im Heimatland erlernte und erfahrene Rollenverteilung der Eltern hier Risse, wird vor dem Hintergrund einer anderen gesellschaftlichen Realität brüchig, verunsichert so auch das Verhalten der Eltern und beeinträchtigt die Erziehung der Kinder (vgl. Lajios 1991, S. 44). Stark eingeschränkte Kontaktmöglichkeiten zum anderen Geschlecht, Mithilfe im Haushalt und die Beaufsichtigung jüngerer Geschwister sind nur einige Klischeevorstellungen, an die in der sozialwissenschaftlichen Literatur immer wieder angeknüpft wird, wenn auch im Vergleich zu anderen Nationalitäten auf das traditionelle Rollenverhalten insbesondere türkischer Mädchen aufmerksam gemacht werden soll. In einer 1985/86 durchgeführten Befragung ausländischer Jugendlicher kommt Stüwe (1991) zu dem Ergebnis, daß entgegen gängigen Stereotypen von einer Hierarchisierung der Norm- und Wertvorstellungen verschiedener Nationalitäten nicht gesprochen werden könne und es eine Rangordnung von rigiden Einstellungen nicht gebe (vgl. ebd., S. 131). Heimatliche Norm- und Wertvorstellungen durchziehen zwar den Alltag ausländischer Mädchen, werden aber auch in der Regel von ihnen akzeptiert. Obwohl Eltern ihren Töchtern den Kontakt zu deutschen Jugendlichen nicht ausdrücklich verbieten, fördern sie ihn auch nicht.

»Die Eltern reagieren offenbar lediglich auf der Grundlage ihrer heimatlichen Vorstellungen und versuchen, damit die widersprüchliche Lebenssituation ihrer Töchter zu beeinflussen, ohne extreme Verhaltensweisen bzw. extreme Heimatorientierungen durchsetzen zu wollen« (ebd., S. 119).

»Obwohl alle Mädchen Reglementierungen und einer sozialen Kontrolle ausgesetzt sind, kann dennoch nicht von einer totalen Verbotssituation gesprochen werden. Die Eltern akzeptieren zwar einen gewissen Anpassungsprozeß ihrer Töchter in der Bundesrepublik, achten jedoch darauf, daß die heimatlichen Normvorstellungen weitgehend handlungsorientierend bleiben. Das Gebot der Virginität bleibt unumstößlich und wird von den Töchtern nicht infrage gestellt. Die Mädchen verstehen das Verhalten ihrer Eltern und finden sich im großen und ganzen mit dieser Situation ab. Es wird allerdings deutlich, daß extreme Verbotssituationen nicht hingenommen werden und sie ständig versuchen, ihre Situation neu auszuhandeln. Um ihre Interessen durchzusetzen, suchen die Mädchen Bündnispartner. Häufig werden die Mütter als Komplizinnen gewonnen« (ebd., S. 131).

Unter dem Gesichtspunkt sozialer Zugehörigkeiten und Bindungen läßt sich die Situation türkischer Familien für die Jugendlichen der dritten Generation zusammenfassend etwa dergestalt charakterisieren, daß insbesondere Jugendliche aus Migrantenfamilien von den gesellschaftlichen Veränderungen betroffen sind, da sie sich nicht nur – wie ihre deutschen Altersgenossen auch – mit den negativen Folgen des Individualisierungsprozesses auseinandersetzen müssen, sondern darüber hinaus die daraus resultierenden positiven Handlungsmöglichkeiten z. T. auch noch gegen ihre Eltern (oder zumindest an ihnen vorbei) durchzusetzen haben. Auf der einen Seite werden durch die Jugendlichen emotionale Dichte, Geborgenheit etc. betont und zentrale traditionelle Werte weiterhin geachtet, auf der anderen Seite geraten aber gerade die auf einem traditionalen Verhaltenskodex beruhenden Familienbeziehungen immer stärker in einen Konflikt mit den sich außerhalb der Familie abzeichnenden Anforderungen durch die Mehrheitsgesellschaft.

Die Gleichaltrigengruppe

Neben der Familie hat sich mit der Gleichaltrigengruppe in den letzten Jahrzehnten eine Sozialisationsinstanz herausgebildet und für die Jugendphase zunehmend an Bedeutung gewonnen (vgl. u. a. Allerbeck/Hoag 1985, Schröder 1995). Im Zuge der Ausdifferenzierung der alltäglichen Lebenswelt gehen Jugendliche an den unterschiedlichsten Orten zwar sehr verschiedenen Aktivitäten nach, sie verbringen ihre Freizeit jedoch fast immer unter Altersgleichen. Da es sich bei den hier untersuchten Befragten im wesentlichen um bereits in Deutschland geborene oder aber schon seit langem hier lebende und aufgewachsene Jugendliche der sogenann-

Cliquenzugehörigkeit deutscher und türkischer Jugendlicher (Angaben in Prozent)

	Alter	ja, viel gemein-sam	ja, wenig gemein-sam	nein, treffe Freund/in	nein, lieber allein	k. A.
deutsche Jugendliche	15-17 18-20	45,5 43,8	22,9 21,3	21,4 20,9	9,1 12,8	1,2 1,2
türkische Jugendliche	15-17 18-21	42,9 40,6	16,2 17,5	30,9 31,9	6,1 4,7	3,9 5,3

Frage: »Gehören Sie zu einer Gruppe (»Clique«), in der jeder jeden gut
kennt und in der so manche gemeinsame Aktion läuft?«

Quelle: Melzer/Nolteernsting/Schröder 1993, S. 316; eigene Berechnungen

ten zweiten oder bereits dritten Generation handelt, werden wir
in diesem Abschnitt zunächst untersuchen, ob sich deutsche und
türkische Jugendliche hinsichtlich der Gebundenheit an jugendtypische Cliquen unterscheiden und wie sich der Freundeskreis
türkischer Jugendlicher hinsichtlich geschlechtsspezifischer und
nationaler Merkmale zusammensetzt. Dabei werden auch die Kontakte und die allgemeine Einstellung zu den deutschen Jugendlichen in den Blick genommen. Außerdem werden wir aufzeigen,
an welchen Orten die Befragten ihre Freizeit verbringen und welchen Aktivitäten sie dort vorwiegend nachgehen.

Kommen wir zunächst zum Vergleich der Integration von deutschen und türkischen Jugendlichen in Cliquen (vgl. Tab. 1.5). Neben den besonderen Funktionen im Entwicklungsprozeß der
Jugendlichen (vgl. Oerter/Montada 1987, S. 318) kommt der Integration in die Gruppe der Altersgleichen auch ein wichtiger Aspekt
politischer Sozialisation zu, »da sich hier der Erwerb öffentlicher
Kompetenzen und Rollen politischen Handelns vollzieht« (Melzer 1992, S. 48).

Zusätzlich ist auch das aktionistische Moment der Gleichaltrigengruppe zu betonen. Es ist davon auszugehen, daß sich in Entwicklung befindende Kinder und Jugendliche mit dem Lebensbereich »Clique« so stark in ein Mikrosystem mit einem Muster
von Tätigkeiten und Aktivitäten, Rollen und zwischenmensch-

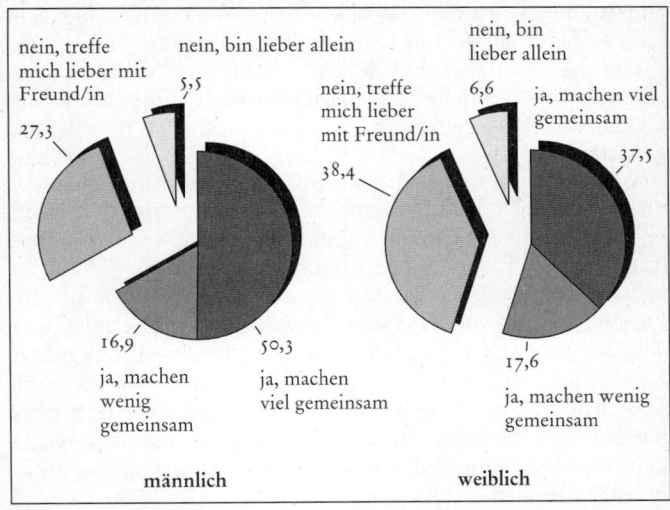

Abb. 1.5: Cliquenzugehörigkeit türkischer Jungen und Mädchen (Angaben in Prozent)

Frage: »Gehören Sie zu einer Gruppe (»Clique«), in der jeder jeden gut kennt und in der so manche gemeinsame Aktion läuft?«; fehlende Werte sind aus den Berechnungen ausgeschlossen.

lichen Beziehungen eingebunden sind, daß sich dies v. a. durch konkrete Handlungsbezüge äußert: man unternimmt etwas zusammen.

Vergleicht man zunächst das Gesamtergebnis der Cliquenzugehörigkeit zwischen deutschen und türkischen 15- bis 17- und 18- bis 20jährigen bzw. 21jährigen Jugendlichen, ergibt sich, daß innerhalb der jeweiligen Subgruppe zwischen den einzelnen Altersgruppen keine wesentlichen Unterschiede auftauchen. Anders allerdings das Ergebnis hinsichtlich nationaler Zugehörigkeit. Deutsche Jugendliche scheinen im Vergleich zu türkischen Jugendlichen etwas stärker in Cliquen integriert zu sein. Hier kommen aber insbesondere geschlechtsspezifische Variationen zum Tragen. Zeigen sich auch bei deutschen Jugendlichen noch immer »feine Unterschiede« der Cliquenzugehörigkeit in geschlechtsspezifischer Hinsicht dergestalt, daß männliche Jugendliche etwas stärker in Cliquen integriert sind, während weibliche Jugendliche häufiger angeben, sich ausschließlich mit einem Freund bzw. einer Freundin zu treffen (vgl. Schröder 1995, S. 120), so ist dieses Ergebnis sehr viel deutlicher auf die türkischen Jugendlichen zutreffend.

Die geschlechtsspezifischen Unterschiede (vgl. Abb. 1.5) lassen sich u. E. im wesentlichen auf eine immer noch starke traditionelle Geschlechtsrollenorientierung unter der türkischen Bevölkerung zurückführen.

Mit Ausnahme der geschlechtsspezifischen Variation unter den türkischen Jugendlichen machen die insgesamt wenig dramatischen Unterschiede zwischen deutschen und türkischen Jugendlichen bezüglich der Cliquenzugehörigkeit deutlich, daß die zunehmende Bedeutung der Gruppe der Altersgleichen für *alle* Jugendlichen nur vor dem Hintergrund eines grundlegenden Wandels der Jugendphase erklärbar ist. Von diesem grundlegenden Wandel, d. h. einem Strukturwandel der Jugendphase insgesamt, sind eben nicht nur die deutschen, sondern auch die türkischen Jugendlichen erfaßt. Inwieweit dies wiederum zu stärkeren familialen oder kulturellen Konflikten führt, ist deshalb zu analysieren.

Will man die Alltagssituation von Jugendlichen türkischer Herkunft bezüglich der sozialen Beziehungen und Bindungen zu Gleichaltrigen erfassen, reicht es jedoch nicht aus zu erfahren, wie stark oder schwach diese in Cliquen- oder Freundschaftsbeziehungen involviert sind, sondern es muß der Frage nachgegangen werden, wo sie ihre *Freizeit* verbringen und welchen *Aktivitäten* sie dort nachgehen. Aktivitäten von Gleichaltrigen zeichnen sich in der Regel durch Gebundenheit an einen bestimmten Ort aus, finden in »ökologischen Umwelten«, sogenannten Settings (vgl. Barker 1968), statt. Solche Settings lassen sich dabei als Ort definieren, an dem Menschen leicht direkte Interaktionen miteinander aufnehmen können (vgl. Bronfenbrenner 1989, S. 38). In solchen Settings tritt das Individuum unmittelbar in Kontakt mit sozialen Partnern, und es werden festgelegte Verhaltensmuster, die den Umgang mit Partnern und mit physikalischen Objekten gleichermaßen umschließen, erworben und ausgeführt. Sollen Einstellungen, Orientierungen und Präferenzen eines Individuums betrachtet werden, dann sind sie nicht mehr losgelöst von dem Leben in solchen Settings zu beschreiben, da reales Verhalten und Handeln nur in ihnen vorkommen (vgl. Oerter/Montada 1987, S. 91 f.). Neben

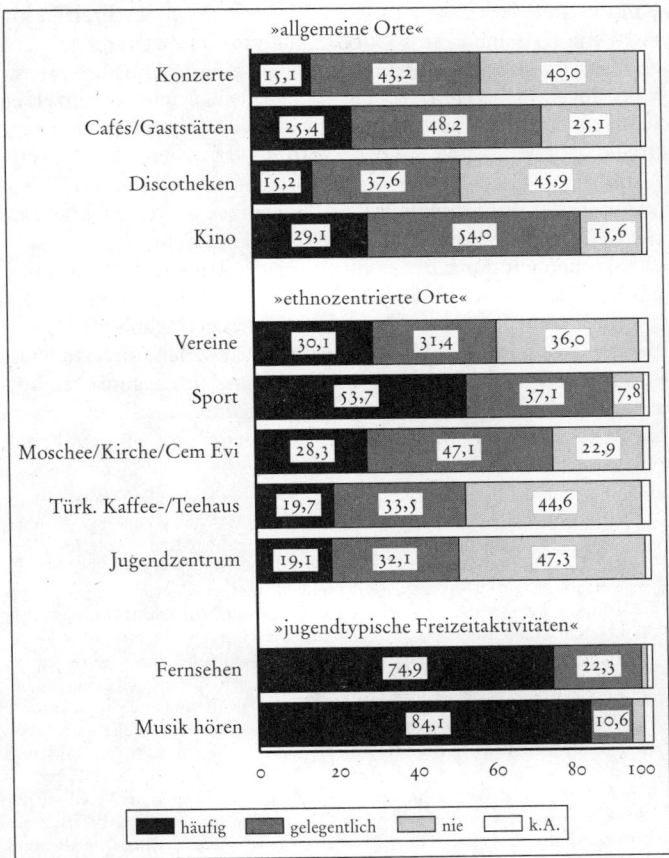

Abb. 1.6: Orte und Aktivitäten der Freizeitgestaltung (Angaben in Prozent)

»allgemeine Orte«

	häufig	gelegentlich	nie
Konzerte	15,1	43,2	40,0
Cafés/Gaststätten	25,4	48,2	25,1
Discotheken	15,2	37,6	45,9
Kino	29,1	54,0	15,6

»ethnozentrierte Orte«

	häufig	gelegentlich	nie
Vereine	30,1	31,4	36,0
Sport	53,7	37,1	7,8
Moschee/Kirche/Cem Evi	28,3	47,1	22,9
Türk. Kaffee-/Teehaus	19,7	33,5	44,6
Jugendzentrum	19,1	32,1	47,3

»jugendtypische Freizeitaktivitäten«

	häufig	gelegentlich
Fernsehen	74,9	22,3
Musik hören	84,1	10,6

häufig ▪ gelegentlich ▪ nie ▫ k.A.

Frage: »Bitte geben Sie nun an, welche der folgenden Dinge Sie häufig, gelegentlich oder nie in Ihrer Freizeit tun.«

Settings, die (fast zwangsläufig) aufgrund der familiären und schulischen Interaktions- und Kommunikationsstrukturen existieren, sind für eine adäquate Beschreibung und Einschätzung der Lebenswelt der türkischen Jugendlichen v.a. solche von Bedeutung,

81

die in der Regel durch eigene Entscheidungen zustande kommen. Diese lassen sich im wesentlichen dem Freizeitbereich zuordnen. Um die unterschiedlichen Orte und Aktivitäten der Freizeit zusammenzufassen und sie so für die Analyse von Zusammenhängen zu islamisch-fundamentalistischen Einstellungsmustern türkischer Jugendlicher nutzbar zu machen, haben wir die einzelnen Items einer Faktorenanalyse unterzogen. Das Ergebnis war eine dreifaktorielle Lösung mit den Faktoren »allgemeine Orte«, »ethnozentrierte Orte«[7] und »jugendtypische Aktivitäten«. Die Zuordnung der Einzelitems zu den jeweiligen Faktoren und ihre prozentuale Verteilung sind in Abb. 1.6 dargestellt.

Kommen wir zunächst zu dem Bereich, den wir mit »jugendtypische Aktivitäten« bezeichnet haben. »Fernsehen« und »Musik hören« erfreuen sich auch unter den türkischen Jugendlichen einer außerordentlichen Beliebtheit, die im wesentlichen unabhängig ist von Alter, Geschlecht oder Status. Aufgrund der technischen Voraussetzungen in vielen türkischen Haushalten (Satellitenanlagen) ist auch der Konsum türkischer Sendungen unter den Jugendlichen

---

7 Das Ergebnis der Faktorenanalyse hinsichtlich des zweiten Faktors aufgrund der auf den ersten Blick sehr unterschiedlichen Items scheint zunächst zu überraschen. Daß wir dem zweiten Faktor, der neben den Items »zur Moschee/Kirche/Cem Evi gehen« und »türkisches Kaffee-/Teehaus besuchen« auch die Statements »Vereine besuchen«, »Sport treiben« und »ins Jugendzentrum gehen« umfaßt, das Lable »ethnozentrierte Orte« gegeben haben, beruht auf folgendem Tatbestand: Hinsichtlich der Nutzung von kommunalen Einrichtungen der Jugendhilfe wie beispielsweise Jugendzentren ist bekannt, daß in den letzten Jahren die Attraktivität (auch aufgrund von Sparmaßnahmen) dieser Häuser für Jugendliche insgesamt stark zurückgegangen ist. Eine Folge davon ist, daß immer mehr deutsche Jugendliche diesen Häusern fernbleiben und sie sich größtenteils zu einem Treffpunkt ausländischer Jugendlicher mit der Tendenz zu nationaler und ethnischer Separation entwickelt haben. Aus sportwissenschaftlichen Untersuchungen der letzten Jahre geht hervor, daß die Zahl eigenethnischer Vereine in der BRD unter der hier lebenden Bevölkerung ausländischer Herkunft stark zugenommen hat und daß sich diese gerade unter den ausländischen Kindern und Jugendlichen einer wachsenden Beliebtheit erfreuen. Aber auch unsere eigenen Analysen geben deutliche Hinweise, die obengenannten einzelnen Freizeitorte mit »ethnozentrierte Orte« zu bezeichnen. So haben varianzanalytische Berechnungen ergeben, daß Jugendliche, die einen regelmäßigen Kontakt zu türkischen oder islamischen Vereinen angaben, wesentlich häufiger ethnozentrierte Orte aufsuchen als solche, die nur manchmal oder nie solche Kontakte angaben. Die Varianzanalyse zwischen dem Faktor »ethnozentrierte Orte« und dem Statement »Kontakt zu türkischen oder islamischen Vereinen« ergab folgende statistisch relevanten Ergebnisse: Mean (regelmäßig = .47, manchmal = .05, nie = −.53); Eta = .38; Sig. < .01.

relativ weit verbreitet. Während eine häufige Nutzung v. a. der privaten Unterhaltungssender wie InterStar (52,7%) oder Show TV (45%) und des eher informativen ATV (46,8%) stattfindet, ist diese beim staatlichen Fernsehen TRT-Int (23,8%) oder beim Sender TGRT (24,8%), dessen Sendepolitik weitgehend von der türkisch-islamischen Synthese bestimmt ist, vergleichsweise gering.

Im Gegensatz zur intensiven Nutzung eines reichhaltigen Angebotes unterschiedlichster Fernsehkanäle, die insbesondere auch von der erwachsenen Bevölkerung in Anspruch genommen werden, gilt Musik, in der Einstellungen und subjektive Befindlichkeiten zum Ausdruck gebracht werden, als jugendkulturelles Interesse schlechthin (vgl. Baacke 1986). Auch die Präferenz für bestimmte (Pop-)Musik geht über einen bloßen, wie auch immer gearteten Musikgeschmack hinaus und besitzt dabei normierende Wirkung auf große Teile der Gruppe der Gleichaltrigen mit ähnlichen Vorlieben und Interessen. Dies wird derzeit u. a. durch den Erfolg der Musikgruppe »Cartel« unter den türkischen Jugendlichen deutlich. Als Träger einer Kultur oder zumindest subkultureller Lebensweisen formt die Gesellschaft der Altersgleichen dabei den Lebensstil des einzelnen Jugendlichen mit: Jugendliche übernehmen Umweltbezüge, Interessen für Gegenstände der jeweiligen subkulturellen »Mode« und entwickeln ein Lebensgefühl, das sie mit vielen Altersgenossen teilen (vgl. Oerter/Montada 1987, S. 319 ff.). Mit Rap-Texten in dem Jargon der »Kanak Sprak« und orientalisch geprägtem HipHop weist »Cartel« auf die Probleme der deutsch-türkischen Jugendlichen, der »Alemanci«, hin. Es fließt der Nachrichtenstrom zwischen den türkischen Enklaven, zwischen München-Hasenbergl, Köln-Mülheim und Berlin-Kreuzberg (vgl. Jahn 1996). Über gemeinsame Symbole und Rituale – hier vermittelt durch Musik – ist so eine Verständigung auch von einander fremden Jugendlichen, sofern sie sich derselben Subkultur zugehörig fühlen, leicht möglich.

Läßt die außerordentliche Beliebtheit von Fernsehen und Musik sowohl bei den deutschen (vgl. Nolteernsting 1996) als auch bei den türkischen Jugendlichen auf nationen- und statusübergreifende jugend- und freizeitkulturelle Interessen schließen, stellt es sich bei den übrigen Freizeitaktivitäten ganz anders dar.

Schaut man sich den Bereich der »allgemeinen Orte« der Freizeitgestaltung unter den türkischen Jugendlichen genauer an, wird deutlich, daß das Aufsuchen von Cafés, Gaststätten, Diskotheken,

Liedtext von »Cartel«

20 Uhr 30 an einem Samstagabend
ich schalt' das Radio ein im Auto
ich höre die Meldung in den Nachrichten
schon wieder ein junger Türke tot,
sie haben scheinbar noch nicht genug
nach einer schnellen Wendung fahr' ich zu einem Freund
gut, daß es die Gruppe gibt CARTEL
hin- und herüberlegt, dann haben wir uns entschieden
heute Nacht sind wir dran, soweit sind wir schon gekommen
in jeder Hinsicht sind wir bereit, uns zu verteidigen
wozu? – verteidigen! ich kann's nicht verstehen! verteidigen
egal, wie wir arbeiten, wie wir es anfangen, wie wir leben
wir sind Ausländer, das werden sie nie vergessen.

DU BIST TÜRKE … in Deutschland … verstehe das,
vergiß' es nicht!

Mit einem Aufruf, Nachricht an alle Freunde
heute nacht versammeln wir uns und zeigen,
daß dieses Land auch unseres ist
wer uns auf der Straße sah, hatte große Angst
kein Vergleich mit der Angst derer, die von uns starben
dieses Spiel haben wir nicht begonnen,
aber werden es beenden
wir werden uns rächen
an jenem Abend 70 junge Türken bereit auf der Straße
kaum 5 Minuten später war die Polizei unterwegs
nicht wegen der wahren Mörder,
wegen uns waren sie gekommen
mit Schlagstöcken haben sie uns verprügelt
egal, wie wir arbeiten, wie wir es anfangen, wie wir leben
wir sind Ausländer, das werden sie nie vergessen

Quelle: What are they sayin' – CARTEL – DIE TEXTE

Konzerten oder Kinos mit Ausnahme des Diskothekenbesuches in erster Linie altersbedingte Unterschiede aufweist. 18- bis 21jährigen Jugendlichen wird ein Kino- oder Konzertbesuch, v. a. aber der Besuch von Kneipen oder Diskotheken, von den Eltern wahrscheinlich eher erlaubt als den 15- bis 17jährigen. Sind bei deutschen Jugendlichen hinsichtlich des Besuches von Kneipen oder Diskotheken keine wesentlichen geschlechtsspezifischen Unter-

Abb. 1.7: Besuch von Diskotheken nach Alter und Geschlecht (Angaben in Prozent*)

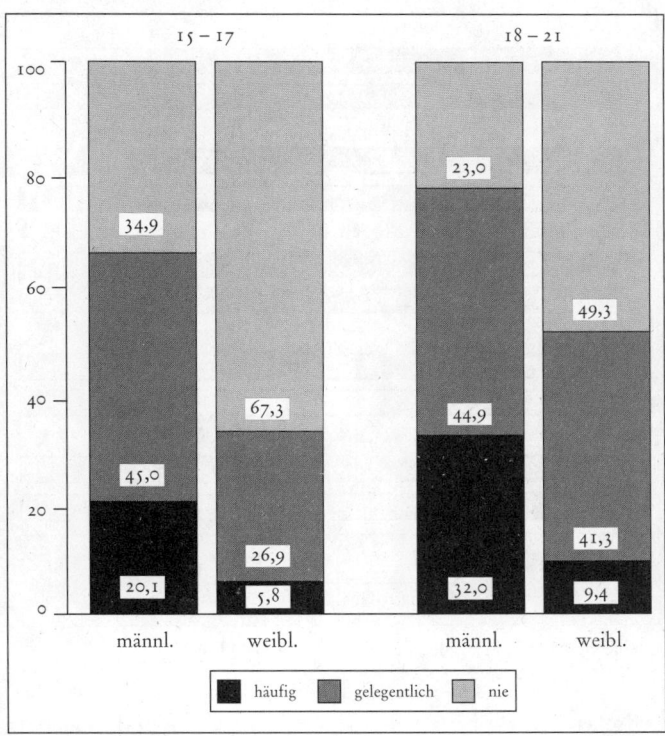

* Fehlende Werte sind aus den Berechnungen ausgeschlossen.

schiede (mehr) festzustellen – tendenziell gehen allerdings Jungen eher in die Kneipe, Mädchen eher zum Tanzen in die Diskothek –, ist die Situation unter türkischen Jugendlichen auch in der dritten Generation davon immer noch gänzlich verschieden. Dies betrifft v. a. den Besuch von Diskotheken, der bei den türkischen Jungen und jungen Männern sehr viel verbreiteter ist als bei weiblichen Jugendlichen (vgl. Abb. 1.7).

Zwar steigt der Diskothekenbesuch mit zunehmendem Alter auch bei türkischen Mädchen stark an, dennoch ist der Unterschied

Abb. 1.8: Besuch verschiedener Freizeitorte nach Geschlecht (Angaben in Prozent*)

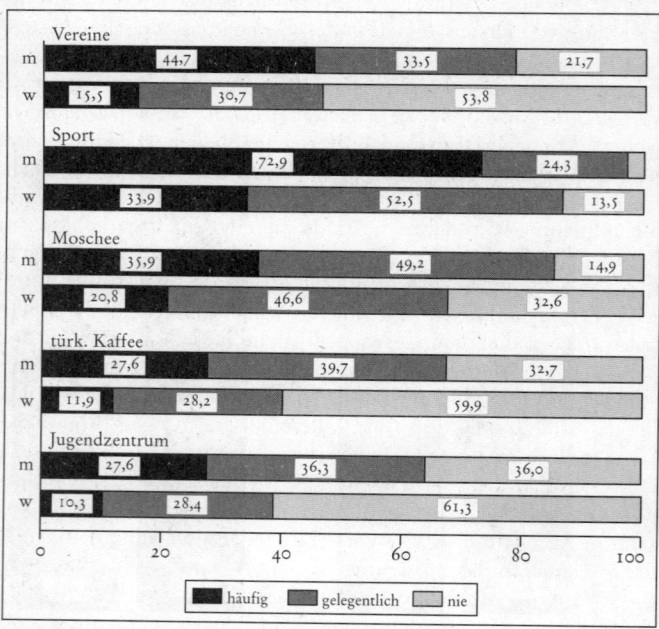

* Fehlende Werte sind aus den Berechnungen ausgeschlossen.

zwischen den 18- bis 21jährigen jungen Männern und Frauen immer noch frappant. Falls Mädchen überhaupt von den Eltern die Erlaubnis für einen Diskothekenbesuch erhalten, ist dies häufig an die Begleitung einer männlichen Bezugsperson aus der Familie geknüpft (vgl. Özkara 1991, S. 96). Hier offenbart sich u.E. die immer noch sozialisations- und kulturbedingt höchst unterschiedliche Rollenzuschreibung türkischer Jungen und Mädchen, die insbesondere auf die geschlechtsspezifischen Erziehungsvorstellungen der Eltern zurückgeht.

Prägnante geschlechtsspezifische Unterschiede zeigen sich auch in dem Bereich, den wir mit »ethnozentrierte Orte« überschrieben haben, also hinsichtlich des Besuchs von (Sport-)Vereinen, Moscheen, türkischen Kaffee- bzw. Teehäusern und Jugendzentren, zu denen in manchen Städten auch schon eigene Diskotheken zählen (vgl. Abb. 1.8).

Während sich der Besuch von öffentlichen Orten der Freizeitgestaltung wie Kneipen, Cafés oder Gaststätten noch am ehesten durch altersspezifische Variationen auszeichnet, ist die Präsenz der männlichen Jugendlichen in (Sport-)Vereinen oder Jugendzentren, aber auch in Moscheen oder türkischen Kaffee- bzw. Teehäusern, nach wie vor generell größer als die der weiblichen. Die Dominanz der männlichen Jugendlichen in all diesen Bereichen erklärt sich v. a. aus der kulturell geprägten Vorstellung von der unterschiedlichen Stellung von Männern und Frauen in der Öffentlichkeit.

Unter allen Freizeitaktivitäten hat der Sport für türkische Jungen und junge Männer herausragende Bedeutung. Ebenso wie unter deutschen Jugendlichen (vgl. Nolteernsting 1996) scheint die außerordentliche Beliebtheit des Sports nicht unbedingt an (Sport-)Vereine gekoppelt zu sein. Obwohl Sport auch kompensatorische Funktionen als Ausgleich für unbefriedigte Bedürfnisse z. B. in der Schule erfüllen oder aufgrund erbrachter Leistungen öffentliche Anerkennung sicherstellen kann (vgl. Brinkhoff/Ferchhoff 1990, S. 79), werden dem Sport identitätsstiftende und soziale, mithin auch integrationsfördernde Funktionen zugeschrieben. Gewandelte gesellschaftliche Wertvorstellungen lassen außerdem auch einen Wandel in der Beziehung von Sport und Geschlecht erkennen. Sportwissenschaftliche Untersuchungen zeigen einen Anstieg der Sportaktivität von (deutschen) Mädchen, die sich zunehmend auch die ehedem männlichen Domänen als Handlungsfeld erschließen.

»Junge Mädchen und Frauen sind nicht nur in die klassischen Sparten des Vereinssports vorgedrungen (...), sondern sie (weniger Mädchen, schon eher junge Frauen) nehmen mit wachsendem Engagement an den neuen körperbezogenen und individualistischen Sportarten jenseits traditioneller Vereinsstrukturen teil und modifizieren diese in Richtung ihrer Vorstellungen und Bedürfnisse« (ebd., S. 69).

Die vorliegenden Ergebnisse verdeutlichen, daß dieser Wandel bei den türkischen Jugendlichen (noch) nicht zu verzeichnen ist.

Besondere Aufmerksamkeit gilt nun einer Entwicklung, nach der die Zahl eigenethnischer Vereinsgründungen in den letzten Jahren stark zugenommen hat und sich diese Vereine gerade unter den ausländischen Kindern und Jugendlichen einer wachsenden Beliebtheit erfreuen (Klein/Kothy 1995), womit sich auch die integrationsfördernden Grenzen des Sports andeuten könnten (vgl. Kothy 1995). Auch unsere Untersuchung enthält Hinweise, daß die deutliche Präferenz (insbesondere der türkischen Jungen) für (Sport-)Vereine nicht unabhängig von der Hinwendung zu eigenethnischen Gruppierungen ist. Unsere Berechnungen ergeben, daß Jugendliche, die einen regelmäßigen Kontakt zu türkischen oder islamischen Vereinen pflegen, wesentlich häufiger (Sport-)Vereine aufsuchen als solche, die nur manchmal oder nie solche Kontakte angaben.

Es ist nicht per se ausgemacht, daß dies als integrationsfeindliche Entwicklung zu interpretieren ist. Die gesellschaftliche Integration kann durch kulturelle Binnenintegration gefördert werden. Wesentlich wichtiger ist dagegen, aus welchen Gründen diese Entwicklungen in Gang gekommen sind. Es ist weitgehend noch aufzuklären, ob selbstbewußte Eigenaktivitäten, Reaktionen auf Vernachlässigungen in den »deutschen« Vereinen oder Anschluß an die Ausweitung sportlicher Angebote durch genuin religiöse oder politische Vereine den Ausschlag geben.

Insgesamt ist diese Entwicklung jedoch nicht von Fremdenfeindlichkeit und Gewalt abzukoppeln, die nicht selten etwa auf den Fußballfeldern der unteren Spielklassen eine Fortsetzung mit anderen Mitteln gefunden haben (Beiersdorf u. a. 1993, Bröskamp 1994), wo sich allerdings zugleich auch die Möglichkeiten des geregelt-ungeregelten Zurückschlagens geboten haben.

Im Vergleich zu allen anderen Orten und Aktivitäten der Freizeit fällt die Attraktivität des Besuches von Jugendzentren mit am geringsten aus. Hinsichtlich der Nutzung von kommunalen Einrichtungen ist bekannt, daß sie (auch aufgrund von Sparmaßnahmen) insgesamt stark zurückgegangen ist (vgl. Peinhardt/Sparschuh 1983, S. 251). Eine Folge davon ist, daß sich solche Einrichtungen vielerorts zu einem Treffpunkt ausländischer, meist wiederum männlicher Jugendlicher mit der Tendenz zu nationaler und ethnischer Separation entwickelt haben.

Im Vergleich zum Sport fällt aber auch die Attraktivität des Besuches von Moscheen oder türkischer Kaffee- bzw. Teehäuser oder Jugendzentren deutlich geringer aus. Als Orte der Begegnung haben Moscheen vielfältige Funktionen. So sind hier u. a. häufig auch türkische Kaffee- oder Teehäuser, aber auch Schulen, kleinere Läden etc. untergebracht. Als eine Art »islamisches Bürgerhaus« (Leggewie 1993, S. 278) strukturiert die häufig allerdings kleine

Tab. 1.6: Freundeskreis und Freizeit (Angaben in Prozent)

	gemischt-ge-schlechtlich	vorwiegend männlich	vorwiegend weiblich	k. A.
Freundeskreis*	67,2	18,9	12,0	2,0

	ethnisch gemischt	eigenethnisch	k. A.
verbringe Freizeit**	53,4	30,7	15,9

 * Frage: »Besteht Ihr Freundeskreis...?«;
** Frage: »Mit wem verbringen Sie vorwiegend Ihre Freizeit? Bitte machen Sie nur ein Kreuz.«

und unauffällige und in städtischen Randzonen gelegene Moschee (vgl. Mihciyvazgan 1990, zit. nach Leggewie 1993, S. 278) das Leben der Gemeinde und demonstriert ihre Existenz nach außen. Es ist offensichtlich, daß die Moscheevereine ihr Angebot ausweiten und u. a. auch bisher verpönte Aktivitäten wie Fußball anbieten, um so weitere Einbindungen von Jugendlichen zu erreichen.

Wenn wir die Lebenssituation von Jugendlichen türkischer Herkunft vor dem Hintergrund der Frage der Integration in die (Gleichaltrigen-)Gesellschaft analysieren und sie mit der ihrer deutschen Altersgenossen vergleichen, müssen wir auch das Verhältnis der türkischen zu den deutschen Jugendlichen beispielsweise anhand der (bi-)nationalen *Zusammensetzung des Freundeskreises* untersuchen (vgl. Dollase 1994). In dem Zusammenhang, daß in der Bundesrepublik Deutschland auch Jugendliche türkischer Herkunft stark in Cliquen involviert sind, aufgrund der kulturellen und religiösen Werthaltungen der Eltern der Sozialisationsprozeß jedoch immer noch von gravierenden geschlechtsspezifischen Typisierungen getragen zu sein scheint, müssen insbesondere geschlechtsspezifische Variationen berücksichtigt werden. Wir haben die Jugendlichen deshalb einerseits danach gefragt, ob sich ihr Freundeskreis nur bzw. vorwiegend aus männlichen oder weiblichen Mitgliedern zusammensetzt, andererseits haben wir untersucht, ob sie ihre Freizeit vorwiegend mit türkischen oder mit deutschen *und* türkischen Jugendlichen verbringen (vgl. Tab. 1.6).

Das Ergebnis macht deutlich, daß der überwiegende Teil der in Deutschland lebenden türkischen Jugendlichen die Freizeit sowohl in gemischtgeschlechtlichen als auch in ethnisch heterogenen Gruppen verbringt. Bezogen auf den Freundeskreis, ist dabei der Anteil der gemischtgeschlechtlichen Zusammensetzung bei den Mädchen und jüngeren Frauen höher, während bei den Jungen und jungen Männern der Anteil der gleichgeschlechtlichen Gruppen signifikant höher ausfällt. Hinsichtlich der Frage, ob Jugendliche ihre Freizeit eher in eigen- oder gemischtethnischen Gruppen verbringen, zeigen sich dagegen keine geschlechtsspezifischen, wohl aber altersbedingte Variationen. Es sind v. a. die jüngeren Jugendlichen, die häufiger mit türkischen *und* mit deutschen Gleichaltrigen zusammen sind. Auch Esser (1990) fand in einem intergenerativen Vergleich unter türkischen Migranten heraus, daß sich innerhalb der zweiten Generation die Widerstände gegen interethnische Beziehungen in deutlicher Weise aufzulösen beginnen. Voraussetzung ist allerdings, daß Jugendliche eine »normale« deutsche Schulkarriere absolvieren. Letztendlich sind offenkundig weniger die kulturellen und nationalen Charakteristika von Bedeutung als diejenigen, die sich aus der Unterschiedlichkeit der durch Schule und Berufsausbildung vermittelten »objektiven« Chancen ergeben. Dies gilt für Freundschaften wie für fast alle anderen wichtigen Dinge. Ob damit allerdings eine Zunahme interethnischer Freundschaftsbeziehungen verbunden ist, muß zumindest fraglich erscheinen. Vergleicht man anhand sozialstatistischer Daten (Schulabschlüsse und -abbrüche, Berufsvorbereitungs- und Berufsgrundschuljahr, Ausbildungsplätze und Arbeitslosenquote etc.) deutsche und türkische Jugendliche hinsichtlich der Bildungspartizipation und der Berufsmöglichkeiten miteinander, wird sehr schnell die Ungleichheit der Chancen bewußt, so daß sich eine »normale« deutsche Schulkarriere für türkische Schüler sehr viel seltener als für deutsche Schüler einstellt. Trotz einer auf den ersten Blick relativ hohen interethnischen (deutsch-türkischen) »Durchmischung« des Freizeitbereiches der türkischen Jugendlichen, die insgesamt als ein nicht unerheblicher Faktor einer bereits vollzogenen Integration in die Gesellschaft (der Altersgleichen) angesehen werden könnte, haben wir Grund zu der Annahme, daß auch hier keineswegs von einer gelungenen Integration gesprochen werden kann. Auf die Frage: »Möchten Sie mit deutschen Jugendlichen intensiveren Kontakt haben?« antworteten 65,6% mit »Ja« und

Tab. 1.7: Personale ethnisch-kulturelle Identifikation (Angaben in
Prozent)

	trifft mein Lebensgefühl				
	sehr gut	gut	weniger gut	schlecht	k. A.
Ich fühle mich in Deutschland unter Deutschen wohler als unter Türken.	10,5	22,9	36,4	25,8	4,4
Ich fühle mich in Deutschland unter Türken wohler als unter Deutschen.	36,0	35,1	18,6	5,8	4,5
Wenn ich in der Türkei bin, fühle ich mich als Fremder in meinem eigenen Land.	20,8	17,6	26,3	31,4	4,0

Frage: »Bitte sagen Sie uns, ob die folgenden Aussagen Ihr Lebensgefühl
sehr gut, gut, weniger gut oder schlecht treffen. Machen Sie bitte in jeder
Zeile ein Kreuz.«

27,8 % mit »Nein«. 6,5 % machten keine Angabe. Wenn immerhin
fast zwei Drittel aller Jugendlichen den Wunsch nach mehr Kontakt zu deutschen Jugendlichen äußern, dann scheinen die Beziehungen zu deutschen Jugendlichen insbesondere in der Freizeit
doch eher als unzureichend wahrgenommen zu werden.

Ethnisch-kulturelle Identifikation

Will man im Rahmen sozialer Zugehörigkeiten ethnisch-kulturelle
Identifikationsmuster türkischer Jugendlicher erfassen, ist man
darauf angewiesen, neben den Fragen, die eine Verortung zwischen
»Herkunfts«- und »Einwanderungsland« ermöglichen, auch über-
geordnete religiöse und nationale Aspekte zu berücksichtigen. Wir
haben den Jugendlichen deshalb unterschiedlichste Statements zu
diesen Themenbereichen vorgelegt und diese nach personalen und

national-religiösen sowie ethnisch-kulturellen Identifikationen unterschieden. Wenn wir uns später auf Formen ethnisch-kultureller Identifikation zur Erklärung islamisch-fundamentalistischer Orientierungsmuster beziehen, greifen wir auf diese Faktoren zurück. Die Zuordnung der einzelnen Items sowie deren Verteilung werden aus den beiden folgenden Tabellen deutlich. Kommen wir zunächst zu dem Bereich, den wir als »personale ethnisch-kulturelle Identifikation« gekennzeichnet haben (vgl. Tab. 1.7).

Betrachtet man die vorliegenden Daten im einzelnen, so erweist sich, daß immerhin ein Drittel aller türkischen Jugendlichen angibt, sich unter Deutschen wohler zu fühlen als unter Türken. Diese Teilgruppe hat das Leben in Deutschland vermutlich bereits in besonderer Weise für sich als Normalität verinnerlicht. Ein Grund hierfür könnte sein, daß ihnen die westliche Lebensweise, wie sie von den Deutschen verkörpert wird, inzwischen mehr bedeutet bzw. als »Lebensgerüst« näherliegt als die eher traditional geprägten Sitten, wie sie von der eigenethnischen Gruppe repräsentiert werden.

Ein weiterer Blick auf die eigenethnische Dimension zeigt, daß mehr als zwei Drittel der Befragten aussagen, daß sie sich in Deutschland unter Türken wohler als unter Deutschen fühlen. Der Trend einer starken ethnisch-kulturellen Identifikation wird auch bestätigt, wenn auf der personalen Ebene das familiale Ursprungsland Türkei in diese Dimension einfließt. So fühlt sich auch hier deutlich mehr als die Hälfte aller Jugendlichen – trotz Sozialisation in der Bundesrepublik – keineswegs fremd im »Herkunftsland« Türkei.

Neben diesen Aspekten, die insbesondere das individuelle Lebensgefühl betreffen, nimmt der zweite Faktor v. a. die nationalen und religiösen Aspekte der ethnisch-kulturellen Identifikation in den Blick (vgl. Abb. 1.9).

Bei der Wahl eines möglichen Lebenspartners spielen für die Mehrheit der türkischen Jugendlichen auch der dritten Generation (nach wie vor) Nationalität und Religionszugehörigkeit eine erhebliche Rolle. Dabei wird der Frage der Religionszugehörigkeit eine noch größere Bedeutung als der der Nationalität zugesprochen. In diesem Zusammenhang muß darauf hingewiesen werden, daß beispielsweise im Vergleich zu deutschen Jugendlichen die Wahl eines Lebenspartners oder einer Lebenspartnerin sehr viel stärker dem elterlichen Einfluß unterliegt, der sich gerade in diesem

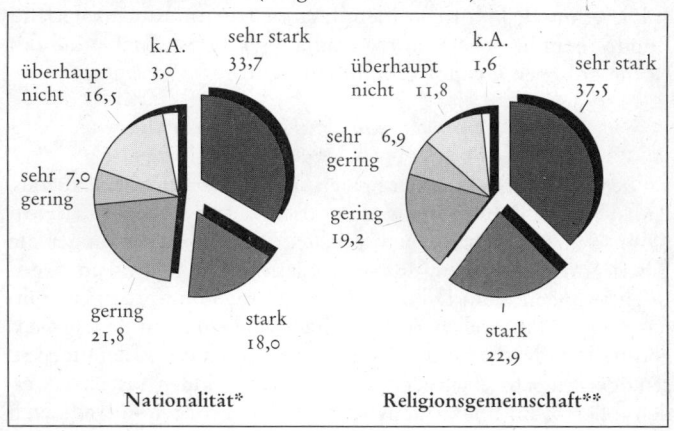

Abb. 1.9: Nationale und religiöse Muster ethnisch-kultureller Identifikation (Angaben in Prozent)

Fragen:
  * »Wie stark spielt für Sie bei der Wahl der Lebenspartnerin/des Lebenspartners die Nationalität eine Rolle?«
** »Wie stark ist für Sie bei der Wahl Ihres Lebenspartners/Ihrer Lebenspartnerin von Bedeutung, welcher Religionsgemeinschaft er/sie angehört?«

zentralen Bereich individueller Lebensplanung oft als nicht unerheblich erweist. In dieser Einflußnahme kommt sicher der Wunsch vieler in der Diaspora lebender Türken der ersten Generation zum Ausdruck, auch für die zweite und dritte Generation die Bindung an das Heimatland aufrechtzuerhalten. Die Heirat der Kinder mit einem Mann oder einer Frau aus dem Bekanntenkreis aus der Türkei, möglichst sogar aus dem Heimatdorf, soll diese Bindung sicherstellen (vgl. hierzu Sen/Goldberg 1994, S. 84).

Insgesamt zeigen die Ergebnisse zur ethnisch-kulturellen Identifikation sowohl auf der personalen als auch auf der nationalen und religiösen Ebene im Hinblick auf sozialstrukturelle Differenzierungen das gleiche Muster. Während sich nach dem Alter oder dem Grad der Bildung unter den Jugendlichen keine Unterschiede feststellen lassen, weisen Mädchen insgesamt stärker ethnisch-kulturelle Identifikationsmuster auf als Jungen. Nationalität und Religionszugehörigkeit sind für sie bei der Wahl des Lebenspartners von größerer Bedeutung.

Die ethnisch-kulturelle Identifikation im Einwanderungsland Bundesrepublik scheint also an ein ausgeprägtes Wir-Gefühl der eigenethnischen Gruppe geknüpft zu sein.

Wertorientierungen und Erziehungsvorstellungen

Zu den identitätsrelevanten Fragen sind immer auch jene zu zählen, die den Sinn thematisieren, also warum es sich zu leben »lohnt« und wie man leben möchte. Dies beinhaltet immer die Überlegung, was einem »wertvoll« ist, mithin geht es um Wertorientierungen. Zum Teil werden sie im Erziehungsprozeß vermittelt und zu kulturellen Selbstverständlichkeiten, an denen nicht gerüttelt wird bzw. werden darf, wenn dadurch nicht Identitätskrisen oder gar schwerwiegende Identitätsdiffusionen ausgelöst werden sollen. Zum Teil werden die Wertorientierungen – gerade auch bei Jugendlichen ausländischer Herkunft – in schwierigen Auseinandersetzungen mit der kulturellen Pluralität und den vielfältigen »Angeboten« eigenständig entwickelt, verworfen usw.

Insofern geht es immer um *Prozesse* und *Inhalte*, die vorrangig in der Familie und später in immer weiteren »Umwelten« durchlaufen und erworben werden. In dieser Untersuchung mit türkischen Jugendlichen, die in der Regel in einer traditionalen Familienkonstellation aufwachsen, interessieren uns nun Norm- und Wertvorstellungen in doppelter Weise. Um die besondere Lebenssituation Jugendlicher türkischer Herkunft zu erfassen, geht es zum einen darum, sie – soweit möglich – mit der Situation deutscher Jugendlicher bezüglich der Wertvorstellungen und Orientierungen, aber auch hinsichtlich sozialer Zugehörigkeiten und Beziehungsmuster zu vergleichen. Zum anderen geht es aber auch darum, den *Modus der intergenerativen Weitergabe von Kultur*, die *Inhalte der Erziehung* und die *traditionelle Geschlechtsrollenorientierung* auf die Frage hin zu untersuchen, in welcher Nähe bzw. Distanz die hier aufgewachsenen Jugendlichen der dritten Generation ihre eigenen Wert- und Normvorstellungen zu denen der Elterngeneration plazieren.

Der *Modus der intergenerativen Weitergabe kultureller Muster* läßt sich an der Übereinstimmung mit dem Erziehungsstil der Eltern ablesen. Um diesen zwischen deutschen und türkischen Ju-

Abb. 1.10: Übereinstimmung mit dem elterlichen Erziehungsstil bei deutschen und türkischen Jugendlichen (Angaben in Prozent*)

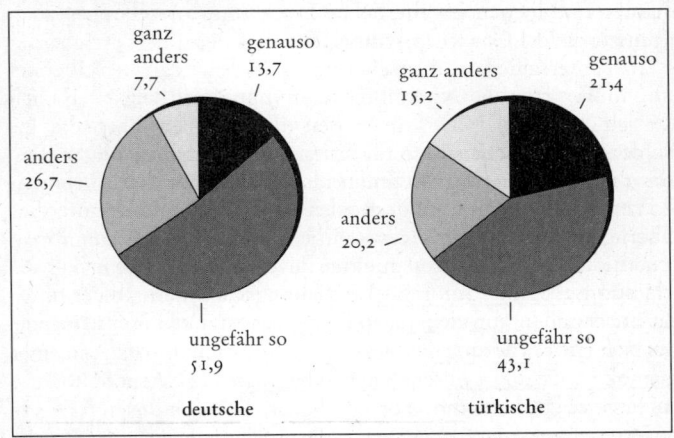

ganz anders
7,7

genauso
13,7

anders
26,7

ungefähr so
51,9

deutsche

ganz anders
15,2

genauso
21,4

anders
20,2

ungefähr so
43,1

türkische

Frage: »Falls Sie einmal Kinder haben werden, würden Sie sie so erziehen, wie Sie von Ihren Eltern erzogen worden sind?«

* Fehlende Werte sind aus den Berechnungen ausgeschlossen.

Quelle: Schröder 1995, S. 55; eigene Berechnungen

gendlichen zu vergleichen, haben wir aufgrund der kulturellen Unterschiede zunächst von den Inhalten der Erziehung und den dahinterliegenden Normen und Werten abstrahiert und danach Ausschau gehalten, inwieweit Jugendliche mit den Erziehungsvorstellungen ihrer Eltern generell übereinstimmen (vgl. Abb. 1.10).

Zunächst einmal wird deutlich, daß die große Mehrheit sowohl der deutschen als auch der türkischen Jugendlichen, d. h. etwa zwei Drittel der Befragten, den elterlichen Erziehungsstil weitgehend übernehmen würden. In beiden Populationen lehnt ungefähr ein Drittel aller Jugendlichen den Erziehungsstil der Eltern ab. Diese würden, hätten sie eigene Kinder, sie anders oder ganz anders erziehen. Während es bei den deutschen Jugendlichen keine geschlechtsspezifischen Variationen gibt, stimmen türkische Mädchen weniger mit dem elterlichen Erziehungsstil überein als Jungen. Darin deuten sich unterdrückte Konflikte an. Obwohl – wie wir später sehen werden – offene innerfamiliale Auseinandersetzungen zwischen Kindern und Eltern bei Mädchen seltener zu sein scheinen als bei Jungen, verstehen gerade sie sich mit ihren Müttern schlechter als Jungen und lehnen die elterlichen Erziehungsvorstellungen auch häufiger ab, d. h., sie würden die eigenen Kinder anders erziehen.

Im Unterschied zu deutschen Jugendlichen zeigt die Übereinstimmung bzw. die Nichtübereinstimmung mit dem elterlichen Erziehungsstil bei den türkischen Jugendlichen über die geschlechtsspezifischen Besonderheiten hinaus eine deutliche Tendenz zur Polarisierung. So sind bei ihnen nicht nur die nichthinterfragbare Übernahme, sondern auch die absolute Ablehnung des elterlichen Erziehungsstils wesentlich häufiger. Auch wenn man unter Plausibilitätsgesichtspunkten davon ausgehen kann, daß der traditionsgeprägte (autoritäre) Erziehungsstil innerhalb der türkischen Familien von den Jugendlichen selbst vielfach als unangemessen zur Förderung der eigenen Handlungskompetenz in einer demokratischen Gesellschaft angesehen wird (vgl. Arnold-Rösner 1986, S. 40 ff.), ist es um so erstaunlicher, daß nach unseren Ergebnissen nicht nur fast zwei Drittel der Jugendlichen sich am Erziehungsstil der Eltern orientieren, sondern daß sie dabei auch auf autoritär-patriarchalisch geprägte Normen und Werte setzen, wie noch zu zeigen sein wird.

Um zu erfahren, welche Normen und Werte im Zuge der intergenerativen Kulturweitergabe transportiert werden und ob sich diese beispielsweise von denen deutscher Jugendlicher merklich unterscheiden, werden im folgenden die *Inhalte der Erziehung* genauer analysiert.

Gewandelte Erziehungsziele und Wertvorstellungen für die primäre und sekundäre Sozialisation lassen bei der deutschen Bevölkerung die Entwicklung zu einer insgesamt eher freiheitlichen und auf Eigenverantwortung angelegten Erziehung erkennen, in der Sekundärtugenden wie Gehorsam, Ordnungsliebe und Fleiß an Bedeutung verloren und Werte wie Selbständigkeit, Unabhängigkeit und freier Wille an Bedeutung gewonnen haben (vgl. Jugendwerk 1985, Bd. 3, S. 208; EMNID 1992, S. 104 f.). Sowohl die schwierige Ausgangslage der Eltern türkischer Jugendlicher, die in der Erziehung ihrer Kinder einen Balanceakt zwischen familialen, nationalen, kulturellen und religiösen Traditionen auf der einen und (neuen) gesellschaftlichen Anforderungen auf der anderen Seite vollziehen müssen, als auch die Antwort der Jugendlichen

Abb. 1.11: Werte der Erziehung (Angaben in Prozent)

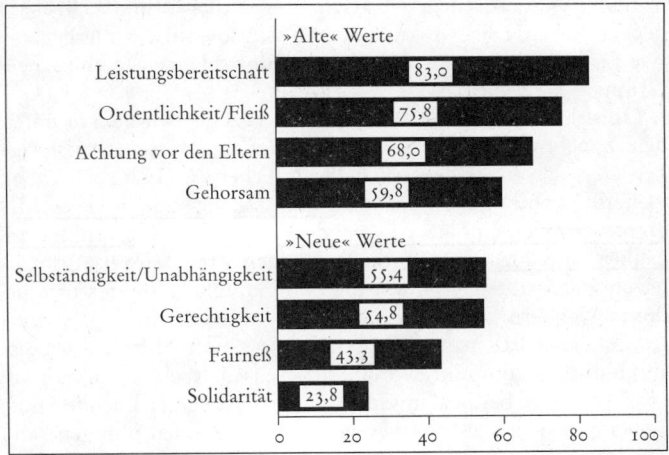

Frage: »Geben Sie bitte an, welche Ziele Ihnen selbst bei der Kindererziehung Ihrer Kinder besonders wichtig wären. (Mehrere Antworten möglich.)«

selbst zeigen eine von der deutschen Bevölkerung gänzlich verschiedene Situation. Um die Wertvorstellungen türkischer Jugendlicher zu ermitteln, haben wir ihnen eine Auswahl unterschiedlicher Items mit Erziehungsvorstellungen vorgelegt und sie gebeten anzugeben, welche sie selbst für die Erziehung der eigenen Kinder dabei als zentral erachten würden. Die Einzelitems haben wir anschließend zu den Skalen »*alte*‹ *Werte der Erziehung*« und »*neue*‹ *Werte der Erziehung*«[8] zusammengefaßt. Die Zuordnung und die Bedeutung der »alten« und der »neuen« Werte der Erziehung werden aus den Zustimmungen zu den jeweiligen Einzelitems aus Abb. 1.11 deutlich.

Offenkundig liegen bei den türkischen Jugendlichen die »alten Werte« außerordentlich hoch im Kurs. Damit zeichnen sich türkische Jugendliche durch eine erkennbar andere Wertorientierung als

8 Die beiden Skalen a) »›alte‹ Werte der Erziehung« (SWERTE2) und b) »›neue‹ Werte der Erziehung« (SWERTE1) haben folgende statistisch relevanten Werte: a) Mean = .727, Std. dev. = .302, Min. = .000, Max. = 1.000 und b) Mean = .450, Std. dev. = .350, Min. = .000, Max. = 1.000.

deutsche Jugendliche aus und scheinen näher den elterlichen Normen und Werten als denen deutscher Jugendlicher (und Erwachsener) zu stehen. Darin dokumentieren sich sowohl die intergenerative Transmission als auch die Orientierung an der eigenethnischen Gruppe.

Obwohl das Moment der Leistungsbezogenheit gerade unter dem zunehmenden Druck von Konkurrenz, Massenarbeitslosigkeit etc. auch unter deutschen Jugendlichen (und Erwachsenen) weiterhin zentral zu sein scheint, findet sich gerade in vielen Migrantenfamilien eine herausragende Stellung von Leistungsbezogenheit und Fleiß – wenn auch um den Preis teilweise großer psychischer »Kosten« –, um die ökonomische Lage der Familie durch Wanderung erheblich zu verbessern. Gleichzeitig ist Leistungsbereitschaft in modernen Industriegesellschaften hochgradig anschlußfähig, um mittels Bildung gesellschaftlichen Aufstieg zu erreichen. Der bei beiden Geschlechtern zu verzeichnende hohe Stellenwert von Leistungsbereitschaft macht einen intergenerativen Wandel der Erziehungsvorstellungen zwischen der ersten und der zweiten bzw. dritten Einwanderergeneration unter den Bedingungen der kulturellen Einflüsse der Aufnahmegesellschaft deutlich. Tendenziell läßt sich davon ausgehen, daß die Söhne und Töchter der ersten Einwanderergeneration noch starken geschlechtsspezifischen Erziehungsvorstellungen ausgesetzt waren. Traditionelles Geschlechtsrollenverständnis und patriarchale Autoritätsmuster zielten darauf ab, Mädchen stärker auf die Einhaltung strenger sittlicher Verhaltensregeln zu verpflichten, Jungen mit Hilfe der Erziehungsziele Leistungsbereitschaft und Verantwortungsbewußtsein stärker auf die zukünftige Rolle als Familienoberhaupt vorzubereiten (vgl. u. a. Arnold-Rösner 1986, S. 44). Unter den Bedingungen der Aufnahmegesellschaft und mit Blick auf den zukünftigen Arbeitsmarkt sind für Mädchen gute schulische und berufliche Leistungen aber ebenso wichtig wie für Jungen. Auch wenn diese Werte aufgrund der Entwertung von Bildung als Garantie für den adäquaten Statusgewinn in modernen Industriegesellschaften wie der Bundesrepublik Deutschland längst brüchig geworden sind, fehlt ausländischen Kindern und Jugendlichen zur starken Leistungsbezogenheit jegliche Alternative, wollen sie sich später auf dem Arbeitsmarkt beim Wettbewerb um attraktive Jobs neben einer Diskriminierung qua Herkunft nicht auch noch einer Ausgrenzung qua Bildungsniveau aussetzen.

Neben Leistung, Fleiß und Ordentlichkeit sind bei den Jugendlichen türkischer Herkunft aber auch Gehorsam und die Achtung vor den Eltern von außerordentlicher Bedeutung. Dabei ist die Familie, in der die Achtung vor den Eltern als primärer Wert schlechthin erscheint, in der Phase der Verselbständigung ein außerordentlich wichtiger Bezugspunkt für die türkischen Jugendlichen. Während Lajios (1991) davon ausgeht, daß die Familie die »einzige stabile und entscheidende Bezugsgruppe für einen jungen Ausländer bei seiner Identitätsbildung bis zum Erwachsenenalter« (ebd., S. 51) sei, und dabei u. E. jedoch die zunehmende Bedeutung der Schule vernachlässigt, weist Tertilt (1996) in seiner Analyse einer Jugendbande, der »Turkish-Power-Boys«, anhand von Fallbeispielen eindrucksvoll auf die Bedeutung der Peers für die untersuchten Jugendlichen hin. Obwohl die in dieser Bande existierenden (Gruppen-)Normen (z. B. Diebstahl) teilweise denen der durch die Familie gesetzten (z. B. Ehre) diametral entgegenstehen, bedeuten die Orientierung an den Normen der Gruppe und die Nichthinterfragbarkeit der familialen Werte eine Anerkennung der jeweiligen Teilrationalitäten.[9] Dort, wo diese tendenziell miteinander konfligieren, gerät der Jugendliche in ein Dilemma aus Orientierungslosigkeit und mangelnder Handlungsalternative.

Im Zusammenhang der Präferenz für traditionelle oder »moderne« Werte wird insbesondere die Frage der Gleichberechtigung von Mann und Frau diskutiert. Um die *Geschlechtsrollenorientierung* türkischer Jungen und Mädchen zu messen, haben wir den Jugendlichen die in Tab. 1.8 aufgelisteten Items vorgelegt. Diese haben wir zu der Skala »Geschlechtsrollenorientierung«[10] zusammengefaßt. Wenn wir im weiteren Verlauf der Arbeit unter dem Gesichtspunkt traditioneller Wertorientierungen uns auf den Aspekt des Geschlechtsrollenverständnisses konzentrieren, werden wir zur Analyse diese Skala heranziehen.

Im Hinblick auf die Geschlechtsrollenorientierung gibt es gravierende Unterschiede zwischen Jungen und Mädchen. Jungen präferieren sehr viel stärker eine traditionelle Rollenzuweisung für

9 Auch für deutsche Jugendliche besitzt die Familie nach wie vor erhebliche Relevanz. Insbesondere bei materiellen und finanziellen sowie bei schulischen und berufsbezogenen Problemen »waren, sind und bleiben die Eltern fester und wichtigster Ansprechpartner« (Schröder/Melzer 1991, S. 168).

10 Die Skala »Geschlechtsrollenorientierung« (SROLLOR) hat folgende Werte: Mean = 2.523, Std. dev. = .746, Min. = 1.000, Max. = 4.000.

Tab. 1.8: Geschlechtsrollenorientierung türkischer Jungen und Mädchen (Angaben in Prozent*)

		stimme voll zu	stimme zu	stimme eher nicht zu	stimme gar nicht zu
Hausarbeit ist in erster Linie die Aufgabe von Frauen.	m	25,4	30,5	30,2	14,0
	w	13,0	23,1	30,3	33,6
Frauen sollten nicht arbeiten, wenn die Kinder klein sind.	m	42,0	39,3	14,6	4,1
	w	30,6	38,5	19,1	11,9
Eine gute Berufsausbildung ist für Frauen nicht so wichtig wie für Männer.	m	13,3	23,3	30,5	32,8
	w	7,2	7,7	16,2	68,8
Kindererziehung ist in erster Linie Aufgabe der Frauen.	m	20,0	26,7	32,0	21,3
	w	13,7	20,2	30,6	35,4
Der Mann ist in erster Linie für den Unterhalt der Familie verantwortlich.	m	48,5	30,3	15,2	6,1
	w	32,0	27,7	18,9	21,4

Frage: »Hier sind einige Aussagen zum Verhältnis von Mann und Frau. Bitte geben Sie für alle Aussagen an, ob Sie voll zustimmen, zustimmen, eher nicht zustimmen oder gar nicht zustimmen.«

* Fehlende Werte sind aus den Berechnungen ausgeschlossen.

Männer und Frauen als Mädchen. Diese Unterschiede sind jedoch nicht typisch »türkisch«, sondern finden sich gleichfalls – betrachtet man beispielsweise die tatsächliche Aufteilung der Hausarbeit bei den Jugendlichen – auch heute noch in erheblichem Ausmaß bei deutschen Jugendlichen (Jugendwerk 1992, Bd. 1, S. 273).

Im Gegensatz zu männlichen Jugendlichen sehen sich viele weibliche – türkische sowie deutsche – Jugendliche durch die Unvereinbarkeit von Kindererziehung und Berufstätigkeit einem Dilemma in ihrer Lebensplanung ausgesetzt, das in der feministischen und sozialwissenschaftlichen Literatur als Doppelorientierung des weiblichen Lebensentwurfs thematisiert wird und

typisch für den weiblichen Lebenszusammenhang in einer von Individualisierung gekennzeichneten modernen Gesellschaft wie der
Bundesrepublik Deutschland zu sein scheint.

> »Den türkischen Mädchen sind eine gute Berufsausbildung, eigenes Ein
> kommen und die Berufstätigkeit sehr wichtig (...). Auch hierbei unterschei
> den sich ihre Bedürfnisse nicht von denen der deutschen Mädchen«
> (Popp/Tillmann 1996, S. 105).

Diese Doppelorientierung, Berufsausbildung und -tätigkeit auf
der einen, den Verzicht auf Arbeit zugunsten von Kindererziehung
auf der anderen Seite, lassen auch unsere Daten erkennen. Während
85% der Mädchen die Aussage, daß Berufsausbildung für Frauen
nicht wichtig sei, (total) ablehnen, stimmen gleichzeitig mehr als
zwei Drittel für den Verzicht auf Arbeit zugunsten von Kindererziehung.

Die bisher thematisierten Facetten sind lebenspraktische Konkretisierungen der »Kernfrage«, ob das Leben einen bestimmten
Sinn hat. 39,7% bezweifeln dies. Dagegen hat für fast 70% das
Leben nur eine Bedeutung, weil es ein Geschenk Gottes ist, so daß
die große Relevanz der Religion für die Jugendlichen deutlich
wird.

Zwischenfazit

Obwohl in der Bundesrepublik geborene Kinder und Jugendliche
zwischen Aufstiegs- und Erfolgserwartungen sowie traditionalen
Norm- und Wertvorstellungen seitens der Eltern und Erwartungen von Normalität und Unauffälligkeit oder gar Anpassung seitens der (deutschen) Mehrheitsgesellschaft aufwachsen, scheint
zunächst einiges für die Annahme von Boos-Nünning/Nieke
(1982) zu sprechen, daß türkische Jugendliche Identitätsprobleme
oder Orientierungsschwierigkeiten nicht in dem Maße zeigen, wie
es die Hypothesen zum Kulturkonflikt und zur Identitätsdiffusion suggerieren. In diesem Balanceakt zwischen unterschiedlichen
Norm- und Wertvorstellungen sowie Verhaltensregeln entwickeln
sie Strategien, sich gegen die Eltern, insbesondere den Vater, durchzusetzen, sich Freiräume zu schaffen, und entwerfen dabei »Deutungsmuster, mit denen sie ihre objektiv schwierige, oft sozial
skandalöse Situation subjektiv erträglich halten« (ebd., S. 85).

Ob dieses Bewältigungsmuster für alle gilt, wie jene Einschätzung nahelegt, und ob es unter den Mitte der neunziger Jahre geltenden gesellschaftlichen Bedingungen für die dritte Generation noch tragfähig ist oder ob diese Bewältigungsversuche in neue Formen münden, ist zu untersuchen, wobei sich unser Interesse insbesondere auf die Hinwendung zu islamisch-fundamentalistischen Orientierungen richtet.

1.3 Subjektive Verarbeitungen: Lebensgefühl, politische Orientierungen, Gewalttätigkeiten

Lebensgefühl

Die Qualität des Lebensgefühls von Menschen drückt sich nicht zuletzt in der Zufriedenheit mit der eigenen Lebenssituation aus. Den Jugendlichen ist daher auch eine Reihe von Items zur Zufriedenheit in unterschiedlichen Lebensbereichen vorgelegt worden. Um ein möglichst genaues Bild über die Zuordnung der einzelnen Items zu verschiedenen übergeordneten Bereichen zu bekommen, haben wir die einzelnen Statements einer Faktorenanalyse unterzogen. Die dreifaktorielle Lösung ergab dabei die Bereiche »Zufriedenheit in der Privatsphäre«, »Zufriedenheit mit Kultur/Religion« und »Zufriedenheit in Schule/Beruf«.

Faßt man diese drei Lebensbereiche unabhängig von Einzelaspekten als Ganzes zusammen, so läßt sich zunächst feststellen, daß die türkischen Jugendlichen mit ihrer privaten Sphäre am zufriedensten und mit ihrer Situation in Schule und Ausbildung am wenigsten zufrieden sind. Der genauere Blick auf einzelne Aspekte offenbart jedoch auch Unterschiedlichkeiten in der Zufriedenheitsausprägung innerhalb der jeweiligen Lebensbereiche.

Zunächst zur *Zufriedenheit im privaten Bereich*. Immerhin 92,4% der befragten türkischen Jugendlichen sind mit ihren Beziehungen zu anderen Menschen zufrieden bzw. voll zufrieden. Völlig unzufrieden sind lediglich 0,9%. Dies ist angesichts ihrer Diskriminierungserfahrungen in der Mehrheitsgesellschaft ein in dieser Deutlichkeit überraschendes Ergebnis. Es steht daher zu vermuten, daß dieses hohe Maß an Zufriedenheit v. a. aus den eigenethnischen Beziehungen herrührt, die nach Nauck/Kohlmann (1996) auch quantitativ außerordentlich hoch sind. Als zufrieden mit ihren Wohnverhältnissen erweisen sich mit 81,8% vier von fünf der befragten Jugendlichen. 11,4% sind dagegen mit ihrer Wohnsituation unzufrieden, fast 4% (3,8%) sogar völlig unzufrieden. Fast identische Werte zeigen sich hinsichtlich der Zufriedenheit bzw. Unzufriedenheit mit den Möglichkeiten, Sport zu treiben: 81,8% zufrieden bzw. voll zufrieden; 11,1% unzufrieden; 3,6% völlig unzufrieden. Mit ihren Möglichkeiten, sich am Leben zu freuen, sind 83,1% der türkischen Jugendlichen (voll) zufrieden, völlig unzufrieden sind hier lediglich 2,1%, unzufrieden 10,8%.

Daß mit 80% der Befragten gut vier Fünftel zufrieden oder sogar voll zufrieden damit sind, ihr eigenes Leben so zu führen, wie sie es für gut halten, ist angesichts auch der ihnen in der Regel bekannten, wenn auch noch nicht immer erfahrenen offenkundigen Mängel in der Ausländerpolitik der Mehrheitsgesellschaft sowie einer aktuell äußerst schwierigen Situation auf dem Arbeitsmarkt ein ebenfalls nicht unbedingt zu erwartendes Ergebnis.

Differenziert man nach dem Alter der Jugendlichen, so läßt sich eine durchgängig größere Zufriedenheit bei den jüngeren Jugendlichen feststellen. Eine Erklärung hierfür liegt sicherlich in dem bei den älteren bereits weiter fortgeschrittenen »Abnabelungsprozeß« vom Elternhaus, der die Kluft zwischen den eigenen Ansprüchen und den gesellschaftlichen Gegebenheiten deutlicher spürbar werden läßt.

Eine Auftrennung nach dem Geschlecht ergibt keine signifikanten geschlechtsspezifischen Unterschiede der Zufriedenheitsausprägung in der Privatsphäre insgesamt. Lediglich bei zwei Einzelaspekten differieren die Werte nach dem Geschlecht: während weibliche Jugendliche mit den eigenen Beziehungen zu anderen Menschen zufriedener sind, herrscht bei den männlichen Jugendlichen eine größere Zufriedenheit mit den ihnen zur Verfügung stehenden Möglichkeiten, Sport zu treiben.

Weniger groß als im privaten Sektor ist die Zufriedenheit türkischer Jugendlicher im Hinblick auf ihre Möglichkeiten, *religiösen und kulturellen Bedürfnissen* nachzugehen. So sind mit den Möglichkeiten, sich über die eigene Kultur zu informieren, 70,4% der Jugendlichen voll zufrieden bzw. zufrieden. Eine solche Zufriedenheit existiert bezüglich kultureller Veranstaltungen, die für die Jugendlichen in erreichbarer Nähe stattfinden, bereits nur noch bei 60,7%. Ein Drittel der türkischen Jugendlichen (33,3%) ist mit dem kulturellen Angebot jedoch nicht zufrieden (25,6% unzufrieden; 7,7% völlig unzufrieden). Mit den Möglichkeiten, ein religiöses Leben zu führen, zeigen sich drei Viertel der Jugendlichen zufrieden bzw. voll zufrieden (75,2%), bei 6,4%, die hierzu keine Angabe machen, sind 18,4% eher oder völlig unzufrieden. Fast gleich groß ist der Anteil derjenigen, die mit den Informationsmöglichkeiten über religiöse Fragen zufrieden bzw. voll zufrieden sind (73,9%). Die Quote der Unzufriedenen beträgt hier 20,4%. Auch hinsichtlich der religiös-kulturellen Angebote gilt wie im Bereich der Privatsphäre, daß die Gruppe der jüngeren Jugendlichen zufriedener ist als die der älteren. Dies trifft auf alle abgefragten Einzelitems zu, insbesondere jedoch in bezug auf die Möglichkeit, sich über die eigene Kultur zu informieren. Bei diesem Punkt lassen sich zugleich leichte geschlechtsspezifische Unterschiede konstatieren: Jungen sind mit ihren Informationsmöglichkeiten hinsichtlich religiöser Fragen zufriedener als Mädchen. Im übrigen gilt auch für den Bereich Kultur und Religion, daß wesentliche geschlechtsspezifische Unterschiede nicht vorhanden sind.

Zum Abschluß der Hinweise zum Lebensgefühl von türkischen Jugendlichen geht es um die *Zufriedenheit in Schule und Beruf*. Mit ihren eigenen schulischen bzw. beruflichen Leistungen zeigen sich 68,7% zufrieden bzw. voll zufrieden. 22,7% der türkischen Jugendlichen sind hingegen mit ihren Leistungen unzufrieden und 5,1% sogar völlig unzufrieden. Dabei ist allerdings zu berücksichtigen, daß die meisten Jugendlichen in dieser Hinsicht noch keinem »Härtetest« etwa der Lehrstellensuche unterworfen wurden. Mithin vermischen sich diese Einschätzungen mit vielen bloßen Hoffnungen. Eine nahezu identische Quote, nämlich 68,9% der Befragten, hält die Angebote zur Weiterbildung für (voll) zufriedenstellend. Skeptischer ist dagegen die Einschätzung der Jugendlichen hinsichtlich ihrer Berufschancen. 63,2% äußern hier ihre Zufriedenheit, mit 30,8% ist jedoch fast ein Drittel der türkischen Jugendlichen mit den eigenen Chancen auf dem bundesdeutschen Arbeitsmarkt nicht zufrieden oder sogar völlig unzufrieden. Dies ist nicht überraschend, denn nur 44% der türkischen Jugendlichen befinden sich in einer beruflichen Ausbildung (Beauftragte der Bundesregierung über die Belange der Ausländer 1995, S. 29). Diese Quote wird nicht durch Bildungsbeteiligung in der Sekundarstufe II ausgeglichen. 40% der 14- bis 18jährigen Jugendlichen bleiben ohne jede Ausbildung im Anschluß an die Schulpflichtzeit (ebd.).

Wie ist nun die überraschend hohe Zufriedenheit angesichts vorhandener Diskriminierungserfahrungen und Schul- bzw. Ausbildungsprobleme zu erklären? Wir gehen davon aus, daß die Beurteilung der eigenen Zufriedenheit auf der Basis sozialer Vergleichsprozesse geschieht. Tesser (1988), der sich in seiner Selbstwerterhaltungstheorie mit der Wirkung sozialer Vergleichsprozesse auf den Selbstwert beschäftigt, geht von der zentralen Annahme aus, daß es ein Motiv zur Erhaltung und Vergrößerung des Selbstwertes gibt. Bei Vergleichen bezüglich aller Aspekte, die den Selbstwert und das Wohlbefinden beeinflussen können, und dazu gehört auch die Zufriedenheit, gibt es eine Tendenz zum Vergleich nach unten. Die eigene Zufriedenheit wird im Vergleich zu Personen, die unzufriedener sein sollten als man selbst, beurteilt. Dadurch gelingt es trotz objektiv schwieriger Bedingungen, auf die u. a. die Diskriminierungserfahrungen hinweisen, ein positives Lebensgefühl zu erhalten.

Betrachtet man die Zufriedenheit in verschiedenen Lebensbereichen, so zeigen sich unterschiedliche Zusammenhänge mit dem Aspirationsniveau der Jugendlichen. Während Zufriedenheit in Schule und Beruf in der Tendenz mit einem hohen Aspirationsniveau einhergeht, finden wir für die Zufriedenheit im Bereich Kultur und Religion den umgekehrten Zusammenhang. Niedrige Ansprüche an die eigene Schul- und Berufslaufbahn gehen mit hoher Zufriedenheit bezüglich der kulturellen und religiösen Einbindung einher. Wir interpretieren ein hohes Aspirationsniveau als Ausdruck der Bereitschaft, sich den Anforderungen der Leistungsgesellschaft zu stellen und mit ihnen zurechtzukommen. Demgegenüber deutet ein niedriges Aspirationsniveau auf Schwierigkeiten bei der Integration in die Leistungsgesellschaft hin, die aber mit einem ausgeprägten Wohlbefinden in der religiösen Gemeinschaft einhergehen. Diese Ergebnisse können als ein erster Hinweis darauf gewertet werden, daß die religiöse Gemeinschaft für Jugendliche, die geringe individuelle Berufs- und Karrierechancen sehen, an Bedeutung gewinnt, da sie dort leistungs*unabhängige* Integrationsangebote erhalten.

Politische Orientierungen

Die politischen Orientierungen bei türkischen Jugendlichen gehören zu den bisher so gut wie gar nicht untersuchten Fragen. Zur Erklärung kann man zumindest drei Gründe heranziehen. Die Orientierungen interessieren nicht, weil andere Probleme wie die vielfältigen persönlichen und institutionellen Diskriminierungen sowie die alltäglichen Belastungen bedeutsamer scheinen; zweitens, weil die Jugendlichen ohnehin nicht politisch tätig werden dürfen, mithin wahlpolitisch keine Bedeutung haben, und drittens, da angesichts massiver fremdenfeindlicher Gewalt im Sinne einer »political correctness« ohnehin nur ein homogen demokratisches und menschenfreundliches Bild unterstellt wird bzw. werden darf – gewissermaßen als »Gegenbild« zur Mehrheitsgesellschaft.

Da sich in der Regel die Realität der politischen Orientierungen differenzierter darstellt und zudem in dieser Untersuchung besonderes Augenmerk darauf gerichtet wird, warum sich konflikt- und gewaltaffine Problemzonen und -dynamiken feststellen lassen oder entwickeln können, ist es angebracht, gerade vor dem Hintergrund der leitenden These zunehmender Desintegration intensiv eine Analyse des Ausmaßes und der Ursachen jener Orientierungen voranzutreiben, die in Untersuchungen mit deutschen Populationen am Rande oder *jenseits* demokratischer Positionen angesiedelt werden. Eine adäquate Zugangsweise erfordert es, darauf zu verweisen, daß sich die politischen Orientierungen von türkischen Jugendlichen aus mehreren Quellen speisen, also komplex zusammengesetzt sind, selbst wenn sie sich auf der Erscheinungsebene als geradezu entdifferenziert darstellen.

Zunächst geht es aber nur um die unterschiedlichen Quellen, die sich auch wesentlich von der Konstellation unterscheiden, wie sie bei deutschen Jugendlichen anzutreffen ist. Es sind traditionale Vermittlungen aus der Herkunftsfamilie in der deutschen Diaspora, Beeinflussungen durch Informationen aus der Mehrheitsgesellschaft, die sowohl Anpassungsdruck auf die eigenen Deutungsmuster ausüben als auch im selben Vorgang zur Reaktanz führen können. Hinzu kommen Deutungsangebote wie -druck durch türkische Medien, wobei die Überzeugungseffekte der zumeist hochgradig nationalistisch ausgerichteten Berichterstattungen über Ereignisse in Europa und speziell in Deutschland davon abhängen dürften, wie intensiv der individuelle Bezug zur Türkei (noch oder vielleicht schon wieder) ist. Die Anforderungen an türkische Jugendliche zur Ausbildung eigenständiger und differenzierter politischer Positionen sind durch diese z. T. diametral entgegengesetzten Einflüsse also sehr hoch.

Unsere These ist nun, daß diese Komplexität der Einflüsse in Verbindung mit den schon aufgeführten Lebenssituationen für einen Großteil ein hohes Maß an entdifferenzierten Positionen nach sich zieht. Das Ausmaß wollen wir anhand von vier Facetten näher bestimmen. Dazu gehören Annahmen über eine »verweichlichte« Demokratiepraxis, die aus der Zunahme von Kriminalität abgeleitet und über autoritäre Führung wieder ins Lot gebracht werden soll. Ein zweites, damit korrespondierendes Element ergibt sich aus sozialdarwinistischer Durchsetzung des Stärkeren, das funktional für Dynamiken der modernen Industriegesellschaft ist, und der moraltheoretisch regressiven, traditional archaischen »Auge um Auge«-Position. Dem entsprechen wiederum Ausschlußforderungen gegenüber jenen, die als unerwünschte Minderheiten definiert werden, da sie von »außen« eindringen könnten. Ein letztes, wiederum korrespondierendes Element bezieht sich auf Freiheiten und freiheitseinschränkende Facetten im Inneren: Freiheiten von Individuen (d.h. hier Jugendlichen) und freiheitskontrollierenden Instanzen (d.h. hier Polizei).

Die Ergebnisse zeigen nun ein ausgesprochen weitreichendes Potential (das die Gruppe der türkischen Jugendlichen gleichzeitig polarisiert) zu solchen Positionen, die sich *nicht* zum Kernbestand liberaler demokratischer Auffassungen rechnen lassen, aber gleichwohl durchaus kompatibel sind mit herrschenden rechtskonservativen bis reaktionär nationalistischen Positionen (vgl. Abb. 1.12).

Es findet sich ein autoritärer »law-and-order«-Grundstock, der u.E. insbesondere von den Traditionen der älteren Generationen herrührt. Dies erklären wir damit, daß sich intergenerative Weitergaben auch bei den Erziehungsvorstellungen der Jugendlichen schon gezeigt haben, die sich hier wiederfinden. Durchbrochen wird dieses Muster im Hinblick auf die Polizei als jene Institution, die vielfach als *die* »law-and-order«-Instanz angesehen wird. Hierzu verhält sich ein Großteil der Jugendlichen – u.U. aufgrund eigener Erfahrungen – ausnehmend skeptisch.

Im Hinblick auf die Regelung von Zuwanderung und Sicherung eigener Interessen dominiert ein deutliches Muster. Die Ergebnisse zu massiven Ausgrenzungsforderungen gegenüber Asylbewerbern und Aussiedlern beleuchten grell die Szenerie *zwischen* Minderheiten und widerlegen die romantisierenden Vorstellungen über Solidaritäten von Benachteiligten (vgl. auch Kommentare Nr. 1 im Anhang). Aber auch hier gilt es festzuhalten, daß es sich um Teilgruppen, wenn auch umfangreiche, handelt. Wie sollte es anders sein, wenn alle den Durchsetzungsmaximen der kapitalisti-

Abb. 1.12: Law and Order (Angaben in Prozent)

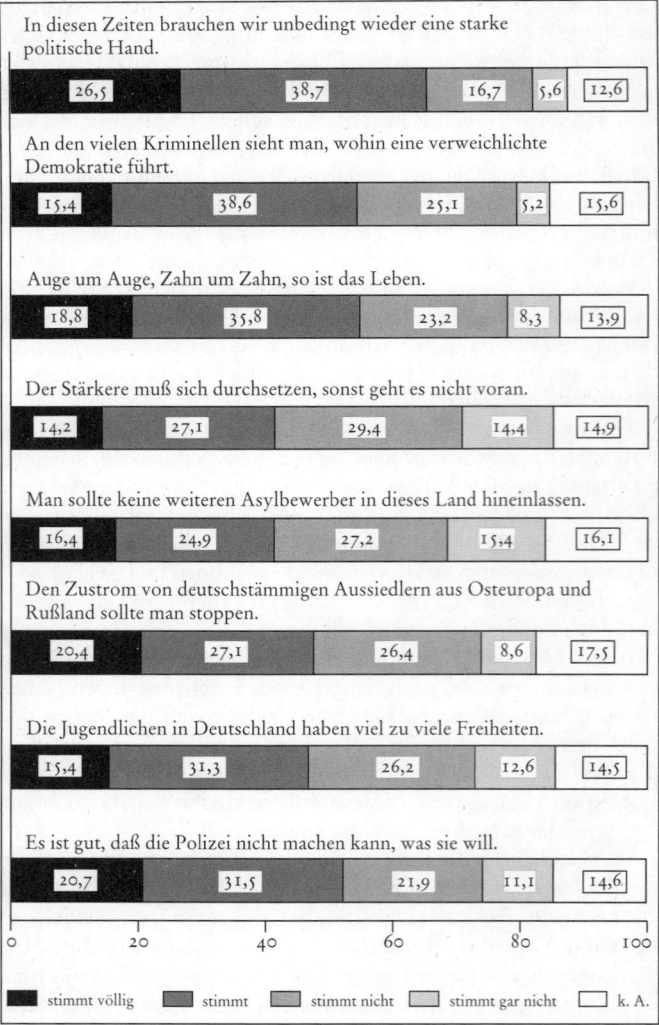

In diesen Zeiten brauchen wir unbedingt wieder eine starke politische Hand.

| 26,5 | 38,7 | 16,7 | 5,6 | 12,6 |

An den vielen Kriminellen sieht man, wohin eine verweichlichte Demokratie führt.

| 15,4 | 38,6 | 25,1 | 5,2 | 15,6 |

Auge um Auge, Zahn um Zahn, so ist das Leben.

| 18,8 | 35,8 | 23,2 | 8,3 | 13,9 |

Der Stärkere muß sich durchsetzen, sonst geht es nicht voran.

| 14,2 | 27,1 | 29,4 | 14,4 | 14,9 |

Man sollte keine weiteren Asylbewerber in dieses Land hineinlassen.

| 16,4 | 24,9 | 27,2 | 15,4 | 16,1 |

Den Zustrom von deutschstämmigen Aussiedlern aus Osteuropa und Rußland sollte man stoppen.

| 20,4 | 27,1 | 26,4 | 8,6 | 17,5 |

Die Jugendlichen in Deutschland haben viel zu viele Freiheiten.

| 15,4 | 31,3 | 26,2 | 12,6 | 14,5 |

Es ist gut, daß die Polizei nicht machen kann, was sie will.

| 20,7 | 31,5 | 21,9 | 11,1 | 14,6 |

0   20   40   60   80   100

■ stimmt völlig   ■ stimmt   ■ stimmt nicht   ■ stimmt gar nicht   □ k. A.

Frage: »Es gibt ja sehr unterschiedliche Meinungen darüber, wie das Leben in Deutschland geregelt sein sollte. Wie ist Ihre Meinung zu folgenden Äußerungen? Geben Sie auch hier wieder an, ob Sie den Aussagen voll zustimmen, zustimmen, sie ablehnen oder voll ablehnen.«

schen Marktgesellschaft bzw. den Durchsetzungsinteressen der eigenethnischen Gruppen aus z.T. harten existentiellen Gründen folgen (müssen) und dies, wie bereits von einer großen Gruppe individuell zustimmend gekennzeichnet, nach sozialdarwinistischen Mustern verläuft. Dementsprechend lassen sich dann auch die Aktivitäten etwa rußlanddeutscher Jugendlicher gegen gleichaltrige Türken interpretieren. Im Kern dokumentieren sich darin die besonders augenfälligen und durch Jugendliche zugespitzten Indizien für Zerklüftungen und Desintegrationsprozesse der Gesamtgesellschaft.

Irritierend sind die Ergebnisse zu »Freiheiten« von Jugendlichen. Sie sind eigentlich *das* genuine Kennzeichen dieser Lebensphase, die zumindest Chancen eröffnen, um Abhängigkeiten – wenn auch zumeist nur gedanklich – tatkräftig abzuschütteln. Ein erstaunlich hoher Anteil von türkischen Jugendlichen (46,7%) konstatiert nun überraschend zu viele Freiheiten bei ihren deutschen Altersgenossen. Zwei plausibel erscheinende Erklärungen werfen gleichwohl Fragen auf. Sind es weitsichtige Blicke auf die Risiken, denen die deutschen Jugendlichen damit ausgesetzt sind – oder sind es Blickverengungen, die aus der rigiden Einbindung in kulturelle Traditionen und religiöse Erfordernisse entstehen?

In der politischen Öffentlichkeit werden solche Ergebnisse in der Regel schnell nach den jeweiligen Eigeninteressen mittels selektiver Wahrnehmung sortiert. Allerdings sperren sie sich in diesem Fall gegen ein solches Vorgehen. Die (Rechts-)Konservativen können sich kaum gegen diese Orientierungen aufspielen, denn es sind pikanterweise in hohem Maße die eigenen Positionen, die aber aus parteipolitischem Interesse wechselnd gegen verschiedene Gruppen in Stellung gebracht werden. Die Differenz ist dann nicht politisch, sondern ethnisch, mithin eine besonders eindrucksvolle Version von Fremdenfeindlichkeit.

In Parteien des »linken« Spektrums, z.B. insbesondere bei einigen, vielfach zur politischen Idylle neigenden und dann fast jeder kritisch-differenzierenden Sicht verlustig gehenden Meinungsführern, müßten diese Ergebnisse zu Überraschungen führen. Denn eigentlich hätten sie zu erkennen, welche Orientierungen sich hinter der wahlpolitischen Nähe (im Sinne der Hoffnung auf Vertretung ihrer Interessen) verbergen, nämlich weitreichende inhaltlich-politische Distanz bei einer großen Teilgruppe türkischer Jugendlicher. Auch so kann man auf ethnische Kriterien zurückfallen, indem man die bloße Zugehörigkeit zum Angelpunkt der eigenen Sichtweise macht.

Unter den türkischen Jugendlichen wiederholt sich ein auf den ersten Blick inkonsistentes Muster, was aber auch für deutsche Wahlpopulationen festgestellt worden ist. Politische Orientierungen und Wahlpräferenzen stimmen nicht überein, sind gewissermaßen beliebig und dem Nutzenkalkül ausgeliefert. Nicht anders ist zu interpretieren, daß beispielsweise die meisten rechtsextremistisch orientierten deutschen Wähler und Wählerinnen in erster Linie die großen Volksparteien (CDU und dann SPD) wählen (Stöss 1994). Es sind also solche Parteien, die sich partei*programmatisch* von dem distanzieren, was ein Großteil der Wählerschaft denkt. Sie sind aber auf dieses Wahlpublikum zugleich angewiesen, das sie z. T. auch zu instrumentalisieren versuchen, wie das vor dem Landtagswahlkampf in Baden-Württemberg 1996 von Teilen einer »linken« Volkspartei mit dem Aussiedler-Thema lehrbuchhaft demonstriert wurde.

Wie auch immer es um das Verhältnis von Parteien zu Migranten und von Migranten zu demokratischen Postulaten bestellt ist: es gibt keine Alternative zu politischer Offenheit und politischen Initiativen zur sozialen Integration, denn die empirischen Ergebnisse sind eindeutig: Je größer die Integration ist, desto niedriger sind die »law and order«-Positionen und Ausgrenzungsforderungen (Asylbewerber/Aussiedler), um in der Konkurrenz als schon »Etablierte« (Elias/Scotson 1990) aufzutrumpfen.

Ein Wechsel zu möglichen politischen Handlungsweisen auf der politischen Bühne der Bundesrepublik zeigt nun sowohl resignative als auch realistische Erwartungshaltungen. Weniger als die Hälfte der Jugendlichen würde sich an Wahlen beteiligen. Die Unsicherheit über das eigene Verhalten ist hoch. Dies korrespondiert mit einer nur knapp mehrheitlichen Erwartung einer Verbesserung der Situation durch den Versuch aktiver Einflußnahme über Wahlbeteiligung. Mehrheitlich wird auch keine Verbesserung des Verhältnisses zwischen Deutschen und Ausländern durch politische Partizipation erwartet. Ebenso realistisch ist die geringe Erwartung einer Verbesserung ihrer Situation durch eine deutsche Staatsangehörigkeit (26,8 %). Das verweist noch einmal auf die Distanz zu den meist überhöhten Erwartungen bei jenen aktiven politischen Gruppen in der Mehrheitsgesellschaft, die diesen Weg als Lösung der meisten Probleme sehen. Die realistischen Erwartun-

	Zustimmung
Für mich ist eine starke Türkei wichtiger als die Einigkeit aller moslemischen Nationen.	44,9
Ich identifiziere mich mehr mit dem Islam als mit einer starken Nation der Türkei.	43,2
In erster Linie bin ich Türke, erst in zweiter Linie bin ich Muslim.	43,6

gen bei den Jugendlichen können auch als Hinweise darauf verstanden werden, daß die rechtliche Veränderung zu »billig« ist, weil sich das sozialverträgliche Zusammenleben danach entscheidet, ob die Probleme der *Anerkennung* im alltäglichen Leben bewältigt sind. Denn solche Problemlagen haben weitreichende politische Folgen, da sich dort die Erfahrungen sozialer Integration wie Desintegration verdichten und politische Orientierungen hervorrufen können, die deutlich nationalistisch ausgeprägt sind. Derartige Unterströmungen, die sich auch gegen demokratische Strukturen richten können, sind zumindest eindeutig mit Blick auf die Türkei, denn für 67,7% ist eine starke Nation wichtiger als die Demokratie (vgl. Kommentare Nr. 2 und 3).

Neben diesen Hinweisen auf das Verhältnis von Nation und Demokratie ist auch das Verhältnis von Nation und Islam von Interesse. Vor die Alternative gestellt, wird ein uneinheitliches Bild deutlich (vgl. Tab. 1.9).

Deutlicher wird die Zustimmung dann, wenn die *Synthese* angeboten wird, die als Leitlinie des radikalen Nationalismus dem Motto folgt:»Das Türkentum ist unser Körper, unsere Seele ist der Islam. Ein seelenloser Körper ist ein Leichnam.« Hierzu finden sich 57% Zustimmung.

Auch hier gilt die Frage, ob diese Ergebnisse deshalb zustande kommen, weil man aus einer besonderen Position der Schwäche besonders starke Orientierungspunkte wählt. Wenn dies zutrifft, müßte es z. B. zur Konsequenz haben, türkische Jugendliche individuell zu stärken, so daß sie sich nicht durch nationalistische Bekenntnisse eine geliehene Stärke einreden müssen. Wird dieses versäumt, bleiben sie weiterhin abhängig von der besonders wirksamen Integrationsideologie des Nationalismus, die selten ohne Gewalt auskommt. Daher muß die nationalistisch fundierte Gewaltbereitschaft noch im Zusammenhang mit verschiedenen Organisationen betrachtet werden.

Gewalttätigkeiten

Vor dem Hintergrund der seit geraumer Zeit z. T. sehr intensiven Diskussion um die Frage der Zunahme von Gewalt unter Jugendlichen stellt sich diese Frage natürlich auch in bezug auf die hier untersuchte Teilgruppe von Jugendlichen türkischer Herkunft. Entspricht das bei dieser Teilgruppe feststellbare Ausmaß an Gewalt*tätigkeiten* dem von Jugendlichen in Deutschland insgesamt, oder ist es größer bzw. geringer als im bundesdeutschen Durchschnitt, und läßt sich bei dieser speziellen jugendlichen Teilgruppe als zusätzliche Erklärung ihrer Gewalttätigkeit dieses Verhalten als eine weitere Form der Verarbeitung ihrer Erfahrungen im bundesrepublikanischen Alltag beschreiben?

Diese Aspekte interessieren uns v. a. angesichts der im weiteren Verlauf zu untersuchenden Frage, ob es bei den türkischen Jugendlichen Zusammenhänge zwischen einer alltäglichen Bereitschaft zur Gewalt*ausübung* einerseits und gewaltförmig unterfütterten islamisch-fundamentalistischen Orientierungsmustern andererseits gibt.

Für die weitere Analyse von Gewalttätigkeiten haben wir wie schon bei den Gewalterfahrungen einen Faktor gebildet, der sich aus fünf Einzelfragen zur Ausübung von Gewalt zusammensetzt.

Der Blick auf die Daten macht deutlich, daß, bezogen auf die einzelnen Aspekte von Gewalt, jeweils der Großteil aller türkischen Jugendlichen solche Handlungen im letzten Jahr *nicht* vollzogen hat. Gleichzeitig ist ersichtlich, daß jeweils ein nicht unerheblicher Anteil der Jugendlichen von Gewalthandlungen in den letzten zwölf Monaten berichtet. Wird über alle Gewalttätigkeiten hinweg nach soziodemographischen Variationen Ausschau gehalten, dann zeigt sich, daß überproportional jüngere, männliche und Jugendliche mit niedrigem Aspirationsniveau von solchen Aktivitäten berichten.

Bei der repräsentativen Gewalt-Studie über deutsche Jugendliche von Heitmeyer u. a. (1995/³1997) erklärten bei der gleichen Fragenbatterie dagegen wesentlich weniger Jugendliche, in den letzten zwölf Monaten Gewalt ausgeübt zu haben. Auch der dort angestellte (nicht-repräsentative) Vergleich zwischen deutschen und ausländischen Jugendlichen bestätigt dieses Ergebnis (vgl. ebd., S. 405). Insbesondere bei Tätlichkeiten gegenüber anderen (»jemanden absichtlich geschlagen oder verprügelt haben«) ist der Anteil bei den türkischen Jugendlichen wesentlich größer als bei den deutschen Altersgleichen. Hier ist zu vermuten, daß v. a. bei den männlichen Jugendlichen kulturbedingte Sozialisations- und Erziehungsbedingungen zu Buche schlagen, die nicht zuletzt mit traditionalen Geschlechtsrollenzuschreibungen auch hinsichtlich der Duldung bzw. sogar Forderung der Ausübung körperlicher Gewalt verknüpft sind (»Verteidigung der Ehre«). So ist auch der Anteil männlicher Jugendlicher, die Gewalt praktizieren, signifikant höher als der Anteil der weiblichen Jugendlichen.

Empirisch gestützte Erklärungen liegen in der Verbindung von traditionalen Rollenmustern und diskriminierenden Erfahrungen.[11] Die kulturell verankerte Betonung männlicher *Dominanz*vorstellungen (mit schnell entsicherungsfähigen Ehrkriterien) und alltägliche *Unterlegenheits*demonstrationen lassen Verunsicherungen entstehen, so daß Gewalt als »klärendes«, Sicherheit wie »Ordnung« wiederherstellendes Muster besonders attraktiv wird.

Es wirken sich v. a. kulturelle und strukturelle Inkonsistenzen aus: Geschlechtsspezifische Überlegenheitsattitüden aus einer traditionalen Kultur, die – wie sich zeigen wird – auch generationsübergreifend noch gelten, kollidieren mit Desintegrationserfahrungen in einer Gesellschaft, die ihre Statuspositionen zumeist über intellektuelle Leistungen verteilt.

2. Zur Verbreitung und Differenzierung religiöser Orientierungen und ihrer politischen Instrumentalisierungen

Die bisherigen Ausführungen sollten vor allem die Wahrnehmung relevanter Ausschnitte der aktuellen Lebenssituation von türki-

---

11 So beträgt beispielsweise die Korrelation zwischen den Faktoren »Gewalttätigkeit« (FGEW1) und SROLLOR r = .15 und zwischen FGEW1 und FDISKRI2 r = .20.

schen Jugendlichen verdeutlichen und dabei sowohl Unterschiede zu als auch Gemeinsamkeiten mit der Lebenssituation ihrer deutschen Altersgenossen aufzeigen. Wir haben gesehen, daß, neben der z. T. besonderen Situation in Familie und Freizeit, türkische Jugendliche vielfältigen Diskriminierungen, insbesondere in öffentlichen, aber auch in privaten Lebensbereichen ausgesetzt sind. Diese Diskriminierungen reichen von verdeckten Varianten bis hin zur massiven offenen Fremdenfeindlichkeit. Im Zuge eines dialektischen Verständnisses von Sozialisationsprozessen ist es deshalb angemessen, die Frage zu verfolgen, wie Situationen und Erfahrungen subjektiv verarbeitet werden und zu aktuell relevanten, z. T. stabilen, z. T. labilen, kognitiven wie emotionalen Folgen führen, die u. a. dadurch zustande kommen, daß neue bzw. verstärkte Orientierungsangebote aus religiösen oder politischen Gruppen ortsnah oder via Medien offeriert werden, die identitätsstabilisierend oder sozialkulturell sichernd aufgenommen werden.

Nicht der Verarbeitungs*prozeß* selbst steht zur Debatte, sondern jene neuen Zusammenhänge mit problembeladenen Orientierungen in Form von Aspekten eines islamischen Fundamentalismus, die z. T. mit nationalistischen Positionen verbunden sind.

Wenn wir uns im folgenden innerhalb des Spektrums religiöser Überzeugungen vorwiegend mit islamisch-fundamentalistischen Orientierungsmustern bei türkischen Jugendlichen befassen, so bedeutet dies aus unserer Sicht keineswegs, daß islamische Religiosität an sich bereits als Vorbote religiös extremistischer Präferenzen anzusehen ist. Unsere Ergebnisse zeigen im Gegenteil, daß der Islam für einen Großteil der türkischen Jugendlichen nach wie vor eine große Bedeutung *ohne* einseitige Überhöhungen gegenüber Andersgläubigen besitzt. Gleichwohl müssen wir uns vor dem Hintergrund eines weltweit sichtbarer werdenden islamischen Fundamentalismus und zunehmender ethnisch-kultureller Konfliktlinien in der Bundesrepublik Deutschland die Frage nach der Relevanz von Religion und nationaler Zugehörigkeit für die in Deutschland lebenden türkischen Jugendlichen neu stellen. Von besonderer Dringlichkeit ist dabei die Beantwortung der Frage, unter welchen Bedingungen religiöse und nationale Merkmale in islamisch-fundamentalistische bzw. nationalistische Orientierungsmuster münden oder von extremistischen Organisationen entsprechend ihren demokratie- und integrationsfeindlichen Zielen instrumentalisiert werden. Aus diesem Grunde werden wir uns zunächst – bevor wir uns den unterschiedlichen Phänomenen fundamentalistischer Orientierungsmuster und Organisationspräferenzen bei türkischen Jugendlichen widmen – die persönlichen religiösen Orientierungen der Jugendlichen anschauen, denen in der Diaspora ein hohes soziokulturelles Identifikationsmoment zugesprochen werden muß (vgl. Kap. III.2.1). Anschließend nähern wir uns dem Phänomen von islamisch-fundamentalistischen Orientierungsmustern unter türkischen Jugendlichen empirisch über drei unterschiedliche Zugänge, die sich auf verschiedene soziale, kulturelle, religiöse und politische Aspekte des Islams beziehen. Mit Hilfe entsprechender Items haben wir die im folgenden zu diskutierenden Skalen »Islamzentrierter Überlegenheitsanspruch« (vgl. Kap. III.2.2) und »Religiös fundierte Gewaltbereitschaft« (vgl. Kap. III.2.3) gebildet. Gleichzeitig wurde danach Ausschau gehalten, in welchem Umfang sich türkische Jugendliche in ihren Interessen durch Milli Görüş und die »Grauen Wölfe« vertreten fühlen, da diese beiden Organisationen als wichtigste Vertreter islamisch-fundamentalistischer bzw. nationalistischer Orientierungen in der Bundesrepublik Deutschland gelten können (vgl. Kap. III.2.4). Im Kontext islamisch-fundamentalistischer Orientierungen und Organisationsnähe haben wir außerdem nach Präferenzen im türkischen Parteienangebot Ausschau gehalten und die von den Jugendlichen wahrgenommenen Angebote türkischer und islamischer Vereine untersucht. Zum Abschluß des Kapitels werden wir ein erstes Zwischenfazit (vgl. Kap. III.2.5) insbesondere hinsichtlich des Ausmaßes islamisch-fundamentalistischer Orientierungen ziehen. Alle obengenannten Aspekte sind im Zusammenhang der folgenden Analyse als »Einfallstore« zum islamischen Fundamentalismus zu verstehen. Mit diesen Aspekten bilden wir zwar nicht das gesamte Spektrum eines islamischen Fundamentalismus ab, gewinnen aber die Möglichkeit, wesentliche Teile islamisch-fundamentalistischer Orientierungsmuster und Organisationspräferenzen unter türkischen Jugendlichen durch mehrere Zugangsweisen adäquat zu beschreiben und sie im Zuge der unterschiedlichsten sozialen Erscheinungsformen einer sozialwissenschaftlichen Analyse zugänglich zu machen.

Tab. 2.1: Religiöse Praktiken (Angaben in Prozent)

	die ganze Fastenzeit	mehrere Tage	nie	k. A.
Fasten Sie?	61,4	25,1	12,0	1,6

	nie	selten	nur freitags	einmal täglich	mehr-mals täglich	fünfmal täglich	k. A.
Wie oft beten Sie?	21,9	26,9	20,4	7,4	10,2	10,8	2,5

	jede Woche	mehr-mals im Monat	mehr-mals im Jahr	an Feiertagen	nie	trifft nicht zu/k. A.
Wie häufig gehen Sie in eine Moschee?	21,0	10,3	12,1	22,8	23,3	10,4

2.1 Persönliche Religiosität in der muslimischen Gemeinschaft

Wie wir in der Beschreibung der Untersuchungsgruppe bereits dargelegt haben, bezeichnen sich im Hinblick auf die religiöse Zugehörigkeit die meisten Befragten als Sunniten bzw. allgemein als Moslems, eine Minderheit als Aleviten. Um jenseits der offiziellen Zugehörigkeit zu einer Glaubensgemeinschaft die individuelle Religiosität der türkischen Jugendlichen abzubilden und sie von religiösen Überlegenheitsansprüchen und religiös fundierter Gewaltbereitschaft zu trennen, werden wir im folgenden Abschnitt die religiösen Praktiken und Orientierungen innerhalb des Islam, die Bedeutung und Funktion des islamischen Glaubens und auch die gesellschaftliche Bedeutung der Religion aus dem Blickwinkel der befragten Jugendlichen analysieren.

Die *religiösen Praktiken* der Jugendlichen bezüglich Fasten, Beten und Moscheebesuch zeigen sehr deutlich, daß sie, wie in anderen Religionen auch, als Ausdruck kultureller Vielfalt, religiöser

Traditionen sowie individueller und kollektiver Handlungsmuster weit davon entfernt sind, ein homogenes Bild islamischer Jugendlicher türkischer Herkunft zu zeichnen (vgl. Tab. 2.1).

Der Fastenmonat Ramadan stellt für Muslime neben dem täglichen Gebet und dem Besuch einer Moschee das wichtigste Zeugnis für ihre Verbundenheit mit dem Islam dar. Obwohl Fasten in streng religiösem Sinne bedeutet, von Sonnenauf- bis Sonnenuntergang auf Essen, Trinken, Rauchen und Geschlechtsverkehr zu verzichten, lassen sich die Regeln je nach körperlicher Verfassung der Fastenden mehr oder weniger strikt auslegen (vgl. Sen/Goldberg 1994, S. 81 f.). Auch die Häufigkeit eines verrichteten Gebetes oder eines Moscheebesuches läßt als rein quantitatives Faktum noch keine genaue Aussage über den Grad der persönlichen Religiosität zu, denn nach allgemeiner Auffassung der Lehre des Islam kommt es im Sinne höherer Wertschätzung stark darauf an, sein Gebet in einer Gemeinschaft mit anderen Gläubigen, beispielsweise in der Moschee, zu verrichten.

Die Dauer des Fastens sowie die Häufigkeit des Betens und des Moscheebesuches geben einen ersten Einblick in die religiöse Praxis der in der Bundesrepublik lebenden türkischen Jugendlichen. Neun von zehn Jugendlichen fasten entweder die ganze Fastenzeit oder aber zumindest mehrere Tage. Ohne im einzelnen genaue Aussagen über die jeweilige Auslegung der Fastenregeln treffen zu können, zeigen die Berechnungen, daß das Fasten unabhängig von soziodemographischen Merkmalen ist. Es ist also nebensächlich, ob es sich um Jüngere oder Ältere, um Jungen oder Mädchen oder um Jugendliche aus niedrigen oder gehobenen Sozialschichten handelt – für sie alle hat die religiöse Tradition der Einhaltung der Fastenregeln eine außerordentlich hohe Bedeutung. Etwas anders verhält es sich mit der Gebetshäufigkeit. Hier gibt nur etwa jeder vierte Jugendliche an, einmal oder öfters pro Tag zu beten, während fast die Hälfte nie oder nur selten betet. Auch der Besuch einer Moschee deutet darauf hin, daß eine mehr oder minder große Kluft zwischen den unterschiedlichen religiösen Praktiken bei den Befragten festzustellen ist. Obwohl mehr als zwei Drittel aller türkischen Jugendlichen aussagen, daß sich in unmittelbarer Nähe ihres Wohnbereiches oder Schul- bzw. Arbeitsplatzes eine Moschee befindet, sucht nur ein Fünftel aller Befragten diese mindestens einmal pro Woche auf. Männliche Jugendliche tun dies wesentlich häufiger als weibliche.

Während also die Angaben zum Besuch von Moscheen oder zur Häufigkeit des Betens unter den türkischen Jugendlichen relativ weit streuen, scheint über das Einhalten und Befolgen der Fastenregeln große Einigkeit zu bestehen. Bemerkenswert in diesem Zusammenhang ist auch die Einstellung der Jugendlichen zum Besuch von Koranschulen. Zunächst konnten wir feststellen, daß die Mehrheit aller Jugendlichen selbst auf eine Koranschule ging: 31% kürzer, 30% länger. Gleichzeitig haben 37,2% aller Jugendlichen allerdings nie eine Koranschule besucht. Dennoch lehnen nur 16,1% die Koranschule für die eigenen Kinder ab, während sich 30,5% noch unschlüssig sind und 51,4% einen solchen Besuch befürworten (vgl. Kommentare Nr. 4). Dabei wird deutlich, daß Jungen, bei denen der Koranschulbesuch durchschnittlich länger andauerte als bei Mädchen, sich auch eher für einen Koranschulbesuch der eigenen Kinder aussprechen, während Mädchen weniger entschlossen sind. Die starke Präferenz für die Weitergabe religiöser Werte drückt sich bei den befragten Jugendlichen auch darin aus, daß deutlich mehr als zwei Drittel aller Jugendlichen – und zwar mehrheitlich Jungen – angeben, daß religiöse Ziele in der Kindererziehung für sie wichtig oder sehr wichtig seien.

Die Notwendigkeit der Weitergabe von religiösen Werten an die eigenen Kinder verweist darauf, daß die Religion des Islam für türkische Jugendliche ein Band der kulturellen Identität darstellt. Für in Deutschland Geborene unterliegt dabei allerdings die Religion selbst einem Wandel. Anhand eines Fallbeispiels hat Schiffauer (1984) exemplarisch aufgezeigt, wie die Erfahrung der Migration zu einer Umstrukturierung des Wertesystems führen und die Religion eine neue und von der dörflichen Situation grundsätzlich verschiedene Bedeutung annehmen kann. In diesem Prozeß wandeln sich auch die Anforderungen und Erwartungen an die Religion (vgl. ebd., S. 485 ff.).

»Sie wird relevant, weil sie Werte begründet und damit Sinn stiftet. (…) Damit ändert sich die Richtung der religiösen Frage: Die Erforschung von Handlungen, die als verdienstvoll gelten, die Vergegenwärtigung von Strafen und jenseitigen Sanktionen macht der Reflexion über den Sinn der Regeln Platz – ohne daß sie durch letztere ganz verdrängt würde« (ebd., S. 504).

Während sich in der dörflichen Gemeinschaft das Interesse mehr auf die Akkumulation von Regeln richtet, zielt es in Deutschland eher auf den inneren Zusammenhang (»Sinn der Regel«). Dieser

Tab. 2.2: Gläubigkeit (Angaben in Prozent)

Ich bin gläubig, folge den Lehren des Islam.	24,7
Ich bin auf meine persönliche Weise religiös.	16,7
Ich glaube an Gott, bin aber nicht streng religiös.	50,0
Ich kann nicht sagen, ob ich religiös bin oder nicht.	2,3
Ich bin nicht religiös, so etwas interessiert mich nicht.	1,5
Ich bin nicht religiös, da meiner Meinung nach die Religion nicht recht hat.	2,5
keine Angabe	2,3

Frage: »Welche der folgenden Aussagen paßt am besten auf Sie?«

Wandel von der Regel zum Sinn der Regel wird durch die Lebensumstände in der Diaspora noch verstärkt. So verlieren Spekulationen über das verdienstvolle Verhalten durch die genaue Einhaltung der Gebetszeiten an Reiz, wenn durch die äußeren Umstände die wörtliche Befolgung von Regeln unmöglich gemacht wird und Gläubige beispielsweise darauf angewiesen sind, nach Feierabend die Gebete nachzuholen (vgl. ebd., S. 504).

Dieser Wandel und die Ambivalenz zwischen religiösen Traditionen und Glauben werden auch an den Aussagen zur eigenen Religiosität deutlich (vgl. Tab. 2.2).

Zwischen den beiden Polen, d. h., entweder überhaupt nicht religiös zu sein oder aber konsequent den Lehren des Islam zu folgen, scheint sich der Umgang mit der eigenen Religiosität unter den türkischen Jugendlichen doch überwiegend durch ein hohes Maß an Eigeninterpretation auszuzeichnen. Zwei Drittel aller Jugendlichen sind entweder nicht streng oder aber auf ihre Weise religiös.

Um nicht in der Fülle der Einzelaspekte zur individuellen Religiosität der Jugendlichen den Überblick zu verlieren, haben wir die oben diskutierten Einzelitems zu der Skala »Persönliche Religiosität«[1] zusammengefaßt. Im Gegensatz zu den Anforderungen und

1 Die Items der Skala »Persönliche Religiosität« wurden normiert, und die Skala hat folgende Werte: Min. = 0; Max. = 100; Mean = 59.6; Std.dev. = 24.5. Die in vier

Angeboten, die den türkischen Jugendlichen aufgrund der Zugehörigkeit zur Glaubensgemeinschaft des Islam gegenüberstehen, drückt diese Skala die individuelle Religiosität der Jugendlichen jenseits der von den Eltern gestellten Anforderungen an religiöse Praktiken oder der von islamischen Vereinen offerierten religiösen Angebote aus. Laut dieser Skala läßt sich davon ausgehen, daß etwa zwei Drittel aller Befragten sich durch eine hohe oder sehr hohe Religiosität auszeichnen (vgl. Kommentare Nr. 5).

Resümierend läßt sich insgesamt feststellen, daß der Islam zur Sicherung religiöser, aber auch kultureller Identität von großer Bedeutung ist. Dies drückt sich beispielsweise in der Absicht der Weitergabe von religiösen Werten an die eigenen Kinder aus. Gleichzeitig gehen jedoch die Befragten pragmatisch mit den durch die Religion gesetzten Regeln und Vorschriften um. Dies ist auch an der Tatsache abzulesen, daß nur eine kleine Minderheit die Teilnahme von Muslimen am Biologieunterricht ablehnt (10%). Die Geschlechtertrennung im Sport wird allerdings schon von 24% befürwortet.

Im Zusammenhang mit persönlicher Religiosität sind nun nicht zuletzt die Bedeutung und die *Funktion* von Interesse, die der Islam für die größtenteils in der Bundesrepublik aufgewachsenen türkischen Jugendlichen besitzt. Allgemein zeigt sich, daß für mehr als zwei Drittel die Glaubensgemeinschaft von großer (35,9%) oder sehr großer Bedeutung (31,9%) ist und nur für eine Minderheit entweder von geringer (16,5%) oder überhaupt keiner Wichtigkeit (5,2%). Auffällig ist allerdings, daß 10,5% keine Angabe hierzu machen.

Diese starke Bedeutung bliebe allerdings unverständlich, wenn nicht gleichzeitig nach der damit verbundenen inhaltlichen Ausformung gefragt würde (vgl. Abb. 2.1). Messen Jugendliche dem Islam große oder sehr große Bedeutung zu, dann steht für sie an erster und zentraler Stelle eindeutig die *Stärkung des Selbstvertrauens* durch die Zugehörigkeit zur Gemeinschaft. Erst an zweiter Stelle werden auf das Kollektiv der »Umma« bezogene Bedeutungen wie *Sicherheit*, *Zugehörigkeit* und *Geborgenheit* plaziert. An dritter und letzter Stelle stehen dagegen eher auf das Individuum bezogene Bedeutungsgehalte wie *Freiheit* und *Selbstbestimmung* (vgl. Kommentare Nr. 6).

Quartile geteilte Skala hat folgende Prozentverteilungen: sehr gering = 10,5%, gering = 22%, hoch = 36,3% und sehr hoch = 31,1%.

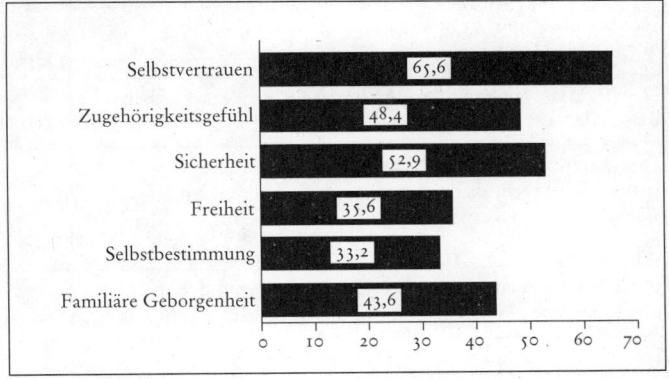

Frage: »Falls der islamische Glaube für Sie eine Bedeutung hat, welche hat er für Sie?«;

* nur Befragte, für die die Glaubensgemeinschaft des Islam große oder sehr große Bedeutung hat; n = 828.

Die Ansichten, die die Jugendlichen zum Islam bekunden, sind insgesamt weit davon entfernt, ein einheitliches Bild zu zeichnen (vgl. Tab. 2.3).

Obwohl ein Großteil der Jugendlichen den Islam überhaupt nicht in Zweifel zieht – und hier hat die Gewißheit der Gültigkeit weitreichende Auswirkungen auf die obengenannten Funktionen der familialen Geborgenheit etc. –, tritt neben einer Minderheit, die deutlich negativen Aussagen zum Islam zustimmt, die Mehrheit aller befragten Jugendlichen für eine Kongruenz von Islam und Moderne ein (vgl. Kommentare Nr. 7).

Unverzichtbar scheinen für einen Großteil dabei die Gewißheiten, die der Islam bereithält. Deshalb soll, anknüpfend an das im Theoriekapitel aufgenommene Thema der religiösen Gewißheitssuche und der im Sozialisationsabschnitt benannten Relevanz für die Bearbeitung von Identitätsfragen, an dieser Stelle nun zusammenfassend die Bedeutung der verschiedenen Gewißheitsfacetten dargestellt werden (vgl. Tab. 2.4).

Deutlich wird ein hohes Ausmaß an Zustimmungen zu den Gewißheiten, aus denen sicherlich auch das schon berichtete Selbstvertrauen in der muslimischen Gemeinschaft gespeist wird.

Tab. 2.3: Ansichten zum Islam (Angaben in Prozent)

Der Islam war und ist immer gültig. Er kann von Menschen gar nicht in Frage gestellt werden.	32,0
Der Islam ist immer gültig, aber Islam und modernes Leben passen dennoch gut zusammen.	25,2
Der Islam ist mit seinen Vorstellungen und Forderungen sicherlich oft nicht mehr ganz zeitgemäß. Aber in dem, was er eigentlich will und aussagt, kann er auch heute für uns Menschen hilfreich sein.	16,5
Der Islam dient dazu, die Menschen unmündig und in überkommenen Herrschaftsverhältnissen zu halten.	3,4
Der Islam ist nicht nur veraltet. In unserer modernen Welt ist er auch überflüssig, manchmal sogar störend.	3,5
Der Islam ist teilweise ziemlich unmodern. Im Prinzip könnten wir darauf verzichten.	4,0
keine Angabe	15,4

Frage: »Über den Islam gibt es unterschiedliche Auffassungen. Welche der folgenden kommt Ihrer Meinung am nächsten? Bitte machen Sie nur ein Kreuz.«

Diese Gewißheiten können aber gerade dann ausgebeutet werden, wenn gleichzeitig Szenarien hinzukommen und subjektive Bedeutung erlangen, in denen das Verhältnis zu anderen *Religionen* durch Unverständnis, Verfolgung und Haß gekennzeichnet scheint (vgl. Tab. 2.5) und das Verhältnis zu anderen *Kulturen und politischen Mächten* im Lichte von Bedrohungen gesehen wird (vgl. Tab. 2.6).

An diesen Ergebnissen wird deutlich, in welche kulturellen und politischen Kontexte die persönliche Religiosität in der muslimischen Gemeinschaft eingebunden ist.

Betrachtet man das Verhältnis von islamischen Positionen und der Rolle in der Gesellschaft, so betonen zwei Drittel der Jugendlichen, daß der Islam vorwiegend eine private Angelegenheit zwischen Gott und dem einzelnen sei, gleichwohl sind ebenso viele der Ansicht, daß der Islam eine wichtige gesellschaftliche Stimme dar-

Tab. 2.4: Aspekte von Gewißheiten (Angaben in Prozent)

	Zustim-mun-gen*
Zeit- und raumabhängige Gültigkeit	
Der Islam war und ist immer gültig. Er kann vom Menschen nicht in Frage gestellt werden.	32,0
Nach dem Ende des Kommunismus geht es auch mit dem Kapitalismus bergab. Die Zukunft gehört dem Islam.	50,2
Wir können uns hier als Muslime fühlen, weil der Koran überall gültig ist.	65,4
Unhinterfragbarkeit/Nicht-Reformierbarkeit	
Man sollte sein Leben nach dem Koran ausrichten. Reform und Modernisierung des Glaubens sollte man ablehnen und für eine göttliche Ordnung eintreten.	49,0
Einzigartigkeit/Überlegenheit	
Jeder Gläubige muß wissen, daß die Religionen anderer Nationen nichtig und falsch sind und ihre Angehörigen Ungläubige sind. Der Islam ist die einzig rechtgläubige Religion.	65,9
Obwohl der Gottesdienst zu jeder Religion gehört, gründet sich der Gottesdienst im Islam auf Wissenschaft und Vernunft. Deshalb ist der Islam die höchste existierende Religion.	53,4
Eigenes Auserkoren-Sein	
Türken, die nach Deutschland gekommen sind oder hier geboren wurden, sind (von Gott) dazu auserkoren, den Islam in Deutschland zu verbreiten.	36,2

* stimmt (völlig); stimme (voll) zu

stelle, die ebenso wie andere eine öffentliche Rolle spielen sollte. Dementsprechend lehnen auch 67,4% die Auffassung ab, daß eine Orientierung am islamischen Glauben zu einer undemokratischen Gesellschaft führe. Ähnlich hoch ist auch der Widerspruch zu der Position, daß die Religion die Politik bestimmen müsse. Gleich-

Tab. 2.5: Verhältnis zu anderen Religionen (Angaben in Prozent)

	Zustim- mun- gen*
Von Leuten außerhalb des Islam ist schon genug Verwirrung angerichtet worden, und ihre Äußerungen künden von Haß.	48,5
Wenn man nicht den Glauben von Juden oder Christen annimmt, wird man von ihnen auch nicht akzeptiert.	33,8
Sobald ein Mensch alleinstehend und in der Fremde ist, wollen ihn die Missionare zum Christentum verführen. Die christliche Welt ist seit jeher der unerbittliche Verfolger des Islam gewesen.	43,6

* stimmt (völlig)

Tab. 2.6: Bedrohungen (Angaben in Prozent)

	Zustim- mun- gen*
Der Zionismus bedroht den Islam.	33,2
Der Zionismus, die EG und die USA bedrohen den Islam.	39,6
Der Krieg in Bosnien zeigt, daß der Westen die Muslime unterdrücken will.	60,3

* stimmt (völlig); trifft (ganz genau) zu

wohl bleiben 38,3%, die die Auffassung vertreten, daß die türkische Politik sich nach islamischem Recht ausrichten müsse, und jeder fünfte Jugendliche (22,3%) plädiert dafür, daß die Religion die Politik (auch im Sinne der Scharia) bestimmen müsse (vgl. auch Kommentare Nr. 8).

Dieser Komplex aus persönlicher Religiosität, Einbindung in die muslimische Gemeinschaft und der Rolle in der Gesellschaft stellt aufgrund der engen Verbindung von Religion und Politik ein schwieriges und aufklärungsbedürftiges Phänomen dar; zumal dadurch, daß Gewißheiten in der Moderne durch Aufklärung, Enttraditionalisierung etc. in Zweifel gezogen werden oder der Zersetzung anheimfallen.

Die hohe Spannung aus Gewißheits*suche* und Gewißheits*verlusten* als *Produkt der Moderne* bildet u. E. eine zentrale Grundlage dafür, daß angesichts politischer Bedrohungsszenarien und eines mißtrauischen Abgrenzungsverhältnisses gegenüber anderen Religionen die persönliche Religiosität politisch instrumentalisiert werden kann.

Auszug aus einem Gedicht, verfaßt von einem 16jährigen Mädchen, Anhängerin der islamischen Gemeinschaft Milli Görüş:

> ### Wohin führt das?
>
> Wir sehen die Weinenden!
> Bosnien, Aserbeydschan, Palästina, Somalia,
> sie alle vergißt man.
> Europa, Europa verbrannte und zerstörte.
> Amerika, ja … was hat denn Amerika gemacht?
> Außer den Iran zu bombardieren?
> Tote, Verstümmelte und Frauen.
> Schade, nicht wahr?
> Hunderttausende unschuldiger Kinder!
> Jerusalems Nacken ist breit!
> Wenn ein Jude getötet wird,
> ist die Welt (sein) Anwalt.
> Aber Muslime werden getötet!
> Anwälte, Gerichte, Staatsanwälte
> wo sind sie?
> Was macht denn dann die Welt?
> Außer stumm zu bleiben…
> Sicherlich wird eines Tages Rechenschaft gefordert!

2.2 Islamzentrierte Überlegenheitsansprüche

Um nun intensiver die Bedeutung der vergemeinschaftenden Religion in der Gesellschaft und im Verhältnis zu anderen Glaubens- und Weltanschauungen zu sichten, wurde den Befragten eine Liste von 23 Statements vorgelegt. Sie bezogen sich auf die unterschiedlichsten sozialen, kulturellen, religiösen und politischen Aspekte des Islams. Darunter waren auch solche, die mit verschiedenartiger Akzentuierung von islamisch-fundamentalistischen Organisatio-

nen vertreten werden (vgl. Binswanger 1990, S. 49 ff.). Ziel dieser Fragen war es, unabhängig von den in der Bundesrepublik agierenden und mit dem Vereinsstatus ausgestatteten Organisationen, islamisch-fundamentalistische Orientierungsmuster bei den in der Bundesrepublik lebenden Jugendlichen türkischer Herkunft zu erfassen. Dabei sollen unterschiedliche Dimensionen im Spannungsfeld von Islam, Herkunftsland (der Familie) und Einwanderungsland empirisch herausgearbeitet werden. Die Berechnungen ergeben drei Einstellungsbereiche und Orientierungen, die auf
– religiösen Werten,
– nationalen Zugehörigkeiten und
– politischen Ansichten basieren.
Die hier zum Ausdruck kommenden Orientierungen stehen in spezifischen Relationen zueinander, wobei die religiösen Werte und Einstellungen jeweils den Referenzpunkt bilden. Im thematischen Zusammenhang mit dem Islam vermischen sich zwar Werte, Zugehörigkeiten und Ansichten, gleichwohl werden die einzelnen Faktoren durch spezifische Vorrangstellungen gekennzeichnet.

Da wir in dieser Studie islamisch-fundamentalistische Orientierungen analysieren, konzentrieren wir uns zunächst auf den »Islamzentrierten Überlegenheitsanspruch«, d. h. auf eine religiöse Dimension, in der Gewißheiten dominieren und solche Ansprüche Vorrang vor nationalen Zugehörigkeiten oder politischen Ansichten haben (vgl. Abb. 2.2). Der Islam ist zwar nicht die einzige Religion, in der mit Superioritätspostulaten operiert wird, die besondere Problematik ergibt sich in diesem Fall aber durch die auch heute noch enge Verkoppelung mit politischen Dimensionen.

In diesen Postulaten wird auch solchen religiösen Orientierungen Raum gegeben, die die kollektiv-kulturelle Rolle des Islams als scharfe Grenzlinie zu anderen Religionen oder Gruppen der Gesellschaft betonen. Damit bereiten diese Positionen auch den Boden für Rückzug, Abgrenzung, Selbstethnisierung etc. und stellen dann auch erste ideologische Voraussetzungen für demokratie- und integrationsfeindliche Orientierungsmuster dar (vgl. auch Kommentare Nr. 9).

Insgesamt treffen diese Items mit ihrer breiten thematischen Auffächerung auf eine sehr große Zustimmung bei den türkischen Jugendlichen. So gilt für 53,4% der Islam als höchste existierende Religion.

Bevor wir uns später der Frage nach dem mit Gewalt einherge-

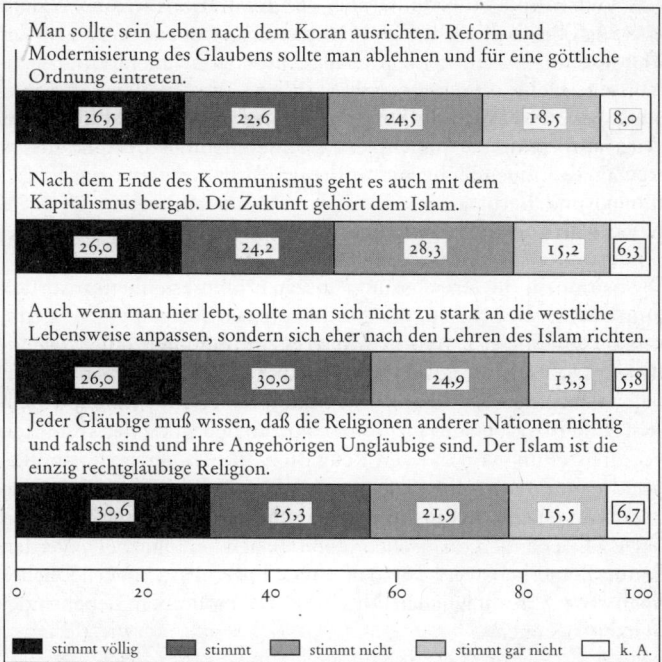

Man sollte sein Leben nach dem Koran ausrichten. Reform und Modernisierung des Glaubens sollte man ablehnen und für eine göttliche Ordnung eintreten.

| 26,5 | 22,6 | 24,5 | 18,5 | 8,0 |

Nach dem Ende des Kommunismus geht es auch mit dem Kapitalismus bergab. Die Zukunft gehört dem Islam.

| 26,0 | 24,2 | 28,3 | 15,2 | 6,3 |

Auch wenn man hier lebt, sollte man sich nicht zu stark an die westliche Lebensweise anpassen, sondern sich eher nach den Lehren des Islam richten.

| 26,0 | 30,0 | 24,9 | 13,3 | 5,8 |

Jeder Gläubige muß wissen, daß die Religionen anderer Nationen nichtig und falsch sind und ihre Angehörigen Ungläubige sind. Der Islam ist die einzig rechtgläubige Religion.

| 30,6 | 25,3 | 21,9 | 15,5 | 6,7 |

| 0 | 20 | 40 | 60 | 80 | 100 |

■ stimmt völlig ■ stimmt ▢ stimmt nicht ▢ stimmt gar nicht ▢ k. A.

Frage: »Hier ist eine ganze Reihe von Aussagen zu Staat, Religion, Glauben und Politik, aber auch zu Deutschland und zur Türkei.«

henden politisch motivierten Fundamentalismus islamischer Prägung und der Frage nach der Attraktivität von Organisationen wie den »Grauen Wölfen« und Milli Görüş widmen, noch ein kurzer Blick auf die soziodemographischen Merkmale, die bei islamzentrierten Überlegenheitsansprüchen eine Rolle spielen.

Zunächst einmal läßt sich feststellen, daß islamzentrierte Überlegenheitsansprüche nach Alter und Geschlecht nur leicht variieren. So lassen sich sowohl bei Jüngeren als auch bei männlichen Jugendlichen leicht höhere Werte feststellen. Ganz anders bei Variablen, die Rückschlüsse auf die persönlichen Zukunftschancen der in der Mehrheitsgesellschaft aufwachsenden und zum größten Teil auch in Deutschland geborenen Minderheit der türkischen Jugendlichen zulassen: Schulbesuch und Aspirationsniveau. So zeigt sich, daß Jugendliche an berufsbildenden, insbesondere aber an Hauptschulen, deutlich stärker islamisch begründete Überlegenheitsansprüche aufweisen als Jugendliche an Gesamtschulen und an Gymnasien. Auch die Differenzierung nach der Bildungs- und Berufsaspiration der Jugendlichen läßt eindeutige Schlüsse zu.

Während Jugendliche mit mittlerer, v. a. aber mit niedrigerer Bildungs- und Berufsaspiration stärkere islamzentrierte Überlegenheitsansprüche aufweisen, sind diese bei Jugendlichen mit höherem Aspirationsniveau deutlich geringer.[2]

Positionen, die einen islamzentrierten Überlegenheitsanspruch zum Ausdruck bringen, erfuhren bei den Befragten eine Zustimmung zwischen 49% und 56%, also bei gut der Hälfte aller Jugendlichen. Die Ablehnung der Moderne und westlicher Lebensweisen bei gleichzeitiger Präferenz von traditionellen und fundamentalistischen Positionen des Islams bis hin zur Betonung der absoluten Vorrangstellung vor anderen Religionen ist u. E. ein erster Indikator, der im Zusammenhang einer umfassenderen Analyse der Ursachen von islamisch-fundamentalistischen Orientierungen von in der BRD lebenden türkischen Jugendlichen herangezogen werden kann. Bemerkenswert ist, daß diese Ergebnisse in erheblicher Spannung zur alltäglichen Nutzung der modernen Lebensmöglichkeiten stehen.

2.3 Religiös fundierte Gewaltbereitschaft

Um das Spektrum der Einstellungen, die im Zusammenhang mit religiösem Fundamentalismus debattiert werden, zu erweitern und stärker auf islamisch-fundamentalistische Orientierungsmuster zu focussieren, haben wir insbesondere eine Variante in den Blick genommen, die v. a. in der medial vermittelten Öffentlichkeit im Mittelpunkt steht: Religion und Gewalt. Dazu ist die Skala »Reli-

---

2 Zwei getrennt durchgeführte Varianzanalysen des Faktors »Islamzentrierter Überlegenheitsanspruch« mit a) dem Schultyp und b) der Berufs- und Bildungsaspiration erbrachten folgende statistisch relevanten Ergebnisse: a) Mean (Hauptschule = .30; Realschule = –.18; Gymnasium = –.69; Gesamtschule = –.19; Berufsbildende Schule = –.015); Eta = .30; Sig. < .01; b) Mean (niedrig = .22; mittel = .12; hoch = –.39); Eta = .27; Sig. < .01.

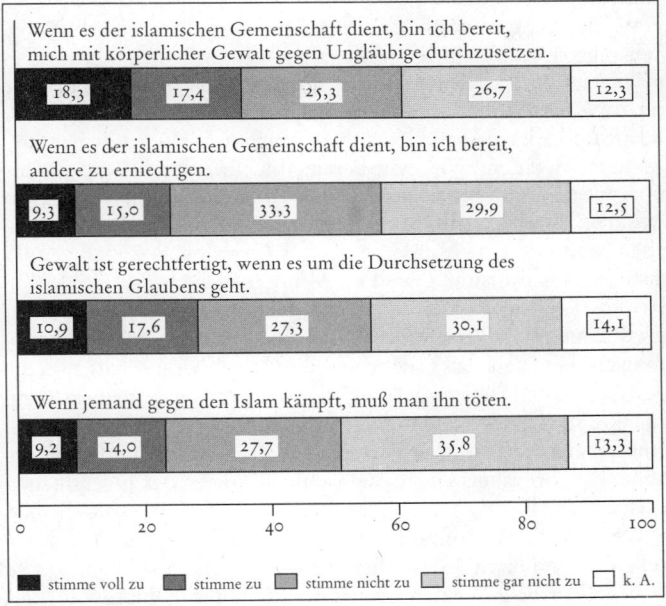

| | stimme voll zu | stimme zu | stimme nicht zu | stimme gar nicht zu | k. A. |

Wenn es der islamischen Gemeinschaft dient, bin ich bereit, mich mit körperlicher Gewalt gegen Ungläubige durchzusetzen.
18,3 — 17,4 — 25,3 — 26,7 — 12,3

Wenn es der islamischen Gemeinschaft dient, bin ich bereit, andere zu erniedrigen.
9,3 — 15,0 — 33,3 — 29,9 — 12,5

Gewalt ist gerechtfertigt, wenn es um die Durchsetzung des islamischen Glaubens geht.
10,9 — 17,6 — 27,3 — 30,1 — 14,1

Wenn jemand gegen den Islam kämpft, muß man ihn töten.
9,2 — 14,0 — 27,7 — 35,8 — 13,3

Frage: »Was ist Ihre Position?«

giös fundierte Gewaltbereitschaft«[3] entwickelt worden, die auf den in Abb. 2.3 dargestellten Items basiert.

Die Zustimmungen zu den einzelnen Items zeigen, daß von einem nicht unerheblichen Ausmaß von Orientierungen gesprochen werden kann, die mit Gewaltoptionen einhergehen (vgl. auch Kommentare Nr. 10, 11 und 12).

Vergleicht man insgesamt die Skala »Religiös fundierte Gewaltbereitschaft« hinsichtlich soziodemographischer Merkmale miteinander, offenbaren sich merkliche Unterschiede. Der Tendenz nach ist die Zustimmung sowohl bei den Jüngeren als auch bei den männlichen Jugendlichen stärker ausgeprägt; insbesondere sind es

3 Die Skala »Religiös motivierte Gewaltbereitschaft« hat folgende statistisch relevanten Werte: Min. = 1 000; Max. = 4 000; Mean = 2 109; Std. dev. = .026.

wiederum Jugendliche aus Hauptschulen bzw. mit insgesamt eher geringerer Bildungsaspiration und Berufschancen, die stärker militant islamisch-fundamentalistische Orientierungen kundtun.[4]

An dieser Stelle muß neben der deutlich sichtbaren Abhängigkeit religiös fundierter Gewaltbereitschaft von einer sozial unterprivilegierten sozialen Lage der Jugendlichen ebenfalls auf die relativ hohe Affinität zwischen religiös fundierter Gewaltbereitschaft und allgemeinen Gewalthandlungen von Jugendlichen hingewiesen werden. Wie wir bereits beschrieben haben, ist die überwiegende Mehrheit der türkischen Jugendlichen weit davon *entfernt*, durch gewalttätige Aktionen auf sich aufmerksam zu machen, während eine Minderheit öfters Gewalt gegen Sachen oder auch Personen ausübt. Daß diese Minderheit auch – je nach kalkulativem Legitimations*bedarf* – auf religiöse Positionen zurückgreift, kann nicht verwundern. Gleichzeitig zeigen unsere Berechnungen aber auch, daß es daneben eine Gewaltbereitschaft gibt, die gewissermaßen substantiell auf religiöse Legitimationsmuster zurückgreift, sich konsistent demgemäß auch organisatorisch durch einschlägige Vereine oder Parteien kanalisieren läßt und auch unabhängig von »allgemeinen« Gewalthandlungen der Jugendlichen existiert.

Obwohl die Zustimmungswerte zu den einzelnen Items der religiös fundierten Gewaltbereitschaft »nur« zwischen 23,2% (»Wenn jemand gegen den Islam kämpft, muß man ihn töten«) und 35,7% (»Wenn es der islamischen Gemeinschaft dient, bin ich bereit, mich mit körperlicher Gewalt gegen Ungläubige durchzusetzen«) liegen – bei den islamzentrierten Überlegenheitsansprüchen waren die Zustimmungswerte wesentlich höher –, weisen unsere Berechnungen dennoch auf einen überaus starken Zusammenhang zwischen einem islamzentrierten Überlegenheitsanspruch mit einer vorwiegend konservativ-traditionellen Sichtweise und einer religiös fundierten Gewaltbereitschaft hin.[5] Bezogen auf isla-

---

4 Zwei getrennt durchgeführte Varianzanalysen der Skala »Religiös fundierte Gewaltbereitschaft« mit a) dem Schultyp und b) der Berufs- und Bildungsaspiration erbrachten folgende statistisch relevanten Ergebnisse: a) Mean (Hauptschule = 2.31; Realschule = 2.09; Gymnasium = 1.56; Gesamtschule = 2.06; Berufsbildende Schule = 2.10); Eta = .27; Sig. < .01; b) Mean (niedrig = 2.29; mittel = 2.22; hoch = 1.82); Eta = .26; Sig. < .01.

5 Die Korrelation zwischen dem Faktor »Islamzentrierter Überlegenheitsanspruch« und der Skala »Religiös fundierte Gewaltbereitschaft« beträgt r = .51, ein Wert, der in sozialwissenschaftlichen Untersuchungen nicht oft anzutreffen ist.

misch-fundamentalistische Orientierungen bei türkischen Jugendlichen, bedeutet dieses Ergebnis, daß politisch und gewaltförmig unterfütterte religiöse Präferenzen ganz eng an umfassendere religiöse Überhöhungen gekoppelt sind.

Daraus ergeben sich zwei Interpretationsrichtungen. Zum einen kann Religion *motivierend* sein für die Entstehung von Gewaltbereitschaft. Dies desto mehr, je intensiver die eigenen Überlegenheitsansprüche etabliert sind, um so, meist durch Eliten instrumentalisiert, andere als Ungläubige abzuwerten. Zum anderen kann aber auch Gewaltbereitschaft, die sich etwa aus sozialen Quellen speist, zum Ausgangspunkt werden, um dann *legitimationsheischend* auf Religion zurückzugreifen.

Diese Unterscheidungen sind deshalb so wichtig, weil die Ausgangspunkte differieren. Im ersten Fall wäre es die Religion, im zweiten wären es etwa die individuellen und sozialen Problemlagen. Während bei religiösen Eliten eher die erste Variante gegeben sein kann, die ihre Positionen dann u. U. Jugendlichen vermitteln, indem sie diese an sich binden, ist bei Jugendlichen die zweite Variante dann anzunehmen, wenn sie in der Verarbeitung der eigenen Lebenssituationen nach subjektiven Begründungen für ihr Handeln suchen. Diese Legitimationen sind besonders notwendig, wenn es um Gewalt geht. Dementsprechend werden sie entweder individuell konstruiert oder aus den kulturellen Mustern herausgezogen, die als selbstverständlich gelten – und durch die der einzelne dann gewissermaßen »entlastet« wird. Auch wenn sich die Entstehungsbedingungen unterscheiden mögen, kann das Ergebnis in beiden Varianten identisch sein, weil sie im Extremfall auf die Gewalt gegen Ungläubige hinauslaufen können.

Das Resümee der Ergebnisse zu den beiden Orientierungsmustern des »islamischen Überlegenheitsanspruches« und der »religiös fundierten Gewaltbereitschaft« zeigt ein komplexes Verhältnis. Zwar ist schon auf die deutlichen Zusammenhänge zwischen den beiden Mustern hingewiesen worden. Daraus lassen sich aber *keine* Zwangsläufigkeiten ablesen. So ist das Orientierungsmuster des »islamischen Überlegenheitsanspruches« ambivalent. Es kann sowohl befriedend wirken – gewissermaßen als gedankliches Kompensat für erfahrene Unterlegenheit – als auch die Grundlage für Verschärfungen in Richtung auf die Verbindung mit religiös fundierter Gewaltbereitschaft bilden. Einen Indikator für die eher befriedende Rolle sehen wir darin, daß es Zusammenhänge der »islamischen Überlegenheitsansprüche« mit der Lebenszufriedenheit gibt. Dagegen finden sich diese Zusammenhänge mit der »religiös fundierten Gewaltbereitschaft« nicht. Aber auch die Lebenszufriedenheit, die mit islamischen Superioritätspostulaten einhergeht, bildet keine vollständige Gewähr für die Distanz gegenüber religiös fundierter Gewaltbereitschaft, denn die Lebenszufriedenheit wird z. T. durch »Überintegration« in die eigenethnische Gruppe erst hergestellt. Dieser Umstand eröffnet aber dann gerade islamisch-fundamentalistischen Gruppen erhebliche ideologische Zugriffschancen. Mit anderen Worten: Ob eine Akzeptanz religiös fundierter Gewaltbereitschaft entsteht, ist an weitere Bedingungen geknüpft, v. a. an organisatorische Einbindungen und Mobilisierungsressourcen.

2.4 Organisatorische Einbindungen: Milli Görüş[6] und »Graue Wölfe«

Da sowohl islamzentrierte Überlegenheitsansprüche als auch eine religiös fundierte Gewaltbereitschaft v. a. dann eine besondere Brisanz entwickeln, wenn sie mit Präferenzen für entsprechende Organisationen einhergehen, werfen wir im folgenden einen Blick auf die Bedeutung von Milli Görüş und den »Grauen Wölfen« für türkische Jugendliche in Deutschland. Ein nicht zu unterschätzendes Konfliktpotential liegt darin, daß in der Ausrichtung gerade auch bei diesen beiden Organisationen eine Verbindung von islamisch-fundamentalistischen Orientierungen und nationalistischen Positionen deutlich wird (vgl. auch nachfolgende Organisationsbeschreibung).

Milli Görüş und die »Grauen Wölfe« bzw. als Parteienpendants in der Türkei die Refah-Partei (RP) und die MHP bewegen sich strategisch und ideologisch auf politischen Feldern, die sich partiell überlappen und Übergänge aufweisen.[7] Während Milli Görüş (bzw. in der Türkei die Refah-Partei) eine überwiegend islamistische Politik mit nationalistischen Elementen betreibt, definiert sich

---

6 Zum Zeitpunkt der Erhebung unter der offiziellen Bezeichnung AMGT (Europäische Organisation der Nationalen Weltsicht) fungierend. Inzwischen ist nach einer internen Aufgliederung eine Umbenennung in IGMG (Islamische Gemeinschaft Milli Görüş) erfolgt.
7 Die folgende Darstellung basiert auf Hinweisen von Levent Tezcan, die sich auf türkische Veröffentlichungen von R. Cakir und T. Bora stützen.

die Politik der »Grauen Wölfe« (bzw. in der Türkei der MHP) in erster Linie über die Ideologie des türkischen Nationalismus, der wiederum die Religion des Islams konstitutiv zugeordnet ist. Islamisch-fundamentalistische und türkisch-nationalistische Orientierungen sind insofern keinesfalls als deckungsgleich anzusehen. Das tatsächliche politische Handeln beider Organisationen, nicht zuletzt in der konkreten Arbeit mit integrationshemmenden bzw. feindlichen Angeboten für türkische Jugendliche, läßt jedoch eine Nähe beider Orientierungsrichtungen vermuten.

Die Politik der MHP definiert sich über die Ideologie des türkischen Nationalismus. Sie schöpft ihre Motivation aus dem Reflex, daß die türkische Nation und ihr Staat von feindlichen Mächten umzingelt und in ihrer Existenz gefährdet seien. Es geht in erster Linie darum, die Einheit der Nation und den Erhalt des Staates zu gewährleisten. Seine historische Traditionslinie findet dieser Nationalismus in einer Kette von zentralasiatischen Stämmen über das osmanische Reich bis zum letzten türkischen Staat zur Republik Türkei. Die Betonung des Nationalen unterhält bei der MHP außerdem eine schwache, nicht immer politisch relevante Beziehung zur Verwestlichungs-/Modernisierungsbewegung, wodurch eine Artikulation des Laizismus gegen den Islamismus ermöglicht wird. Dies zeigt sich u. a. darin, daß der »Führer« Türkeş in jüngster Zeit immer stärker, unterstützt von der liberal-konservativen Presse, als Verteidiger des Kemalismus und der laizistischen Republik gegen die fundamentalistische Gefahr auftritt.

Neben dem Türkisch-Nationalen gehört zu den identitätskonstituierenden Elementen der MHP der Islam. In den siebziger Jahren, als der Kommunismus noch als der Hauptfeind galt, gegen den der Staat verteidigt werden mußte, wurde das Islamische als die Seele des Körpers, des Nationalen, besonders betont. Die Anstrengungen nationalistischer Intellektueller galten dem Projekt, eine türkisch-islamische Synthese zu erarbeiten. Die Verknüpfung des Türkisch-Nationalen mit dem Islamischen geht indes keineswegs konfliktfrei vonstatten, da sie in praktischen Diskursen erobert und etabliert werden muß, wo andere Kräfte ebenfalls um Macht und Hegemonie ringen wie z. B. die islamische RP. Immer wieder gerät das nationalistische Element mit dem islamischen in Konflikt. Das hängt von den (auch internationalen) politischen Entwicklungen und Kräfteverhältnissen im Lande ab. Außenpolitisch hält die MHP nichts von einem Zusammenschluß islamischer Staaten, da

Föderation der türkisch-demokratischen Idealistenvereine in Europa e. V. (ADÜTDF)

Die nationalistisch orientierte ADÜTDF ist bekannter unter dem Namen »*Graue Wölfe*«. Die »Türkische Föderation«, wie sie abgekürzt auch genannt wird, wurde 1978 in Frankfurt ins Leben gerufen. Sie steht organisatorisch und ideologisch auf der Traditionslinie der radikalen Variante des türkischen Nationalismus, die in der Türkei seit längerer Zeit durch die MHP (Partei nationalistischer Bewegung) unter der Führung von Alpaslan Türkeş vertreten wird. Der Föderation gehörten 1995, mit leichtem Anstieg im Vergleich zum Vorjahr, 6000 Mitglieder in Deutschland an. Während der nordrhein-westfälische Verfassungsschutz auch in seinem aktuellen Bericht die »Grauen Wölfe« als extremistische türkische Gruppierung führt (vgl. Innenministerium des Landes Nordrhein-Westfalen 1996, S. 253 ff.), erwähnt das Bundesamt für Verfassungsschutz in seinem jüngsten Bericht die ADÜTDF bemerkenswerterweise nicht.

Zu den Aktivitäten der »Grauen Wölfe« in der Bundesrepublik zählen neben zahlreichen sozialen und politischen Aktivitäten zur Sicherung und Stärkung der nationalen Identität der hier lebenden Türken (u. a. Gründung von Sportvereinen) und der Unterstützung der Mutterpartei MHP auch der Aufbau und Unterhalt von Moscheen. Darüber hinaus sind die »Grauen Wölfe« in vielen Ausländerbeiräten vertreten.

Die Ideologie der nationalistischen Bewegung besteht aus dem Zusammenhang von zwei Grundelementen: dem Islam und der türkischen Nation. Die Spannung zwischen der islamischen Identität und dem Nationalismus mündete vor einigen Jahren in der Abspaltung eines islamistisch-nationalistischen Flügels von der MHP und führte parallel dazu in Deutschland zur Entstehung der ATIB (Türkisch-Islamische Union in Europa), die bei der Synthese von Nationalismus und Islam dem Islam mehr Raum geben will.

Über die nationalistischen Ziele hinaus zeichnet sich entsprechend dem politischen Wandel in der Türkei auch bei den »Grauen Wölfen« eine verstärkte Verwendung des Islam in der ideologischen Orientierung ab. Imame für ihre Moscheen sind teilweise Beamte des türkischen Amtes für Religionsangelegenheiten, teilweise werden sie von der Organisation selbst getragen.

Der Terror, den die »Grauen Wölfe« in der Zeit vor dem Militärputsch von 1980 in der Türkei gegen den »Kommunismus«, eigentlich gegen jede Art der Linken, geführt hatten, hat sich inzwischen von der Straße entfernt und findet sich nun in eher verdeckten Formen beispielsweise in Gestalt von Sondereinheiten innerhalb der Sicherheitskräfte. Das äußerlich gewandelte Gesicht erweist sich auch für die »Grauen Wölfe« in Deutschland als durchaus nützlich. Die Organisation bleibt so offiziell innerhalb des gesetzlichen Rahmens und konzentriert ihre Arbeit in erster Linie auf die Ausdehnung ihres Einflusses unter den türkischen Migranten einerseits und die Unterstützung der MHP in der Türkei andererseits.

Vereinigung der Neuen Weltsicht in Europa e. V. (IGMG; Milli Görüş)

Die islamistische IGMG, bekannt als Milli Görüş, besteht seit 1985 in Deutschland; bis 1995 firmierte sie unter dem Namen AMGT. Sie ist aus der 1976 gegründeten *Türkischen Union Europas* hervorgegangen. Zu ihrer islamistisch orientierten Politik finden sich nach Schätzungen des Verfassungsschutzes etwa 26 200 Mitglieder in Deutschland zusammen (vgl. Bundesministerium des Innern 1996, S. 213). Der tatsächliche Mobilisierungsgrad von Milli Görüş aufgrund ihrer vielfältigen Aktivitäten und Angebote liegt allerdings wesentlich höher.

Die Hauptaktivitäten von Milli Görüş sind nicht zuletzt auf die Jugend ausgerichtet: Korankurse für Kinder und Jugendliche sowie Seminare zu unterschiedlichen aktuellen Themen gehören ebenso dazu wie beispielsweise Sport- oder Computerkurse. In Bergkamen betreibt die IGMG darüber hinaus eine Internats-Koranschule für Mädchen.

Weitere Aktivitäten der Organisation sind u. a. die Förderung von Moscheebauten in der Bundesrepublik, die Organisation von Pilgerfahrten nach Mekka sowie auch der Vertrieb von islam-gerechten Lebensmitteln durch eine verbandseigene Handelsgesellschaft. Auch die Arbeit in den Ausländerbeiräten wird als wichtiges Mittel betrachtet, die eigenen Ziele zur Geltung zu bringen. Bei ihren Unternehmungen betätigt sich die Organisation in der Regel verfassungskonform und versucht über den Rechtsweg und durch Dialoggespräche mit christlichen Kirchen Rechte für die Muslime geltend zu machen. So strebt sie auch die Anerkennung als Körperschaft des öffentlichen Rechts an.

Milli Görüş ist in engem Kontakt mit der türkischen islamistischen Wohlfahrtspartei (*Refah*), obwohl eine organisatorische Verbindung bestritten wird. Auf der inhaltlichen Ebene allerdings bekennt sich Milli Görüş zur Refah-Partisi. Die Organisation vertritt ein panislamistisches Modell, in dem u. a. der türkische Laizismus abgelehnt und ein islamischer Staat propagiert wird. Dementsprechend unterstützt sie das Ziel der Refah-Partisi, in der Türkei einen islamischen Staat zu gründen und das gesellschaftliche Leben strikt nach der Scharia zu reglementieren, sowohl finanziell als auch personell. So entsandte sie nach den letzten Wahlen (1995) ihren ehemaligen Europavorsitzenden und einen hohen Funktionär als Abgeordnete ins türkische Parlament.

Im Gegensatz zu den »Grauen Wölfen« wird die Milli Görüş vom Bundesamt für Verfassungsschutz in seinem aktuellen Bericht als »islamisch-extremistische türkische Gruppierung« geführt (vgl. Bundesministerium des Innern 1996, S. 18). Tatsächlich werden die weitreichenden politischen Absichten durch ein internes Arbeitspapier von Milli Görüş deutlich, in dem über die kulturellen und religiösen Aktivitäten hinaus insbesondere das Ziel darin gesehen wird, »weltweit die gerechte Ordnung an die Macht zu bringen«. Für den Verfassungsschutz ist das Fernziel von Milli Görüş »die weltweite Islamisierung im Sinne eines rückwärtsgewandten und doktrinären Islamverständnisses« (Bundesamt für Verfassungsschutz 1995, S. 12). An der generellen Zielsetzung der IGMG ändert wohl auch die Tatsache nichts, daß sie offiziell um gute Kontakte sowohl zu den anderen türkischen Organisationen in der Bundesrepublik als auch zu deutschen bzw. christlichen Institutionen bemüht ist.

die Türkei v. a. mit ihren islamischen Nachbarn große Probleme hat. Sie sucht ihre Partner eher in der türkischen Welt von Zentralasien. Sowohl die Kritik an der Verwestlichung/Modernisierung (»Imitation des Westens«) als auch die Verwestlichung (mit Bewahrung türkischer und islamischer Werte) als Ziel lassen sich hier finden, je nachdem, in welchem Gebiet die Partei agiert und gegen wen.

Die RP leitet ihre Genese aus einer politischen, geistigen Tradition ab, die lange Zeit aus dem politischen Feld der Republik ausgeschlossen war. Sie hat die streng islamische, politisch gesprochen: islamistische Linie wieder in der offiziellen Politik etabliert. Auch wenn bei ihr der Nationalismus nicht völlig verschwindet, spielt die konstitutive Rolle für ihre Identität der Islam. Sie strebt innenpolitisch einen islamischen Staat, außenpolitisch Bündnisse mit islamischen Ländern an, hervorgehend aus der geistigen Tradition der panislamistischen Bewegung. Diese ideologische Zielbestimmung wird aber nicht zuletzt wegen ihres pragmatischen Charakters und aufgrund des systemischen Druckes in der praktischen Politik verdünnt. Die Betonung der nationalen Identität wirkt sogar für das Ziel der RP, die Eintracht muslimischer Brüder (konkret gesprochen: von Kurden und Türken) zu wahren, überaus gefährlich. Die radikalere Haltung der RP bei der Frage der Verwestlichung, die sich v. a. in Lebensstilen demonstriert, befähigt sie auf der anderen Seite, die religiösen, konservativen Kreise anzusprechen, während hier die MHP wegen ihrer Eingebundenheit in das System und in die offizielle Ideologie der Modernisierung erhebliche Probleme bekommt.

Daß die politischen Kräfteverhältnisse im Herkunftsland Türkei auch ihren Niederschlag in den Präferenzen der zum großen Teil in Deutschland geborenen Jugendlichen finden, machen auch unsere Daten deutlich. 17,3% befürworteten vor der »historischen« Dezemberwahl 1995 einen stärkeren Einfluß der Refah-Partei, während 18,6% dies für die MHP guthießen.

Islamisch-fundamentalistische oder nationalistische Orientierungsmuster unter den in der Bundesrepublik lebenden und aufgewachsenen türkischen Jugendlichen sind also nicht losgelöst von den politischen Verhältnissen in der Türkei zu sehen. Deshalb kann das Potential der türkischen Jugendlichen, die sich von extremen islamisch-fundamentalistischen Positionen angezogen fühlen, auch an der Zustimmung zu den politischen Parteien des Her-

Abb. 2.4: Interessenvertretung durch Milli Görüş und »Graue Wölfe« (Angaben in Prozent)

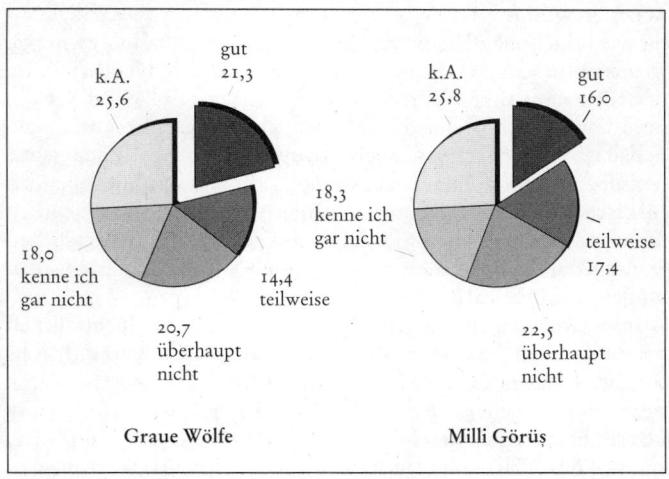

Frage: »Hier finden Sie nun Namen von verschiedenen Parteien und Organisationen. Sagen Sie uns bitte, ob diese Ihre Interessen gut, teilweise oder schlecht vertreten.« (Mehrfachnennungen waren möglich)

kunftslandes der Türkei abgelesen werden. Dem entspricht auch die Zustimmung von 38,3%, daß die türkische Politik sich nach islamischem Recht ausrichten müsse.

Läßt man einmal aufgrund der besonderen und an dieser Stelle nicht zu untersuchenden Situation die kurdischen Parteien außer acht, zeigt die Verteilung auf die vier großen Parteiblöcke eine Polarisierung der politischen Orientierungen der in Deutschland lebenden türkischen Jugendlichen. Dem rechtskonservativ-liberalen und sozialdemokratisch geprägten Lager auf der einen Seite steht – ideologisch gesehen – ein islamisch-fundamentalistisches und rechtsnationales Lager auf der anderen Seite gegenüber, deren Grenzen aber in den vielfältigen machtpolitischen Kalkulationen wieder verschwimmen. Ein bezeichnendes Beispiel dafür ist die im Juni 1996 ausgerufene Koalition von Refah und DYP der ehemaligen Ministerpräsidentin Çiller. Unsere Analysen zeigen nun, daß insbesondere Jugendliche, die mehr Einfluß der Refah-Partei in der Türkei wünschen, sich durch Milli Görüş, und daß Jugendliche, die die MHP stützen, sich ausnehmend gut durch die »Grauen Wölfe« vertreten fühlen. Ohne daß wir an dieser Stelle auf die vielschichtigen Verbindungslinien und Seilschaften zwischen islamisch-fundamentalistischen sowie nationalistischen Parteien in der Türkei und deren »Interessenvertretungen« und »Satelliten« in der Bundesrepublik eingehen können, macht dieses Ergebnis deutlich, daß neben einem erheblichen Ausmaß islamisch-fundamentalistischer Orientierungen bei den in der Bundesrepublik lebenden türkischen Jugendlichen auch ein Interesse an Organisationen zu bestehen scheint, dem wir im folgenden anhand der Interessenvertretung durch die »Grauen Wölfe« und Milli Görüş nachgehen wollen (vgl. Abb. 2.4).

Insgesamt gibt mehr als ein Drittel aller türkischen Jugendlichen bei einer möglichen *Auswahl* zwischen vier deutschen und sechs türkischen Organisationen, deren Spektrum von streng säkularen bis nationalistischen oder islamisch-fundamentalistischen Positionen reichen, an, sich in seinen Interessen sowohl durch Milli Görüş als auch durch die »Grauen Wölfe« gut oder teilweise vertreten zu fühlen. Nimmt man einmal nur den Anteil der Jugendlichen, der sich jeweils gut vertreten fühlt, dann drückt sich in den Zustimmungswerten ein hohes Maß an Übereinstimmung zwischen den Präferenzen der Jugendlichen für die türkischen Parteien RP und MHP und den entsprechenden Organisationen in der Bundesrepublik Deutschland aus.

Zunächst erweist sich, daß der Bekanntheitsgrad der »Grauen Wölfe« mit ihren ca. 180 (vgl. Karakasoglu 1995, S. 44) und der Milli Görüş mit 262 Vereinen (ebd.) unter den in der Bundesrepublik lebenden türkischen Jugendlichen sehr hoch zu sein scheint. Aber auch DITIB[8] (740 Vereine) – und mit einigen Abstrichen TIKDB[9] – weisen eine erhebliche Akzeptanz bei den Jugendlichen auf.

Da wir im folgenden auf die Frage nach der Attraktivität von islamisch-fundamentalistischen Organisationen und extrem nationalistischen Gruppen mit religiösen Instrumentalisierungen für die in Deutschland lebenden türkischen Jugendlichen den Versuch einer ersten Antwort wagen wollen, wird sich die folgende Analyse auf Milli Görüş und die »Grauen Wölfe« konzentrieren. Betrach-

8 Türkisch-islamische Union der Anstalt für Religion.
9 Union der türkisch-islamischen Vereine.

Tab. 2.7: Interessenvertretung durch die »Grauen Wölfe« nach soziodemographischen Merkmalen (Angaben in Prozent*)

	vertritt meine Interessen			kenne ich gar nicht
	gut	teilweise	überhaupt nicht	
Insgesamt (n = 909)	28,6	19,4	27,8	24,2
Alter				
15-17 Jahre	28,4	20,5	24,5	26,6
18-21 Jahre	29,6	15,9	36,9	17,6
Geschlecht				
männlich	35,4	21,3	24,9	18,4
weiblich	19,8	16,8	31,7	31,7
Schultyp				
Hauptschule	31,3	20,1	22,7	25,9
Realschule	27,3	18,2	25,8	28,8
Gymnasium	23,1	15,7	35,2	25,9
Gesamtschule	22,9	18,5	36,1	22,4
Berufsbild. Schule	33,5	21,4	24,7	20,3
Bildungs- und Berufsaspiration				
niedrig	32,1	18,2	24,8	24,8
mittel	31,5	20,2	25,6	22,7
hoch	21,9	19,0	33,1	26,0

* Fehlende Werte sind aus den Berechnungen ausgeschlossen.

ten wir vorderhand diese relativ starke Interessenvertretung und fragen danach, ob und inwieweit diese nach soziodemographischen Merkmalen variiert (vgl. Tab. 2.7).

Den Angaben zufolge ist die Organisation der »Grauen Wölfe« (ADÜTDF) jüngeren und weiblichen Jugendlichen weniger bekannt als allen anderen Jugendlichen. Darüber hinaus wird deutlich, daß männliche sich wesentlich eher als weibliche Jugendliche durch die »Grauen Wölfe« gut vertreten fühlen. Bezogen auf die Bildungs- und Berufsaspiration, stellt sich die Interessenvertretung so dar, daß sich Jugendliche mit hohem Aspirationsniveau durch die »Grauen Wölfe« deutlich schlechter repräsentiert fühlen als ihre Altersgenossen mit mittlerem oder niedrigerem Aspirationsniveau. Ein ähnliches Bild zeigt auch die Differenzierung nach Schulformen. Haupt- und Berufsschüler- und -schülerinnen fühlen sich in ihren Interessen durch die »Grauen Wölfe« eher vertreten als Schüler und Schülerinnen an Gymnasien oder Gesamtschulen.

Ein Blickwechsel auf Milli Görüş bekundet eine relativ hohe Attraktivität auch dieser Organisation. Durch die »Vereinigung der neuen Weltsicht« fühlt sich mehr als ein Drittel gut oder zumindest teilweise vertreten (vgl. Abb. 2.4).

Ähnlich wie bei der Interessenvertretung durch die »Grauen Wölfe« zeigt die Aufschlüsselung nach soziodemographischen Merkmalen (vgl. Tab. 2.8), daß die Milli Görüş jüngeren Jugendlichen und Mädchen weniger bekannt ist. Hinsichtlich der Präferenz der Schüler und Schülerinnen für Milli Görüş läßt sich gegenüber den »Grauen Wölfen« ein ähnliches Bild zeichnen. Gegenüber allen anderen Schulformen setzten sich hier v. a. die Schüler und Schülerinnen der Gymnasien ab; diese fühlen sich in ihren Interessen durch Milli Görüş am wenigsten vertreten.

Es schält sich damit ein deutliches Muster heraus: Je schlechter türkische Jugendliche ihre Zukunftschancen qua Bildungs- und Berufsaspiration einschätzen, desto eher sehen sie ihre Interessen durch Milli Görüş vertreten. Dies ist u. E. ein zentraler Hinweis darauf, daß die Anfälligkeit Jugendlicher für extreme nationalistische bzw. religiös-fundamentalistische Organisationen dann besonders hoch zu sein scheint, wenn sie für sich persönlich in der Mehrheitsgesellschaft deutlich schlechtere Bildungs- und Berufspositionen und damit allgemein schlechtere Zukunftschancen antizipieren.[10] Angesichts der sich verschlechternden Arbeitsmarktsituation gerade auch für Personen mit niedriger Bildungsqualifikation (zumal in den großen Städten mit ihrem abnehmenden produzierenden Gewerbe) bildet dies vor dem Hintergrund zusätzlicher Diskriminierungserfahrungen keine erfreuliche Perspektive.

Daß gerade Organisationen wie Milli Görüş oder die »Grauen

---

10 Zur enormen und v.a. in den letzten Jahrzehnten gestiegenen Bedeutung von Bildung und Ausbildung zur gesellschaftlichen Teilhabe siehe u.a. Schröder 1995, S. 75 ff.

	vertritt meine Interessen			kenne ich gar nicht
	gut	teilweise	überhaupt nicht	
Insgesamt (n = 906)	21,5	23,5	30,4	24,6
Alter				
15-17 Jahre	23,6	22,6	27,3	26,6
18-21 Jahre	15,7	26,6	38,4	19,2
Geschlecht				
männlich	22,9	25,4	30,1	21,5
weiblich	19,7	21,0	30,6	28,6
Schultyp				
Hauptschule	25,4	21,6	27,7	25,4
Realschule	11,6	24,6	30,4	33,3
Gymnasium	9,1	20,9	45,5	24,5
Gesamtschule	22,6	23,1	31,2	23,1
Berufsbild. Schule	24,3	28,6	25,4	21,6
Bildungs- und Berufsaspiration				
niedrig	24,4	24,0	23,7	27,9
mittel	19,1	25,5	32,4	23,0
hoch	16,3	22,4	37,1	24,3

* Fehlende Werte sind aus den Berechnungen ausgeschlossen.

Wölfe« bei den Jugendlichen starken Anklang finden, ist ohne
Zweifel ein weiterer Hinweis auf die Hinwendungsbereitschaft
türkischer Jugendlicher zu islamisch-fundamentalistischen Orientierungen, ohne daß bisher klar ist, wie stabil oder labil diese sind.
Wir haben gesehen, daß nicht nur Einstellungen, die vorwiegend
auf ein religiös-traditionelles Überlegenheitsverständnis des Islams abzielen, sondern auch jene, die ein hohes Maß an Gewaltbereitschaft signalisieren, eine nicht unerhebliche Verbreitung
unter den befragten Jugendlichen haben. Besonders herauszuhe-

ben ist zudem noch, daß – ganz im Einklang mit der Annahme von der türkisch-islamischen »Synthese« – die Jugendlichen, die den »Grauen Wölfen« zuneigen, auch über eine deutlich höhere nationalistisch fundierte Gewaltbereitschaft[11] (vgl. Kommentare Nr. 13) verfügen als jene Jugendlichen, die sich von dieser Organisation nur teilweise oder nicht vertreten fühlen. Bei den Jugendlichen, die mit Milli Görüş sympathisieren, ist dieser nationalistische Zusammenhang auch vorhanden, aber weniger ausgeprägt. Bei all diesen Indikatoren zeigt sich insgesamt, daß dabei alters- und geschlechtsspezifische Unterschiede eine nur untergeordnete Rolle spielen, die aktuelle Positionierung im Bildungswesen sowie das eigene Aspirationsniveau insgesamt dagegen von großer Bedeutung sind.

Angebotsstrukturen

Bevor wir uns anschließend einer möglichen Klärung der Ursachen islamisch-fundamentalistischer Orientierungen und Organisationspräferenzen anhand individueller und gesellschaftlicher Problemkonstellationen nähern, werden wir an dieser Stelle zunächst untersuchen, inwieweit die Einschätzung einer starken Interessenvertretung auch bestimmt wird über *Angebotsstrukturen* islamisch-fundamentalistischer Organisationen in der unmittelbaren und erreichbaren Umgebung der Jugendlichen. Die Wahrnehmung solcher Angebote z. B. im Freizeitbereich ist, so unsere These, u. a. darauf zurückzuführen, daß den in der Bundesrepublik Deutschland lebenden Jugendlichen türkischer Herkunft solche Angebotsstrukturen seitens der Mehrheitsgesellschaft nicht in ausreichendem Maße zur Verfügung stehen, die neben einer Integration in die »deutsche« Gesellschaft weitreichende identitätssichernde kulturelle Vielfalt ermöglichen.

Die relativ hohe Zustimmungsrate zur Interessenvertretung durch die »Grauen Wölfe« und die Milli Görüş geht jedoch nicht nur mit ideologischen Übereinstimmungen einher, sondern hängt vielmehr mit der faktischen Präsenz im räumlichen Nahbereich zusammen. Deutlich mehr als die Hälfte aller Jugendlichen gibt an, daß sich mindestens einer der obengenannten Vereine in der Nähe ihres Wohn-, Schul- oder Arbeitsplatzes befindet. Die Einrichtun-

---

11 Insgesamt zeigte sich bei den Items V297 bis V300 eine Zustimmung zwischen 32,8% und 49,5%.

gen der Milli Görüş und der »Grauen Wölfe« im räumlichen Nahbereich nehmen dabei Spitzenpositionen ein.

Gleichzeitig haben wir die Jugendlichen danach gefragt, wie regelmäßig sie Kontakt zu türkischen oder islamischen Vereinen haben und, wenn ja, welchen Aktivitäten sie dort nachgehen. Von den 1 221 befragten Jugendlichen hatten 26,5% regelmäßig Kontakt zu türkischen oder islamischen Vereinen, während 43% manchmal und 28,4% nie Kontakt hatten. 2,1% machten keine Angabe. Fußball scheint im übrigen genauso wichtig zu sein wie religiöse Diskussionen bzw. Unterweisungen.

Dabei zeigt sich, daß die Kontakthäufigkeit zu türkischen oder islamischen Vereinen mit einer positiven Wahrnehmung der Interessenvertretung durch die »Grauen Wölfe« oder Milli Görüş zusammenhängt. Mehr noch. Falls sich solche Einrichtungen in räumlicher Nähe befinden, fühlen sich Jugendliche auch zu einem bedeutend höheren Prozentsatz von diesen Gruppierungen gut oder teilweise in ihren Interessen vertreten. Die Auswertungen lassen erkennen, daß mit der Präsenz von Einrichtungen der »Grauen Wölfe« oder Milli Görüş in unmittelbarer räumlicher Nähe islamzentrierte Überlegenheitsansprüche deutlicher ausfallen und auch der Einsatz von Gewalt zur Durchsetzung islamischer Interessen eher befürwortet wird.

Wenn, und darauf deuten die von uns erhobenen Daten unzweifelhaft hin, ein signifikanter Zusammenhang zwischen der Interessenvertretung durch die »Grauen Wölfe« oder Milli Görüş und islamisch-fundamentalistischen Einstellungsmustern besteht, seien sie nun religiös-traditionell oder auch radikal politisch überhöht, und gleichzeitig islamisch-fundamentalistische oder nationalistische Organisationen die von der Mehrheitsgesellschaft selbst eröffnete »Versorgungslücke« der *Anerkennung* wie der Chancen eigenständiger Lebensplanung für türkische Jugendliche schließen können, dann potenziert sich auch das Risiko islamisch-fundamentalistischer Einstellungen aufgrund fehlgeschlagener Integration bzw. einsetzender Desintegration. Die Distanz der Jugendlichen zum politischen und sozialen System der Bundesrepublik Deutschland, die in der beschriebenen Hinwendungsbereitschaft zu den entsprechenden Organisationen ihren Niederschlag findet, ist somit auch eine Reaktion auf unzureichende Integrationsbemühungen der Mehrheitsgesellschaft.

Die bisher präsentierten empirischen Ergebnisse zeigen erstens eine breite Verankerung *persönlicher Religiosität in der muslimischen Gemeinschaft*; zweitens einen erheblichen Umfang *islamzentrierter Überlegenheitsansprüche* und drittens ein kleineres Potential, in dem unterschiedlich akzentuierte *Gewaltbereitschaft* auftritt (vgl. Abb. 2.5).

Derzeit können wir zwar das empirisch festgestellte unterschiedliche Volumen der – in sich wieder komplexen – drei Kategorien angeben, aber noch nicht die internen Differenzierungen. Das wird durch anschließende Forschungen zu klären sein.[12]

Welche Bedeutung und Interpretation diese Ergebnisse im wissenschaftlichen wie öffentlich-politischen Terrain erfahren, hängt von den jeweiligen Analysekonzepten ab, d. h. davon, inwieweit u. a. (jugendtypisch zugespitzte) *kulturelle, politisch-institutionelle* und *gesellschaftsanalytische* Bestandteile gesondert oder im Zusammenhang untersucht werden.

Die Betrachtung der Ergebnisse als jugendtypisch zugespitzte kulturelle Ausdrucksform sieht diese Ergebnisse »nur« als Folge vorübergehender Phantasien von Schicksalsgemeinschaften. Diese Interpretation betont die Zeit- und Biographieabhängigkeit. Die benannten Orientierungen könnten demgemäß als »Übergangsphänomene« gedeutet werden wie andere jugendtypisch zugespitzte kulturelle Aufwallungen auch. Mithin würde gelassenes Abwarten schon die »Lösung« darstellen.

Diese Interpretation ist politisch äußerst angenehm sowohl für Konservative wie für multikulturalistisch Gestimmte, zumal dann, wenn sie auf der Oberfläche der Orientierungen verbleiben und zwei weitere Teile dieser Studie, nämlich die politisch-institutionellen und die gesellschaftstheoretisch fundierten Ergebnisse, nicht zur Kenntnis nehmen.

Deshalb wird hier auch gegen diese jugendspezifische Verkürzung eine empirisch gestützte Stellung bezogen. Denn nimmt man die politisch-institutionelle Fragestellung hinzu, verändert sich die Einschätzung der empirischen Ergebnisse zu den Orientierungsmustern. Dies liegt darin begründet, daß dadurch die Annahme vom Episodalen reduziert und die Dauerhaftigkeit durch

---

12 Dazu sind weitere quantitative Forschungen u. a. mit Clusteranalysen notwendig, um Gruppen zu identifizieren.

Abb. 2.5: Untersuchungsdimensionen und ihre quantitative Verteilung (Angaben in Prozent*)

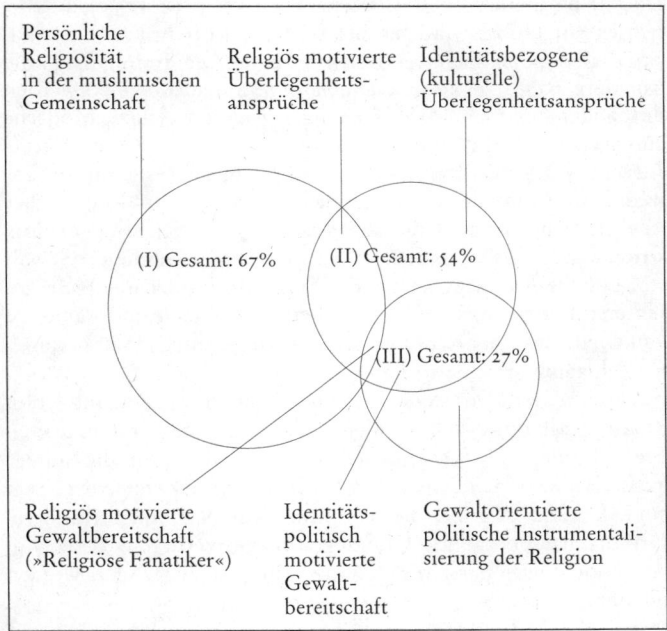

Persönliche Religiosität in der muslimischen Gemeinschaft

Religiös motivierte Überlegenheitsansprüche

Identitätsbezogene (kulturelle) Überlegenheitsansprüche

(I) Gesamt: 67%

(II) Gesamt: 54%

(III) Gesamt: 27%

Religiös motivierte Gewaltbereitschaft (»Religiöse Fanatiker«)

Identitätspolitisch motivierte Gewaltbereitschaft

Gewaltorientierte politische Instrumentalisierung der Religion

* Bezugsgröße ist die Gesamtstichprobe

eben die institutionelle Vernetzung betont wird. Damit würde die These plausibel, daß es sich eher um ein langfristiges Problem handelt, zumal sich die jugendspezifisch-kulturelle und politisch-institutionelle Annahme nicht alternativ gegenüberstehen, sondern einander ergänzen. Dies entsteht dadurch, daß sich Präsentations- und Zuspitzungsattitüden über »Stärke« von Jugendlichen mit instrumentalistischen Machtinteressen entsprechender Vereine und Organisationen verbinden. Insofern gibt es wechselseitige »Abhängigkeiten«. Die Institutionen liefern ideologische wie sozialräumliche Angebote; die Jugendlichen bieten Resonanz und Zustimmungen – folglich gute Voraussetzungen für Ausbreitungen und zur Festigung der Institutionen sowie ihrer *politischen* Bedeutung. Diese Zusammenhänge zeigen, wie aus einer möglicherweise nur (jugend-)kulturellen eine politische Problemstellung wird. Da die hier benannten Organisationen zwar in Verfassungsschutzberichten aufgeführt werden, aber bisher bei öffentlichen Gewaltaktivitäten noch nicht in Erscheinung getreten sind, liegt die Annahme nahe, daß sie eine Doppelfunktion ausüben. So werden durch ideologische »Aufheizungen« gegen die westliche Moderne etc. auch Gewaltbereitschaften erzeugt. Diese sichern eine hohe Identifikation mit der Organisation, die gleichzeitig aber in der fremden Gesellschaft ein Interesse an rechtlicher und politischer Anerkennung hat und deshalb staatstragende Seriosität demonstrieren muß. Dabei ist aber öffentlich sichtbar werdende Gewalt störend. Deshalb liegt ein weiteres Interesse darin, das aufgeheizte Unterstützungspotential entsprechend zu binden und damit zu lenken, um so v. a. politischen Einfluß zu gewinnen: Stärke durch Gewaltlatenz und »Seriosität«.

Welche Ursachen diese Zusammenhänge erzeugen, muß nun im folgenden untersucht werden. Damit kommen wir zum dritten Element, den gesellschaftlichen Entwicklungen, in die immer auch die individuellen und sozialen Lebenssituationen eingebettet sind. Leitend ist dabei die im Theoriekapitel schon formulierte Grundannahme, daß v. a. Desintegrationsprozesse bzw. deren Antizipation maßgeblich für die Erklärung herangezogen werden müssen.

3. Ursachenzusammenhänge

3.1 Individuelle und soziale Problemlagen

Nachdem wir das Ausmaß islamisch-fundamentalistischer Orientierungen unter türkischen Jugendlichen im Zusammenhang mit einer Interessenvertretung durch extremistische Organisationen wie die »Grauen Wölfe« oder Milli Görüş dargestellt haben, wollen wir nun islamisch-fundamentalistische Orientierungsmuster und Organisationspräferenzen vor dem Hintergrund der bereits diskutierten Lebenssituation der Jugendlichen untersuchen. Dazu werden wir in der Analyse zunächst die Familienorientierung und den (Erziehungs-)Traditionalismus berücksichtigen (vgl. Kap. III. 3.1.1), anschließend auf die kulturellen Probleme und ethnischen Identifikationen der türkischen Jugendlichen rekurrieren (vgl. Kap. III. 3.1.2), danach die Bedeutung der schulischen Qualifikation und des Statuszugewinns aufzeigen (vgl. Kap. III. 3.1.3) und zum Abschluß der individuellen und sozialen Verortung von Ursachenzusammenhängen die verschiedenen Aspekte von Diskriminierungserfahrungen und den Rückzug in die eigenethnische Gruppe berücksichtigen (vgl. Kap. III. 3.1.4).

3.1.1 Familienorientierung und (Erziehungs-)Traditionalismus

Die soziale Integration türkischer Familien in die Aufnahmegesellschaft wird in der Regel im Lichte einer positiven Entwicklung zu immer weiteren interethnischen Beziehungen gesehen. Nauck/Kohlmann (1996) zeichnen aufgrund ihrer empirischen Analyse ein anderes Bild. Danach zeigt sich, daß der Anteil der eigenethnischen Beziehungen bei den Eltern mit denen der Kinder korrespondiert. Das Kontaktverhalten der Kinder wird durch das religiöse Milieu im Elternhaus bestimmt (ebd., S. 22). Je mehr sie sich der Aufnahmegesellschaft öffnen, desto größer wird auch der Anteil der interethnischen Kontakte bei den Kindern. Zusammenfassend zeigen Nauck/Kohlmann ein pointiertes Ergebnis:

»Sowohl in der Eltern- als auch der Kindergeneration liegt eine extrem starke Konzentration der Sozialkontakte auf die eigene Ethnie vor« (ebd., S. 25).«

Dieses Ergebnis beruht im wesentlichen darauf, daß nur engere Sozialbeziehungen berücksichtigt wurden. Wie wir bereits festgestellt hatten, scheint das familiale Klima türkischer Familien in der Bundesrepublik Deutschland auf den ersten Blick außerordentlich gut zu sein. Gleichzeitig muß darauf hingewiesen werden, daß diese Ergebnisse durch die zumindest »öffentlich« sakrosankte Stellung der Eltern gewissermaßen traditional überformt sind. Vor diesem Hintergrund bekunden die Jugendlichen insgesamt ein gutes emotionales Verhältnis zur Mutter und zum Vater. Insofern zeichnen sich die Familien durch ein sehr hohes Bindungspotential aus. Gleichzeitig wird aber auch in türkischen Familien gestritten, finden Auseinandersetzungen zwischen Jugendlichen und ihren Eltern auf den unterschiedlichsten Feldern jugendkultureller Interessen statt. Wir haben gesehen, daß das innerfamiliale Konfliktpotential dann besonders hoch zu sein scheint, wenn Eltern die *kulturelle Differenz* betonen. Die Jugendlichen scheinen dann in einen Konflikt mit den an sie herangetragenen Normen und Werten der Mehrheitsgesellschaft und den Erwartungen der Eltern hinsichtlich der Wahrung einer eigenständigen türkischen bzw. islamischen Identität zu geraten, der auch innerhalb der Familie ausgetragen wird. Das gleiche gilt für die Anforderungen, die seitens der türkischen Gemeinde an die Jugendlichen gestellt werden. Je deutlicher die Jugendlichen eine Diskrepanz zu den sich ihnen in Deutschland bietenden Freiräumen empfinden, desto eher schlägt sich dieser Zwiespalt auch in Auseinandersetzungen mit den Eltern nieder, da die Ansprüche der türkischen Gemeinde und die Erwartungen der Eltern in vielen Fällen – z. B. in bezug auf eine Lebensführung, die die religiösen Grundsätze des Islams oder die traditionellen Verhaltensweisen der Herkunftsgesellschaft berücksichtigt – identisch sind.

Problematische und konfliktträchtige Familienverhältnisse tangieren aber auch in nicht unerheblichem Ausmaß die sich noch in der Entwicklung befindende Persönlichkeit der Jugendlichen, sind prägend bei der Herausbildung von Identität. Wir haben bereits festgestellt, daß bei türkischen Jugendlichen Unsicherheit in Form von Angst und Selbstzweifeln in einem relativ hohen Maße existiert und daß diese Form der Unsicherheit wesentlich verantwortlich ist für ein geringes Selbstwertgefühl bei einer Teilgruppe der Jugendlichen. Sind in türkischen Familien Konflikte nun überproportional vorhanden, dann trägt dies mit zu einer Steigerung der Unsicherheit in Form verstärkter Angst oder vermehrter Selbstzweifel und entsprechend zu einem geringeren Selbstwertgefühl ($r = -.27$) der Jugendlichen bei.

Ein überproportionales Ausmaß konflikthafter Auseinandersetzungen mit den Eltern ist für uns ein Indikator, der auf Probleme und Spannungen in der Familie hinweist, die über das »normale« Maß z. B. generationsspezifischer Konflikte hinausreichen. Dies trifft insbesondere auf Auseinandersetzungen über religiöse Fragen zu.

Wenn wir nun danach fragen, ob Probleme in der Herkunftsfamilie zwischen den Jugendlichen und ihren Eltern oder ein geringes Selbstwertgefühl der Jugendlichen mitverantwortlich sind für islamisch-fundamentalistische Orientierungen in Form religiös fundierter Gewalt oder ob diese familiären oder persön-

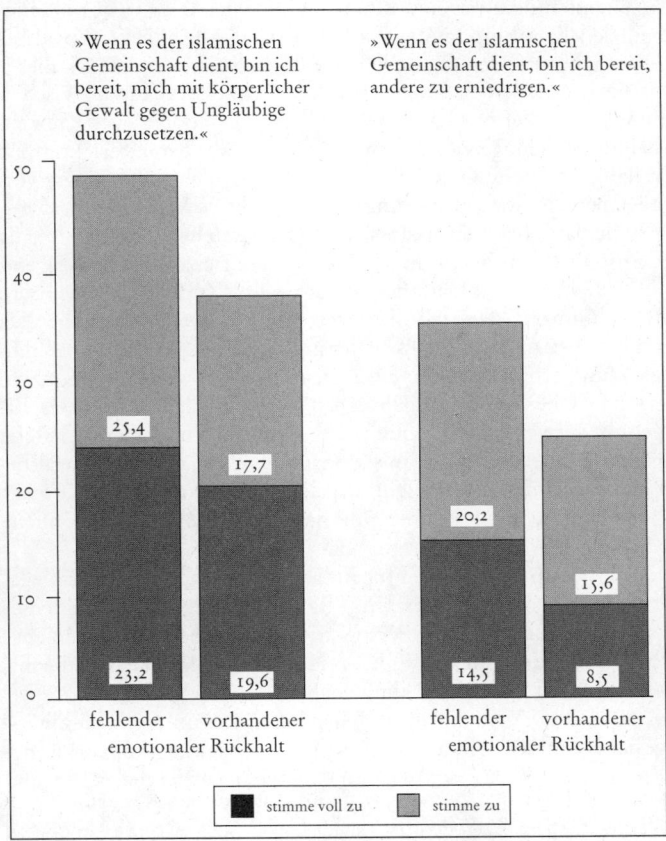

Abb. 3.1: Emotionaler Rückhalt durch die Familie und religiös fundierte Gewaltbereitschaft (Angaben in Prozent*)

»Wenn es der islamischen Gemeinschaft dient, bin ich bereit, mich mit körperlicher Gewalt gegen Ungläubige durchzusetzen.«

»Wenn es der islamischen Gemeinschaft dient, bin ich bereit, andere zu erniedrigen.«

25,4
17,7
20,2
15,6
23,2
19,6
14,5
8,5

fehlender emotionaler Rückhalt vorhandener emotionaler Rückhalt

fehlender emotionaler Rückhalt vorhandener emotionaler Rückhalt

■ stimme voll zu   ▨ stimme zu

* Fehlende Werte sind aus den Berechnungen ausgeschlossen.

lichen Probleme in andere Formen desintegrativer Verhaltensmuster, z.B. allgemeine Gewalthandlungen, münden, zeigt sich folgendes: sowohl ein hohes familiales Konfliktpotential als auch ein geringes Selbstwertgefühl der Jugendlichen tragen mit dazu bei, das allgemeine Gewalthandeln zu erhöhen und eine religiös fundierte Gewaltbereitschaft zu stärken).[1] Dabei bleibt auch unter Berücksichtigung des Zusammenhanges von »Selbstwert« und »Religiös fundierter Gewaltbereitschaft« der Einfluß des innerfamilialen Konfliktpotentials auf eine religiös fundierte Gewaltbereitschaft unter den Jugendlichen weitgehend konstant.[2] An dieser Stelle muß außerdem noch einmal die deutliche Affinität zwischen religiös fundierter Gewaltbereitschaft und tatsächlichen Gewalthandlungen hingewiesen werden (r = .35). Wie bereits erläutert, ist religiös fundierte Gewaltbereitschaft zwar nicht unabhängig von allgemeinen Gewalthandlungen als subjektive Verarbeitungsform problematischer Lebenssituationen zu verstehen, darüber hinaus existiert jedoch eine Form von Gewaltbereitschaft, die vorwiegend auf religiöse Legitimationen zurückgreift. Zudem zeigen unsere Berechnungen, daß sowohl selbst erlebte Gewalterfahrungen als auch selbst angewandte Gewalthandlungen stärker mit einer religiös fundierten Gewaltbereitschaft als beispielsweise mit islamzentrierten Überlegenheitsansprüchen zusammenhängen. Dieses Ergebnis verweist auch darauf, daß islamisch-fundamentalistische Orientierungen und Organisationspräferenzen, die mit Gewaltbereitschaft einhergehen, nicht losgelöst von dem sozialen Kontext betrachtet werden können, in dem familiale und persönliche »Schieflagen« auftreten (vgl. Abb. 3.1).

Fehlt beispielsweise den Jugendlichen der emotionale Rückhalt[3] durch die Familie, was tendenziell mehr auf Jugendliche mit einer schlechteren beruflichen Perspektive zutrifft, neigen sie auch eher zu religiös fundierter Gewaltbereitschaft als Gleichaltrige, die diesen Rückhalt durch die Familie haben.

Auch wenn man davon ausgehen kann, daß unter Plausibilitätsgesichtspunkten der traditionsgeprägte Erziehungsstil türkischer Eltern mit seinen (nach wie vor) autoritär-patriarchalischen und

---

1 Die Korrelation der Skala »Religiös fundierte Gewaltbereitschaft« mit der Skala »innerfamiliales Konfliktpotential« beträgt r = .16, die mit der Skala »Selbstwert« r = −.18.

2 Wird der Einfluß der Variable »Selbstwert« mit Hilfe einer partiellen Korrelation »herausgefiltert«, bleibt ein signifikanter Zusammenhang zwischen den Variablen »Religiös fundierte Gewaltbereitschaft« und »Innerfamiliales Konfliktpotential« von r = .13.

3 Der emotionale Rückhalt durch die Familie ist operationalisiert über die Zustimmungen (»trifft zu«/»trifft ganz genau zu«) zu dem Item »In meiner Familie kann ich mich auf die anderen immer verlassen«, der fehlende emotionale Rückhalt entsprechend über die Ablehnungen (»trifft nicht zu«/»trifft gar nicht zu«).

auf traditionale Geschlechterrollen ausgerichteten Verhaltensweisen von den Jugendlichen selbst als unangemessen zur Förderung
der eigenen Handlungskompetenz in einer modernen Gesellschaft
wie der Bundesrepublik Deutschland angesehen wird (vgl. Arnold-Rösner 1986, S. 40 ff.), ist es – wie wir gesehen haben – um so
erstaunlicher, daß nicht nur fast zwei Drittel der Jugendlichen sich
am Erziehungsstil der Eltern orientieren, sondern daß sie auch
selbst stark auf autoritär-patriarchalisch und geschlechtsspezifisch
ausgerichtete Normen und Werte rekürrieren. Für eine Analyse
der Ursachen islamisch-fundamentalistischer Orientierungen hinsichtlich der familialen Voraussetzungen ist dieses Ergebnis deshalb von Bedeutung, da Jugendliche, die sich an den Erziehungsvorstellungen der Eltern sowohl auf der formalen (Modus der
Kulturweitergabe) als auch auf der inhaltlichen Ebene (Werte, Erziehungsziele) ausrichten, d.h. eher die »alten« Werte wie Ordentlichkeit, Fleiß und Gehorsam präferieren und sich damit deutlich
von deutschen Altersgleichen unterscheiden, eher islamzentrierte
Überlegenheitsansprüche oder religiös fundierte Gewaltbereitschaft aufweisen als die türkischen Jugendlichen insgesamt.[4] Ganz
anders diejenigen, die dem Erziehungsstil ihrer Eltern eher ab-
lehnend gegenüberstehen oder mit den eher freiheitlichen Werten
der Kindererziehung wie beispielsweise Selbständigkeit und Unabhängigkeit dem »Wertehimmel« deutscher Jugendlicher näher
sind. Diese Jugendlichen weisen deutlich geringere islamzentrierte
Überlegenheitsansprüche oder religiös fundierte Gewaltbereitschaft auf.[5] Türkische Jugendliche, die sich in einer demokratischen
und eher liberale Erziehungsziele präferierenden Gesellschaft an
den in der Tendenz eher traditionalen Erziehungsvorstellungen
der eigenen Eltern orientieren, sind nicht per se als überlegenheits-
zentrierte und gewaltbereite islamische Fundamentalisten anzusehen. Die aufgezeigten Zusammenhänge deuten aber darauf hin, daß
ein Festhalten an in dieser Gesellschaft längst brüchig gewordenen
rigiden Norm- und Wertvorstellungen wenig hilfreich für den

4 Die Korrelation zwischen der Variable »Übereinstimmung mit dem elterlichen
  Erziehungsstil« (VI15) und dem Faktor »Islamzentrierter Überlegenheitsanspruch« (FORI1) beträgt r = –.31, die mit der Skala »Religiös fundierte Gewaltbereitschaft« (SRELGEW) r = –.22. Die Korrelation zwischen der Skala »›Alte‹
  Erziehungswerte« (SWERTE2) und FORI1 beträgt r = .17, die mit SRELGEW
  r = .07.
5 Die Korrelation zwischen der Skala »›Neue‹ Erziehungswerte« (SWERTE1) und
  FORI1 beträgt r = –.20, die mit SRELGEW r = –.26.

Prozeß der Integration in die Gesellschaft zu sein scheint. Dieses Ergebnis deckt sich mit Untersuchungen bei deutschen Jugendlichen. Jene, die einem besonders rigiden Normverständnis den Vorzug gaben, wiesen auch die größte Gewaltbereitschaft auf (vgl. Heitmeyer u. a. 1995/³1997).

3.1.2 Kulturelle Probleme und ethnische Identifikationen

Die Kennzeichen von Integration oder Desintegration gehen über das scheinbar Sichtbare täglicher Verhaltensmuster hinaus; sie liegen tiefer. Wir haben die unterschiedlichen ethnisch-kulturellen Identifikationsmöglichkeiten türkischer Jugendlicher im Zusammenhang der sozialen Zugehörigkeiten bereits aufgezeigt und gesehen, daß die ethnisch-kulturelle Identifikation türkischer Jugendlicher in der Bundesrepublik Deutschland auch noch bei der dritten Generation sowohl auf der personalen als auch auf der nationalen und religiösen Ebene außerordentlich stark ist. Wir werden an dieser Stelle nun klären, inwieweit die Identifikationsmöglichkeiten und -angebote die Präferenz für islamisch-fundamentalistische Orientierungen stützen. Gleichzeitig müssen wir vor dem Hintergrund der These vom Kulturkonflikt aber auch untersuchen, ob bei den Jugendlichen eine Werte- und Normenpluralität vorhanden ist und ob dies belastend zur Diffusion führt, so daß auf islamisch-fundamentalistische Orientierungsmuster zurückgegriffen wird, um dadurch neue »Klärung« und Gewißheit zu erhalten. Bevor wir die Ergebnisse zur ethnisch-kulturellen Identifikation auf der personalen, nationalen und religiösen Ebene aufgreifen und sie in Beziehung zu islamzentrierten Überlegenheitsansprüchen und religiös fundierter Gewaltbereitschaft setzen, werden wir deshalb zunächst auf unterschiedliche Aspekte eingehen, die im Zusammenhang der These vom Kulturkonflikt diskutiert werden. Diese These geht davon aus, daß das Leben und Aufwachsen türkischer oder auch anderer ausländischer Jugendlicher in zwei unterschiedlichen Kulturen massive Probleme im Sozialisationsprozeß aufwerfen und daß Desintegrationspotentiale v. a. in der Frage inkonsistenter Werte und Normen lagern, die auch eine Verständigung zwischen Mehrheit und Minderheit bzw. zwischen Einheimischen und Zugewanderten erschweren. In unserer Untersuchung haben wir den Jugendlichen deshalb auch Fragen zum »Leben in zwei Kulturen« gestellt. Um die unterschiedlichen Nuancen des kulturellen »Dazwischen« zu erfassen, sind mit den Fragen zur kulturellen Identität die Anforderungen der türkischen Gemeinde und die kulturellen Abgrenzungswünsche der Eltern berücksichtigt sowie die (Un-)Vereinbarkeit westlicher Lebensvorstellungen und moslemischer Integrität in den Blick genommen worden. Es wird danach gefragt, ob sich für Muslime das Aufwachsen in Deutschland als problematisch erweist.[6]

Ein Leben zwischen den Kulturen drückt sich gerade in der Diaspora u. U. auch in Fragen der Gruppenzugehörigkeit aus. Um dabei das Verhältnis zwischen (ethnischer) Gemeinschaft und (dominierender fremder) Gesellschaft zu kennzeichnen, ist es angebracht, die Spannung deutlich zu machen, die zwischen den Forderungen der türkischen Gemeinde, wie die Jugendlichen leben *sollen*, und den Möglichkeiten, wie die Jugendlichen sich vorstellen, in Deutschland leben zu *können*, existiert. Mehr als die Hälfte aller Befragten empfindet die daraus resultierende Spannung als stark (36%) oder sehr stark (15,7%). Die Mehrheit der türkischen Jugendlichen untersteht also der erheblichen Anforderung, die sich ihnen bietenden Freiheitsgrade auf der einen und die an sie gestellten Ansprüchen auf der anderen Seite auszubalancieren. Dies ist auch deshalb von Bedeutung, weil erhebliche Abgrenzungswünsche der Eltern zur deutschen Gesellschaft bestehen. So geben 19% aller Jugendlichen an, daß die Eltern sehr großen, und 31,4%, daß sie großen Wert darauf legen, daß ihre Kinder ein von Deutschen verschiedenes Leben führen (vgl. Kommentare Nr. 14), während sie gleichzeitig in Schule und Freizeit permanent den kulturellen Erwartungen der Mehrheitsgesellschaft ausgesetzt sind und diesen vor dem Hintergrund der Integrationserwartungen und -bemühungen auch genügen müssen.

In geschlechtsspezifischer Hinsicht zeigen varianzanalytische Auswertungen, daß der Erwartungsdruck einer kulturellen Differenz seitens der Eltern, aber auch seitens der türkischen Gemeinde sowohl auf Mädchen als auch auf Jungen außerordentlich hoch ist.[7]

6 Hierbei handelt es sich um die Items V193, V194, V201 und V186.
7 Unter Ausschluß fehlender Werte entfielen getrennt nach männlichen und weiblichen Befragten auf das Statement »Die Forderungen unserer türkischen Gemeinde, wie ich leben soll, und die Möglichkeiten in Deutschland, wie ich leben kann, unterscheiden sich...« folgende Prozentwerte: »sehr stark« (m = 14.1, w = 20.6); »stark« (m = 41.9, 3 = 36.2); »nicht« (m = 28.8, w = 19.2); »überhaupt nicht« (m = 5.3, w = 11.9) und auf die Frage: »Wieviel Wert legen Ihre Eltern darauf, daß Sie anders leben als die meisten Deutschen, die Sie kennen?« folgende Prozent-

Ein Vergleich der Prozentangaben auf die einzelnen Antwortkategorien macht überdies deutlich, daß die Angaben der Mädchen stärker »polarisiert« sind, d. h. daß die Extremwerte einer überaus starken oder gar keiner Einflußnahme bei ihnen höher sind.

Eine nach dem Geschlecht leicht unterschiedliche Betonung der Differenz findet sich auch bei der (Un-)Vereinbarkeit von westlicher Lebensweise und muslimischer Integrität. So sind eher die Jungen (69,1 %) als die Mädchen (60,3 %) der Meinung, daß die aus fundamentalistischer Sicht besonders kritisierten »westlichen Sitten« wie der Konsum von Alkohol oder die sexuelle Freizügigkeit den Charakter von Muslimen »verderben« würden. Während man vermuten kann, daß ein Großteil der türkischen Jugendlichen – insbesondere der Jungen – sowohl in bezug auf den Konsum von Alkohol als auch auf das Erleben von Sexualität sich kaum von deutschen (»westlichen«) Jugendlichen unterscheidet, verdeutlicht die insgesamt überaus hohe Zustimmung zu diesen Problemen sehr plastisch den kulturellen »Spagat«, den türkische Jugendliche zumindest auf der Ebene von Einstellungen vollziehen. Groß geworden und aufgewachsen in einem kulturellen System, dessen Angebote sie auch wahrnehmen, lehnen sie wesentliche Aspekte nicht zuletzt aufgrund der starken Einbindung in das Deutungssystem türkischer Familien und Gemeinschaften mit ihren vorwiegend traditionell geprägten Erziehungsmustern und Wertvorstellungen unverkennbar ab.

Orientiert man sich an einer identitätstheoretischen Konzeption, nach der Konsistenz eine wesentliche Bedingung für die Herausbildung einer autonomen Identität ist, dann signalisiert diese Konstellation durchaus problematische Zerrissenheit, also ein Pendeln zwischen konsum-kulturellen Möglichkeiten und religiös-kulturellen Anforderungen. Ein hohes Ausmaß an Zerrissenheit ist immer auch ein Indiz für *Abhängigkeiten*, weil die Gefahr wächst, der jeweils »stärkeren« Seite nachzugeben. Interpretiert man die Umgangsweise mit dieser Spannung als besonderen Ausweis gelungener »Pragmatik«, dann stellt sich identitätstheoretisch ein anderes Problem ein: das der *Beliebigkeit* von Werten und Normen bzw. das des utilitaristischen Nutzenkalküls, indem immer jene Verhaltensvariante gewählt wird, die hinsichtlich der jeweils relevanten Bezugspersonen oder Lebensbereiche als die »günstigste« erscheint.

angaben: »sehr großen« (m = 16.9, w = 23.6); »großen« (m = 36.5, w = 29.6); »geringen« (m = 35.5, w = 33.0); »gar keinen« (m = 11.1, w = 13.8).

Es ist genauer zu untersuchen, ob u. U. besonders extreme islamistische Bekenntnisse – bezeichnenderweise überwiegend von männlichen Jugendlichen – dazu dienen, diese Widersprüche, die als identitätsbedrohend interpretiert werden können, zu überdekken, um sie in der subjektiven Logik als entlastend, gewissermaßen selbstvergewissernd erscheinen zu lassen. In dieser Konsequenz zeichnet sich der entsprechende Teil der männlichen Jugendlichen durch hohe Abhängigkeit aus. Es ist mithin der mühsame Versuch einer Demonstration hohler Macht durch Instrumentalisierung islamischen Glaubens. Dies würde einmal mehr darauf hinweisen, daß die Anforderungen an die türkischen Jugendlichen enorm sind, wenn sie sowohl von der aufnehmenden Gesellschaft als auch von der eigenen Gemeinschaft unter konsum-rs. religiös-kulturellen Druck gesetzt werden.

Gleichzeitig stellt sich das Leben als Angehörige der »Umma« der Gläubigen in einer säkularisierten Mehrheitsgesellschaft mehrheitlich als unproblematisch heraus. So finden es 33,4% aller Jugendlichen gut und 34,6% normal, wie ein Moslem zu denken und zu fühlen und gleichzeitig in Deutschland zu leben. Für einen kleineren – allerdings nicht unerheblichen – Teil der türkischen Jugendlichen ergeben sich aus dieser Lebenssituation aber durchaus Probleme. 11,7% der Befragten geben an, daß sich dieses Leben zwischen den Kulturen bewältigen lasse, 6,4% betonen eine Verunsicherung und 3,8% meinen gar, daß sie diese Situation »fertigmache«. Die Berechnungen hinsichtlich der soziodemographischen Merkmale zeigen dabei, daß ältere Jugendliche und solche mit höherer Schulbildung bzw. höherem Aspirationsniveau eher Probleme mit dem »Leben in zwei Kulturen« haben als der Durchschnitt aller Jugendlichen (vgl. auch Kommentare Nr. 15).

Fassen wir die Ergebnisse zusammen, dann wird deutlich, daß türkische Jugendliche einem nicht unerheblichen Erwartungsdruck seitens der ethnischen »Wir-Gruppe« (Familie, türkische Gemeinde) ausgesetzt sind, dabei kulturelle Differenzen hinsichtlich der westlichen »Sitten« betonen, gleichzeitig aber augenscheinlich einen weitgehenden Pragmatismus (als Moslem in Deutschland) im Umgang mit der Normen- und Wertepluralität zeigen. U. E. lassen sich die dargestellten Ergebnisse dahingehend interpretieren, daß sich für die türkischen Jugendlichen das Leben *in* zwei Kulturen auf der Ebene der Normen und Werte durchaus als ein problembelastetes Leben *zwischen* den Kulturen darstellt.

Tab. 3.1: »Westliche Sitten« und Interessenvertretung durch »Graue Wölfe« und Milli Görüş (Angaben in Prozent*)

		Interessenvertretung durch die »Grauen Wölfe«			
		1	2	3	4
Westliche Sitten verderben den Charakter von Muslimen.	ja	31,7	19,8	24,2	24,3
	nein	20,9	18,7	35,3	25,2
		Interessenvertretung durch Milli Görüş			
	ja	25,5	25,8	26,0	22,6
	nein	12,5	20,1	38,4	29,0

1 = gut; 2 = teilweise; 3 = überhaupt nicht; 4 = kenne ich gar nicht

* Fehlende Werte sind aus den Berechnungen ausgeschlossen.

Ob die aus der besonderen Lebenssituation der türkischen Jugendlichen entstandene Spannung der Normen und Werte auf der Individualebene zur Diffusion gerät und sich damit als integrationshemmend erweist, ist damit allerdings noch nicht geklärt. Zu untersuchen gilt, ob aus dem Leben *in* oder *zwischen* den Kulturen Orientierungslosigkeit und Unsicherheit resultieren. Dies läßt sich am ehesten beantworten, wenn wir danach Ausschau halten, ob die kulturellen Ambivalenzen mitverantwortlich für extreme, d.h. in diesem Fall islamisch-fundamentalistische Orientierungsmuster sind. Die Berechnungen zeigen dabei folgenden Trend: Je deutlicher die Jugendlichen den Unterschied zwischen den Anforderungen der türkischen Gemeinde und den sich bietenden Möglichkeiten in Deutschland erleben, desto stärker sind ihr islamzentrierter Überlegenheitsanspruch, insbesondere aber auch die Befürwortung religiös fundierter Gewaltbereitschaft. Ausgeprägter zeigt sich dieser Zusammenhang auf der Ebene der Familie. Je mehr Wert die Eltern darauf legen, daß ihre Kinder anders leben als die Deutschen, desto deutlicher zeigen sich auch islamisch-fundamentalistische Orientierungsmuster bei den Jugendlichen selbst. Ein islamzentrierter Überlegenheitsanspruch (r = –.23) und eine

religiös fundierte Gewaltbereitschaft (r = –.20) sind dann besonders erkennbar. Auch dort, wo eine Unvereinbarkeit »westlicher
Lebensvorstellungen« und moslemischer Integrität wahrgenommen wird, kommen ähnliche Ergebnisse zustande. Jugendliche, die
der Aussage zustimmen, daß »westliche Sitten« (Konsum, Alkohol, Sexualität) den Charakter von Muslimen verderben würden,
haben eher islamzentrierte Überlegenheitsansprüche und befürworten eher Gewalt im Dienste des Islam.[8] Dies wird auch durch
die Präferenz für nationalistische und islamisch-fundamentalistische Organisationen deutlich (vgl. Tab. 3.1).

Als Folge zeigt sich auch, daß Jugendliche, die die Unvereinbarkeit »westlicher Sitten« mit einer islamischen Lebensweise betonen, ihre Interessen durch die »Grauen Wölfe« oder Milli Görüş
wesentlich eher verwirklicht sehen als Jugendliche, für die die
westlichen Sitten durchaus vereinbar sind mit einem moslemischen
Leben.

Werden die gezeigten Zusammenhänge islamisch-fundamentalistischer Orientierungsmuster und Organisationspräferenzen vor
dem Hintergrund der These vom Kulturkonflikt interpretiert,
dann läßt sich insgesamt davon ausgehen, daß Probleme der kulturellen Verortung auf seiten der türkischen Jugendlichen mit dazu
beitragen, Sicherheiten und Gewißheiten jenseits demokratischer
»Spielregeln« der Mehrheitsgesellschaft in islamisch-fundamentalistischen Orientierungsmustern und bei wenig integrationsfreund-
lichen Organisationen wie der Milli Görüş oder den »Grauen
Wölfen« zu suchen.

Wenn wir nach den Ursachen für islamisch-fundamentalistische
Orientierungen türkischer Jugendlicher auf der Ebene der individuellen und sozialen Problemkonstellationen Ausschau halten,
dann muß im Zusammenhang mit kulturellen Ambivalenzen auch
die Bedeutung der eigenen »Wir-Gruppe« als Ort ethnischer Identifikation in den Blick genommen werden.

In der bisherigen Beschreibung wurde bereits deutlich, daß von
einer hohen ethnisch-kulturellen Identifikation sowohl in nationaler und religiöser Hinsicht als auch auf der personalen Ebene

---

8 Zwei getrennt durchgeführte Varianzanalysen des Items »Die westlichen Sitten
(Alkoholgenuß, Sexualität usw.) verderben den Charakter von Muslimen« mit
a) dem Faktor FORI1 und b) der Skala SRELGEW brachten folgende statistisch
relevanten Ergebnisse: a) Mean (»ja« = .29, »nein« = –.51); Eta = .38; Sig. < .01 und
b) Mean (»ja« = 2.2, »nein« = 1.8); Eta = .23; Sig. < .01.

unter den türkischen Jugendlichen ausgegangen werden kann. Dabei wurde offenbar, daß sich zwei Drittel der Befragten unter Türken wohler fühlen als unter Deutschen und daß nach wie vor die religiöse und nationale Zugehörigkeit bei der Wahl eines Lebenspartners für die Jugendlichen von zentraler Bedeutung sind.

Betrachtet man die ethnisch-kulturellen Identifikationsmuster unter den Jugendlichen türkischer Herkunft im Kontext der islamzentrierten Überlegenheitsansprüche und religiös fundierter Gewaltbereitschaft, dann zeigt sich folgendes: sowohl auf der *religiös-nationalen* als auch auf der *personalen* Ebene ethnischer Identifikation zeichnen sich signifikante Zusammenhänge zum islamzentrierten Überlegenheitsanspruch (r = .32/r = .19) als auch zur religiös fundierten Gewaltbereitschaft (r = .26/r = .17) ab. Alle Indikatoren zu ethnisch-kulturellen Identifikationen belegen die Desintegrationsthese. Je geringer türkische Jugendliche in die Mehrheitsgesellschaft integriert sind, desto eher lassen sich islamisch-fundamentalistische Orientierungsmuster sowie Organisationspräferenzen für islamisch-fundamentalistische und nationalistische Vereine feststellen.

3.1.3 Die Bedeutung der schulischen Qualifikation und die Probleme des Statusgewinns

Ebenfalls bestätigt wird die Desintegrationsthese zur Erklärung von islamisch-fundamentalistischen Orientierungsmustern in bezug auf den aktuellen Status türkischer Jugendlicher. Auch auf dieser Ebene existieren eindeutige Zusammenhänge zwischen einer gesellschaftlichen Desintegration in Form von Ausgrenzung und Perspektiveneinschränkung aufgrund niedriger Bildungs- und zukünftiger Berufspositionierung einerseits und islamisch-fundamentalistischen Orientierungen andererseits. Das heißt, Jugendliche mit niedrigem Berufs- und Bildungsaspirationsniveau weisen deutlich stärker islamzentrierte Überlegenheitsansprüche und religiös fundierte Gewaltbereitschaft auf als jene mit mittlerem bzw. hohem Aspirationsniveau.

Die Erklärungen hierfür sind nun nicht – wie dies in öffentlichen Debatten immer wieder geschieht – darin zu suchen, daß ein niedriger Bildungsstatus als generelles Indiz für kognitive Schwächen gelten könnte, die für »einfache« gesellschaftliche Problemlösungen, wie sie auch im religiösen Fundamentalismus angeboten

Tab. 3.2: Statusrelevanz (Angaben in Prozent)

	sehr wichtig	wichtig	weniger wichtig	gar nicht wichtig	k. A.
Wie wichtig ist es Ihnen, die berufliche und soziale Stellung der Eltern zu übertreffen?	34,6	38,2	14,7	4,7	7,9

Tab. 3.3: Statusunsicherheit (Angaben in Prozent)

	ganz unsicher	ziemlich unsicher	ziemlich sicher	ganz sicher	k. A.
Wie sicher oder unsicher sind Sie, daß Sie den Schul- bzw. Ausbildungsabschluß bekommen, den Sie erreichen wollen?	13.3	22.0	37.8	19.8	7.0

werden, besonders »anfällig« machten. Vielmehr ist auf die gesellschaftliche Betonung der Relevanz eines möglichst hohen Status hinzuweisen, die dazu führt, daß sich beinahe zwangsläufig bei all denen Versagens- und Desintegrationsgefühle entwickeln, die – aus welchen Gründen auch immer – die gesellschaftlich besonders anerkannten Statuspositionen nicht erreichen bzw. als Jugendliche bereits antizipieren, daß sie diese nicht erreichen werden.

Welche Rolle der schulischen Qualifikation und damit verbunden der späteren Berufs- und sozialen Positionierung auch aus der subjektiven Sicht der Jugendlichen zukommt, zeigen die Werte der folgenden Tab. 3.2. Mit 72,8% betonen fast drei Viertel der Jugendlichen die Wichtigkeit, den Status ihrer Eltern zu übertreffen.

Gleichzeitig ist sich aber auch jeder dritte Jugendliche ganz oder ziemlich unsicher darüber, ob er überhaupt den Schul- bzw. Ausbildungsabschluß erreichen wird, den er anstrebt (vgl. Tab. 3.3).

Bei Schülerinnen und Schülern mit mittlerem und niedrigem Bildungs- und Berufsaspirationsniveau ist dabei die Unsicherheit noch höher als bei denjenigen mit hohem Aspirationsniveau (vgl. dazu Kommentare Nr. 16).

Gleichzeitig sind gerade diese Jugendlichen aber auch von seiten ihrer Eltern im Vergleich zu den übrigen Altersgleichen einem deutlich stärkeren Erwartungsdruck ausgesetzt. Hier zeigt sich also bereits für einen nicht unerheblichen Teil der Jugendlichen eine Diskrepanz zwischen dem, was sie sich persönlich wünschen bzw. als zur gesellschaftlichen Anerkennung notwendig empfinden, und der Einschätzung ihrer eigenen Leistungsstärke. Entsprechend fühlen sich 44,3 % der türkischen Jugendlichen durch das, was in Schule und Ausbildung von ihnen verlangt wird, belastet.

Die Gefahr an dieser Stelle ist nun die, daß Mißerfolge in der Schule, schlechte Berufsaussichten und damit verbunden ungünstige Statusperspektiven Identitätsprobleme verursachen (vgl. Firat 1991), die letztlich auch Anschlußstellen für islamisch-fundamentalistische Orientierungsmuster bilden können.

Tatsächlich ist die Antwort auf solche desintegrativen Erfahrungen vielfach eine Orientierung, die sich v. a. durch die Suche nach Stärke, Sicherheiten und Gewißheiten auszeichnet.

So zeigt sich auf der Werteebene, daß die Jugendlichen mit niedrigem Bildungs- und Berufsaspirationsniveau stärker als die übrigen Jugendlichen die »alten« Werte präferieren. Es findet sich beispielsweise in dieser Teilgruppe auch eine deutlich ausgeprägtere traditionelle Geschlechtsrollenorientierung, die umgekehrt bei Gymnasialschülerinnen und -schülern am geringsten ausgeprägt ist. Außerdem zeigen sich für diese Jugendlichen im Hinblick auf die eigene Familie sowohl ein höheres Maß an innerfamilialen Auseinandersetzungen als auch ein niedrigeres Bindungspotential.

Daß Desintegration und Verengung der persönlichen Zukunftschancen nicht zuletzt auch zu einer vermehrten Hinwendung zur Religion und Glaubensgemeinschaft bis hin zur vermehrten Übernahme islamisch-fundamentalistischer Positionen führen, belegen schließlich alle von uns untersuchten Zusammenhänge zur Religiosität und ihrer politischen Instrumentalisierung. Jugendliche aus Haupt- und Berufsschulen bzw. solche mit niedrigem Aspirationsniveau messen nicht nur allgemein religiösen Zielen eine höhere Bedeutung bei und besuchen beispielsweise öfter eine Moschee als ihre Altersgenossen, sie weisen auch deutlich stärker islamzentrierte Überlegenheitsansprüche und religiös fundierte

Gewaltbereitschaft auf als Real-, Gesamt- und Gymnasialschüler bzw. Jugendliche mit mittlerem und v. a. hohem Aspirationsniveau. Ebenso fühlen sie sich offenbar besser in ihren Interessen durch die fundamentalistisch ausgerichtete Organisation Milli Görüş und die nationalistischen »Grauen Wölfe« vertreten als die Schülerinnen und Schüler an Gymnasien und Gesamtschulen bzw. mit hohem Aspirationsniveau.

Die aufgezeigten Zusammenhänge verweisen nachdrücklich darauf, daß v. a. für diejenigen Jugendlichen türkischer Herkunft islamisch-fundamentalistische Orientierungsmuster attraktiv werden, die aufgrund ihrer mangelhaften schulischen Qualifikation und der damit verbundenen geringen Chancen auf dem Ausbildungs- und Berufssektor ihre eigene Zukunft als subjektiv bedrohlich empfinden müssen. Angesichts des Anteils von 72,1% aller türkischen Schüler und Schülerinnen in Hauptschulen ist dies eine große Gruppe.

3.1.4 Diskriminierung und Rückzug in die eigene ethnische Gruppe

Wie bereits dargestellt, ist ein großer Teil der in der Bundesrepublik Deutschland aufgewachsenen Jugendlichen türkischer Herkunft in einem nicht unerheblichen Ausmaß alltäglichen Diskriminierungen in den verschiedensten Lebensbereichen ausgesetzt. Diese verletzenden Erfahrungen beziehen sich sowohl auf den öffentlich-institutionellen als auch den privaten Bereich (vgl. Kommentare Nr. 17). Unsere Berechnungen verdeutlichen, daß die im privaten Bereich erfahrenen Diskriminierungen, also solche, die in Diskotheken, Jugendzentren oder Sportvereinen, aber auch in Supermärkten, in der Nachbarschaft oder innerhalb von deutschen Jugendgruppen stattfinden, keinen besonderen Einfluß auf das Wohlbefinden der Jugendlichen zu haben scheinen, denn solche Diskriminierungserfahrungen im privaten Bereich sind nach unseren Berechnungen unabhängig von der Zufriedenheit der Jugendlichen in den unterschiedlichsten Lebensbereichen. Die Gründe dafür können darin liegen, daß sie entweder darauf mit Selbstbewußtsein reagieren oder aber diesen Bedingungen »aus dem Wege« gehen, indem sie also »eigene« Diskotheken ebenso wählen wie »nationalisierte« Jugendzentren oder eigenethnische Sportvereine. Weiterführende Analysen belegen, daß von privaten Diskriminierungen überproportional betroffene Jugendliche häufiger Kontakt zu islamischen oder türkischen Vereinen haben und daß sie ihre Freizeit in »ethnisch geschützten Zonen« wie dem türkischen Kaffee- bzw. Teehaus oder der islamischen Moschee wesentlich häufiger als der Durchschnitt aller Jugendlichen verbringen.

Wie im Zusammenhang der Diskussion der unterschiedlichen Schwerpunkte alltäglicher Diskriminierung bereits verdeutlicht, sind die Diskriminierungserfahrungen im öffentlich-institutionellen Bereich, d. h. erlebte Diskriminierungen bei Behörden oder durch die Polizei, bei der Wohnungssuche oder am Arbeitsplatz bzw. in der Schule, häufiger und schwerwiegender als im privaten Bereich, denn diese Diskriminierungen zeigen Auswirkungen auf die Lebenszufriedenheit der Jugendlichen.

Mit der Zunahme dieser »unausweichlichen« Diskriminierungserfahrungen sinkt bei den Jugendlichen sowohl die Zufriedenheit im privaten als auch im kulturell-religiösen Lebensbereich – und erzeugt die Tendenz zu Rückzügen.

Die Berechnungen belegen, daß der Tendenz nach Jugendliche, die überproportional von Diskriminierungen im öffentlichen Bereich betroffen sind, ihre Freizeit öfter »nur« mit türkischen Jugendlichen verbringen und seltener vermehrten Kontakt zu deutschen Jugendlichen wünschen.

Alltägliche Diskriminierung wirkt sich jedoch nicht nur auf das Wohlbefinden der Jugendlichen in Form von Unzufriedenheit in den unterschiedlichsten Lebensbereichen aus, sondern ist zu einem nicht unerheblichen Anteil für ihre desintegrativen und demokratiefeindlichen Einstellungen mitverantwortlich. Insgesamt muß davon ausgegangen werden, daß bewußt erlebte und wahrgenommene Diskriminierungen mit islamzentrierten Überlegenheitsansprüchen und religiös fundierter Gewaltbereitschaft korrelieren. Dabei ist allerdings auffällig, daß solche Orientierungsmuster weitgehend unabhängig von den im öffentlich-institutionellen Bereich erlebten Diskriminierungen sind. Sie werden gewissermaßen ohnehin »erwartet«. Anders ist es aber dort, wo die Jugendlichen über soziale Beziehungen verlaufende erniedrigende Erfahrungen wie z. B. in Jugendzentren oder in Sportvereinen machen. Solche Diskriminierungen erzeugen Reaktionen in Form verstärkter islamzentrierter Überlegenheit ($r = .13$) bzw. religiös fundierter Gewaltbereitschaft ($r = .19$). Dies läßt sich wiederum über die Rückzüge in den eigenethnischen Bereich erklären. Jugendliche, die von Diskriminierungserfahrungen überproportional häufig berichten, verbringen ihre Freizeit signifikant häufiger an »ethnozentrierten« Orten wie dem türkischen Kaffee- bzw. Teehaus oder der Moschee und haben häufiger Kontakt zu türkischen oder islamischen Vereinen als der Durchschnitt aller Befragten. Somit erzielen Angebote hier auch besondere Wirkungen, und islamisch-fundamentalistische Orientierungen *und* Wohlbefinden verbinden sich vor dem Hintergrund sozialer Abwertung zu einem dichten Gemisch. Die gesuchten positiven Selbstempfindungen lassen sich so u. U. durch negative religiöse Grenzziehungen (»Ungläubige«) herstellen.

Wenn wir den Einfluß von »Umweltvariablen« auf islamisch-fundamentalistische Orientierungsmuster bei türkischen Jugendlichen untersuchen, dann spielt – wie angeführt – neben den im privaten und öffentlich-institutionellen Bereich erlebten Diskriminierungserfahrungen auch der Rückzug in die eigenethnische »Wir-Gruppe« eine zentrale Rolle. In diesem Zusammenhang sind auch die Gleichaltrigengruppe und die in und mit dieser verbrachten Freizeit von Bedeutung. Wie bereits festgestellt wurde, sind türkische Jugendliche (insbesondere die Jungen) stark in Cliquen integriert, die vorwiegend gemischtgeschlechtlich und auch ethnisch gemischt zusammengesetzt sind. Gleichzeitig besteht der eindeutige Wunsch nach intensiveren Kontaktmöglichkeiten zu deutschen Jugendlichen. In bezug auf islamisch-fundamentalistische Einstellungsmuster ergeben unsere Berechnungen folgendes: Während die Integration in die Gruppe der Altersgleichen hinsichtlich der Formulierung islamzentrierter Überlegenheitsansprüche keine nennenswerten Auswirkungen zu haben scheint, findet sich eine religiös fundierte Gewaltbereitschaft am deutlichsten bei Jugendlichen, die nicht fest in Cliquen integriert sind und angeben, lieber allein zu sein. Jugendliche, die relativ »locker« in Cliquen eingebunden sind oder aber starke Freundschaftskontakte betonen, zeichnen sich demgegenüber durch eine geringere religiös begründete Gewaltbereitschaft aus. Auffällig ist in diesem Zusammenhang aber auch, daß Jugendliche, die sich durch eine besonders starke Integration in Jugendcliquen auszeichnen, nicht durch besonders starke islamzentrierte Überlegenheitsansprüche auffallen, wohl aber durch eine höhere religiös fundierte Gewaltbereitschaft.[9] Es

9 Die durchgeführte Varianzanalyse der Variable V122 (»Cliquenzugehörigkeit«) auf die Skala SRELGEW (»Religiös fundierte Gewaltbereitschaft«) erbrachte folgende statistisch relevanten Ergebnisse: Mean (»ja, viel gemeinsam« = 2.2; »ja,

ist u. E. ein Hinweis darauf, daß diese Teilgruppe nicht religiös-kulturell verankert ist, sondern den Islam eher instrumentalistisch als Legitimationsfundus für Gewalt *ausnutzt*.

Dies liegt ganz auf der Linie eines allgemeinen Musters, nach dem Gewalt immer auch subjektiv begründet werden muß. Dazu werden dann jene Angebote aufgegriffen, die weit verbreitet, also »normal« erscheinen und zudem – wie in diesem Fall – von religiösen Eliten vertreten werden. Darüber hinaus läßt sich zeigen, daß Jugendliche, deren Freundeskreis etwa zu gleichen Teilen aus Jungen und Mädchen besteht, weniger anfällig für islamisch-fundamentalistische Orientierungen sind als Jugendliche, deren Freundeskreis überwiegend gleichgeschlechtlich zusammengesetzt ist.[10] Für die Klärung der Frage nach den Hintergründen islamisch-fundamentalistischer Orientierungen ist im Zusammenhang der Peer-Aktivitäten aber der Aspekt der ethnisch-gemischten Zusammensetzung des Freundeskreises zentral. Hier zeigt sich, daß Jugendliche, die ihre Freizeit *ausschließlich* mit ihren »Landsleuten« verbringen, eher zu islamzentrierten Superioritätspostulaten und einer religiös fundierten Gewaltbereitschaft neigen als diejenigen, die ihre Freizeit sowohl mit türkischen als auch mit deutschen Gleichaltrigen verbringen.[11] Ferner haben diejenigen, die keinen intensiveren Kontakt zu deutschen Jugendlichen wünschen, ebenfalls eine höhere Affinität zu islamisch-fundamentalistischen Orientierungen.[12] Vor diesem Hintergrund ist der Rückzug in eigenethnische Gruppen als problematisch anzusehen; um so mehr, als ein solcher

wenig gemeinsam« = 2.1; »nein, treffe Freund/in« = 1.9; »nein, lieber allein« = 2.3); Eta = .17; Sig. < .01).

10 Zwei getrennt durchgeführte Varianzanalysen der Variable »Freundeskreis« (V123, recodiert) auf die Variablen a) FORI1 und b) SRELGEW erbrachten folgende Resultate: a) Mean (»gemischtgeschlechtlich« = –.07, »überwiegend männlich« = .16, »überwiegend weiblich« = .13); Eta = .10; Sig. < .01) und b) Mean (»gemischtgeschlechtlich« = 2.1, »überwiegend männlich« = 2.3, »überwiegend weiblich« = 2.1); Eta = .10; Sig. < .01).

11 Die Ergebnisse zweier getrennt durchgeführter Varianzanalysen der Variable »Freizeit verbringen mit deutschen/türkischen Jugendlichen« (V099, recodiert) auf die Variablen a) FORI und b) SRELGEW sind wie folgt: a) Mean (»nur mit türkischen« = .23, »mit türkischen und deutschen« = –.11); Eta = .17; Sig. < .01 und b) Mean (»nur mit türkischen« = 2.24, »türkischen und deutschen« = 2.05); Eta = .11; Sig. < .01.

12 Die Ergebnisse der beiden Varianzanalysen der Variable »Kontaktwunsch zu deutschen Jugendlichen« (V100) auf die Variablen a) FORI1 und b) SRELGEW sind wie folgt: a) Mean (»ja« = –.07, »nein« = .18); Eta = .11; Sig. < .01 und b) Mean (»ja« = 2.07, »nein« = 2.24); Eta = .09; Sig. < .01.

Tab. 3.4: Freizeit in der eigenethnischen Gruppe und Interessenvertretung durch »Graue Wölfe« und Milli Görüş (Angaben in Prozent*)

		Interessenvertretung durch die »Grauen Wölfe«			
		1	2	3	4
Verbringe Freizeit vorwiegend mit … Jugendlichen	nur türkischen	39,2	18,7	23,3	18,7
	türkischen/ deutschen	25,6	21,3	29,0	24,1
		Interessenvertretung durch Milli Görüş			
	nur türkischen	24,1	28,7	27,7	19,5
	türkischen/ deutschen	20,1	22,0	32,5	25,4

1 = gut; 2 = teilweise; 3 = überhaupt nicht; 4 = kenne ich gar nicht

* Fehlende Werte sind aus den Berechnungen ausgeschlossen.

Rückzug eine zunehmende Tendenz aufzuweisen scheint, selbst
wenn gleichzeitig der Wunsch nach vermehrtem Kontakt mit deutschen Jugendlichen artikuliert wird.

Zwar fand Esser (1990) in einem intergenerativen Vergleich unter türkischen Migranten heraus, daß sich in der zweiten Generation die Abneigung gegen interethnische Beziehungen aufzulösen beginnt (vgl. ebd., S. 205). Diese Untersuchung von 1989
liegt allerdings vor jenen Jahren nach 1990, die in besonderer Weise
durch eine sichtbar und öffentlich werdende Fremdenfeindlichkeit
geprägt gewesen sind. Diese Entwicklung der letzten Jahre begün-
stigte auch einen starken Rückgang interethnischer Beziehungen
bei der erwachsenen türkischen Bevölkerung. Während 1990 31%
keine deutsche Kontaktperson in ihrem sozialen Umfeld angaben,
stieg der Anteil bis auf 56% in 1994 an. Dies muß »als Indiz für eine
wachsende Distanz zwischen der ausländischen und der deutschen
Bevölkerung gewertet werden« (Seifert 1996, S. 10).

Ein weiterer Hinweis, daß mangelnde Integration in die Gesellschaft der gemischtethnischen Gleichaltrigen extreme islamisch-

fundamentalistische Positionen stärken kann, ist die Feststellung, daß Jugendliche, die sich in ihren Interessen durch die »Grauen Wölfe« oder Milli Görüş vertreten fühlen, deutlich häufiger ihre Freizeit *ausschließlich* mit türkischen Jugendlichen verbringen (vgl. Tab. 3.4).

In dieselbe Richtung verweist zudem die Tatsache, daß eine intensivere Nutzung ethnisch unspezifischer Freizeitorte wie Cafés, Gaststätten oder Kinos sich eher mindernd auf die Formulierung islamzentrierter Überlegenheitsansprüche auswirkt, während eine starke Frequentierung eigenethnischer Lokalitäten wie des türkischen Tee- oder Kaffeehauses oder der Moschee eindeutig mit der Ausformulierung islamzentrierter Überlegenheitsansprüche, insbesondere aber mit religiös fundierter Gewaltbereitschaft, zusammenfällt.[13] Die Ergebnisse deuten insgesamt darauf hin, daß Jugendliche, die nicht hinreichend in die Welt der Altersgleichen *beider* Kulturkreise integriert sind, häufiger islamisch-fundamentalistische Orientierungen aufweisen und damit zugleich verstärkt dem »ideologischen Zugriff« (Hocker 1996) islamisch-fundamentalistischer bzw. nationalistischer Gruppen wie der Milli Görüş oder den »Grauen Wölfen« ausgesetzt sind.

3.2 Gesellschaftliche und politische Konstellationen

Die Analyse zu Ursachen von islamischen Überlegenheitsansprüchen und religiös fundierter Gewaltbereitschaft, die sich zu islamisch-fundamentalistischen Orientierungen verdichten können, wechselt in diesem Kapitel die Ebene. Sie entfernt sich vom »Nahbereich« individueller und sozialer Ursachenzusammenhänge und konzentriert sich nun auf Makrophänomene. Die subjektive Perspektive bleibt gleichwohl erhalten, weil es nach wie vor um die Sicht der Jugendlichen geht.

Dazu werden wir zunächst der Frage nachgehen, ob der Prozeß der Modernisierung für türkische Jugendliche negativ besetzt ist. Hinzu kommt die Suche danach, ob und in welchem Ausmaß diese Entwicklung, die für alle westlichen Industriegesellschaften kennzeichnend ist, mitverantwortlich für die Emergenz islamisch-fundamentalistischer Einstellungsmuster zeichnet (vgl. Kap. III. 3.2.1). Anschließend werden wir analysieren, inwieweit eine Hin-

---

13 Die Korrelationskoeffizienten im einzelnen: V089 mit FORI1/SRELGEW = −.19/−.28; V097 mit FORI1/SRELGEW = −.47/−.33.

wendung zu islamisch-fundamentalistischen Positionen abhängig ist von der Wahrnehmung einer in der gesellschaftlichen Öffentlichkeit massiv sichtbar gewordenen Fremdenfeindlichkeit (vgl. Kap. III. 3.2.2). Danach steht die Frage im Mittelpunkt, ob eine kollektive Identitätsverweigerung durch die Mitglieder der Mehrheitsgesellschaft in eine Distanz zur politischen und sozialen Umgebung der Bundesrepublik führt und inwieweit dies letztlich islamisch-fundamentalistischen Positionen Auftrieb verleiht (vgl. Kap. III. 3.2.3). Im letzten Abschnitt über die gesellschaftlichen Ursachenkomplexe wird untersucht, inwieweit geopolitische »Großwetterlagen«, die über den unmittelbaren Bezug zur »Einwanderungsgesellschaft Bundesrepublik« hinausreichen, in Zusammenhang stehen mit islamisch-fundamentalistischen Orientierungsmustern und Organisationspräferenzen (vgl. Kap. III. 3.2.4). In den einzelnen Abschnitten werden wir jeweils die mit dem zu bearbeitenden Ursachenkomplex korrespondierenden theoretischen Positionen diskutieren, anschließend die Ergebnisse der Einzelaussagen abbilden und mit Hilfe einer Gesamtskala sowohl sozialstrukturelle Differenzierungen als auch die Zusammenhänge aufzeigen.

3.2.1 Modernisierungsfolgen als Hinwendungsgründe

Als zentrale Kennzeichen der westlichen Moderne sind Pluralismus der Wertorientierungen und Lebensstile, Säkularität des Staates und liberale Auffassungen demokratischer Regelungen des gesellschaftlichen Zusammenlebens auszumachen. Die Ausweitung individueller Freiheitsspielräume und Aufklärung gehören zu diesen Grundlagen einer *kulturellen* Moderne. Generelles Entwicklungskennzeichen dieser Grundlagen ist die Enttraditionalisierung der Lebenswelt (Habermas 1994, S. 441), die sich u. a. in der Zersetzung religiöser Weltbilder, in der Auflösung vorgepreßter Lebenswege und auch in der Freisetzung aus Kollektiven zeigt.

Dementsprechend müssen *eigenständig* sowohl Sinnfragen bearbeitet, mithin *Orientierungs*fragen beantwortet, als auch *Lebensläufe* im Rahmen von Ungleichheitsstrukturen »optimiert« werden. Deshalb gehört zu den Bewältigungsleistungen des Aufwachsens in einer modernen Gesellschaft, daß *Orientierungslosigkeit* vermieden wird, um *Handlungsfähigkeit* zu sichern, und daß über erfolgreiche *Bildungslaufbahnen* die Basis für Arbeitsmarktchancen und damit für *materielle Sicherheit* bzw. den sozialen *Statuserfolg* gelegt wird.

Der reale Entwicklungsprozeß, gewissermaßen die Modernisierung moderner Gesellschaften, verweist nun auf vielfältige Ambivalenzen und weitreichende Problemlagen, die eingangs schon beschrieben und deren Schattenseiten bereits auf der Ebene individueller und sozialer Thematiken analysiert worden sind. Deshalb ist erstens nun im einzelnen der Frage nachzugehen, ob und in welchem Ausmaße die auch durch Enttraditionalisierung möglich gewordenen Errungenschaften der Moderne abgelehnt werden, so daß antimoderne Positionen zum Tragen kommen. Zum zweiten ist nachzufragen, inwieweit diese Absagen mit Einschätzungen im Zusammenhang stehen, aus denen erkennbar wird, daß das Leben in der modernen Gesellschaft durch Auflösung von Traditionen, Unsicherheit, Haltlosigkeit, Unordnung und überfordernder Komplexität als problembeladen betrachtet wird, so daß Ängste, Desintegrationsbefürchtungen und letztlich Orientierungslosigkeit entstehen.

Von dort aus ist dann zu analysieren, ob und wie weit u. U. gegen die enttraditionalisierte »Moderne« das Gegenmodell einer traditionalen Kultur und eine daran ausgerichtete gemeinschaftliche Integration wieder in ihr Recht gesetzt werden sollen. Dazu ist an die einleitend schon beschriebene These anzuknüpfen, daß ein solcher Prozeß der Re-Traditionalisierung in der modernen Gesellschaft nur über neue Zwänge und auch Gewalt möglich wird.

In den Ergebnissen bestätigen sich die vermuteten Zusammenhänge. Diejenigen Jugendlichen, die die größten Schwierigkeiten mit den über Schullaufbahnanforderungen vermittelten Ansprüchen der modernen Gesellschaft haben, zeigen in ihren Orientierungsmustern die stärksten Zusammenhänge zwischen antimodernen Positionen wie der

– Ablehnung westlicher Lebensstile,
– Kritik liberaler Demokratiepraxis,
– Kritik von Ausmaßen individueller Freiheiten,
– Befürwortung unaufgeklärter Positionen wie einer »Auge-um-Auge«-Moral,
– Ablehnung einer Koedukation

und der Befürwortung eines islamischen Überlegenheitsanspruches sowie religiös fundierter Gewaltbereitschaft.

Im Hinblick auf die zweite Fragestellung ergibt sich nun ein

Abb. 3.2: Orientierungslosigkeit (Angaben in Prozent)

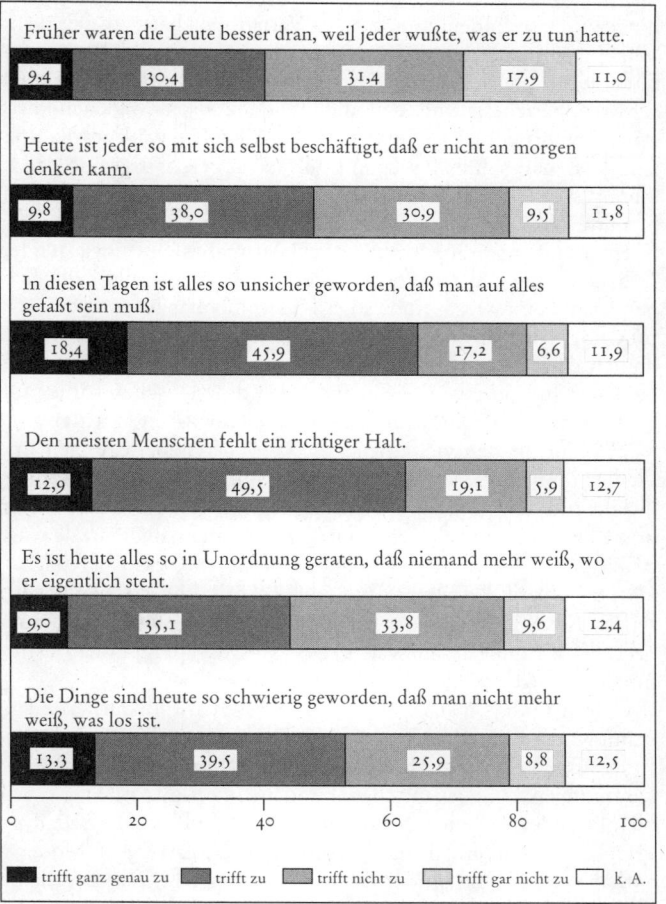

Früher waren die Leute besser dran, weil jeder wußte, was er zu tun hatte.

| 9,4 | 30,4 | 31,4 | 17,9 | 11,0 |

Heute ist jeder so mit sich selbst beschäftigt, daß er nicht an morgen denken kann.

| 9,8 | 38,0 | 30,9 | 9,5 | 11,8 |

In diesen Tagen ist alles so unsicher geworden, daß man auf alles gefaßt sein muß.

| 18,4 | 45,9 | 17,2 | 6,6 | 11,9 |

Den meisten Menschen fehlt ein richtiger Halt.

| 12,9 | 49,5 | 19,1 | 5,9 | 12,7 |

Es ist heute alles so in Unordnung geraten, daß niemand mehr weiß, wo er eigentlich steht.

| 9,0 | 35,1 | 33,8 | 9,6 | 12,4 |

Die Dinge sind heute so schwierig geworden, daß man nicht mehr weiß, was los ist.

| 13,3 | 39,5 | 25,9 | 8,8 | 12,5 |

0   20   40   60   80   100

■ trifft ganz genau zu ■ trifft zu ■ trifft nicht zu □ trifft gar nicht zu □ k. A.

kompliziertes Ergebnis. Zunächst einmal zu den Statements, die wir zu der Skala »Orientierungslosigkeit«[14] zusammengefaßt haben (vgl. Abb. 3.2).

14 Die Skala »Orientierungslosigkeit« (SMODER) hat folgende statistisch relevanten Werte: Mean = 2.615; Std. dev. = .551; Min. = 1.000; Max. = 4.000.

Insgesamt wird deutlich, daß von einem hohen Ausmaß an Problemwahrnehmung gesprochen werden kann. Die Berechnungen hinsichtlich soziodemographischer Variationen belegen, daß türkische Jugendliche unabhängig von Alter, Schultyp oder Aspirationsniveau gleich häufig von solchen Folgen moderner Gesellschaften berichten und daß der Tendenz nach Mädchen diese stärker wahrnehmen als Jungen, wobei Mädchen v. a. der Meinung sind, daß man heute zu sehr mit sich selbst beschäftigt und daß in diesen Tagen alles unsicher und schwierig geworden sei (vgl. Kommentare Nr. 18).

Trotz des insgesamt recht hohen Ausmaßes einer belastenden Wahrnehmung von Zuständen in der modernen Gesellschaft zeichnen sich keineswegs eindeutige Zusammenhänge zu islamisch-fundamentalistischen Orientierungsmustern ab. So zeigt sich lediglich ein Bezug zum islamzentrierten Überlegenheitsanspruch bei jenen Jugendlichen, die meinen, daß die Menschen früher aufgrund eindeutiger Zuordnungen höhere Gewißheiten hatten.

Während in den vielfältigen theoretischen Überlegungen und Thesen immer wieder auf die Entfremdung und Orientierungslosigkeit in der modernen Welt hingewiesen wird, dokumentieren unsere Ergebnisse keine relevanten Zusammenhänge mit den ausgewählten Indikatoren zur religiös fundierten Gewaltbereitschaft etc. Dies ist auf den ersten Blick auch deshalb überraschend, weil – separat betrachtet – sowohl bei der Orientierungslosigkeit als auch bei religiös fundierter Gewaltbereitschaft ausgeprägt hohe Zustimmungen auftreten.

Geht man davon aus, daß die angemessenen Indikatoren ausgewählt worden sind, bieten sich zur Erklärung zwei Ansätze an. Die Ergebnisse können als Hinweis verstanden werden, daß die Zustimmungen zum islamischen Fundamentalismus nicht als problemlösender Gegenentwurf zu werten sind, sondern daß sie »Lücken« auffüllen, die das Leben in der säkularisierten Moderne enthält oder die die Modernisierung erst aufreißt. Dies würde bedeuten, daß islamischer Fundamentalismus und Aspekte des Lebens in der modernen Gesellschaft pragmatisch »gemischt« werden.

Eine zweite Interpretation betont einen eher *prozeßhaften* Charakter. Das vorliegende Ergebnis des fehlenden eindeutigen Zusammenhanges der ausgeprägten Wahrnehmung anomiehaltiger Tendenzen der Moderne und islamisch-fundamentalistischer Orientierungsmuster wird so gewertet, daß diejenigen, die sich für gewißheitsspendende islamisch-fundamentalistische Positionen »entschieden« haben, damit in ihrer subjektiven Logik Beschwernisse in der Moderne ein Stück weit tröstend überwunden, gewissermaßen religiös gewendet, schon hinter sich gelassen haben. Sie haben ihre festen Orientierungsmarken im religiösen Überlegenheitsanspruch oder in der religiös fundierten Gewaltbereitschaft gefunden, so daß gleichzeitig wahrgenommene »Wirrnisse« der unübersichtlichen oder beängstigenden Moderne sie nicht mehr besonders tangieren können. Insgesamt wird dadurch deutlich, daß die Hinwendungen als Begleiterscheinungen moderner Gesellschaften zu interpretieren sind.

Betrachtet man die Modernisierungshypothese in einer weiteren Variante, und zwar nicht mehr im Hinblick auf Orientierungsprobleme, sondern bezüglich der sozialökonomischen Lage, so wie sie etwa in den islamischen Ländern (einschließlich der Türkei) diskutiert wird, ergibt sich ein anderes Bild. Der Zusammenhang von materieller Verelendung und islamisch-fundamentalistischer Orientierung, dokumentiert etwa in Wahlerfolgen entsprechender Parteien in Randzonen und Vorstädten dortiger Metropolen, ist bei weitem (noch) nicht mit hiesigen Verhältnissen zu vergleichen; es gibt aber auch Hinweise in unseren Ergebnissen, zumal »insbesondere türkische Haushalte ihre relative Einkommenssituation im Zeitverlauf deutlich verschlechtert (haben)« (Beauftragte der Bundesregierung für die Belange der Ausländer 1995, S. 36), die Arbeitslosenquote erheblich höher liegt als bei der deutschen Vergleichsgruppe, ca. 40% nach der Schule völlig ohne Ausbildung bleiben und viele Jugendliche einen Beruf erlernen (müssen), »dessen Verwertbarkeit auf dem Arbeitsmarkt als gering zu veranschlagen war und ist« (ebd., S. 29). Dementsprechend ist auch die Abbrecherquote von Ausbildungen außerordentlich hoch.

Die Verlierer der Modernisierung, d. h. Jugendliche, denen aufgrund problematischer Familienkonstellationen und geringerer schulischer Qualifikationsniveaus bestimmte gesellschaftliche Chancen in Form z. B. attraktiver Berufspositionen auf Dauer verwehrt bleiben, bilden einen großen Teil jener Jugendlichen mit den prekären Hinwendungen. Die im analytischen Eingangskapitel aufgezeigten *strukturellen* Problemlagen, in die mit hoher Wahrscheinlichkeit ein Großteil der dritten Generation aufgrund der langfristig prognostizierten Entwicklung des Arbeitsmarktes einmünden wird, können das Zusammenwirken von Rückzügen in die eigenethnische Gruppe, Verarmung und islamisch-fundamentalistische Orientierungen verstärken. Der Gefallen an gewißheitserzeugenden Positionen religiöser Couleur wird dann als letzte Bastion zur Wiedergewinnung von gemeinschaftlicher Stärke nach den Verlustdrohungen individueller Kraft zur Integration in den Arbeitsmarkt und der sozialen Integration in die Mehrheitsgesellschaft interpretierbar. In diesem Lichte werden auch jene Ergebnisse erklärlich, nach denen die Modernisierungsverlierer den Kapitalismus, als ökonomisches Synonym für die Moderne, auf der Verliererstraße und den Islam auf der Gewinnerseite sehen. Sie orientieren sich an islamischen Überlegenheitsansprüchen, um selbst zumindest emotional tröstlich wie z.T. bewußt gedanklich aggressiv auf die Gewinnerseite zu gelangen. Deshalb werden u.a. solche Mechanismen wie Auge-um-Auge-Prinzipien resignierend akzeptiert (55%) und der Vorrang von Religion gegenüber rational zu begründender Politik besonders befürwortet (22%), um sie gegen die kulturelle Moderne in Stellung zu bringen.

3.2.2 Akzeptanz durch fremdenfeindliche Gewalt

Fremdenfeindliche Gewalt ist der weitreichendste Angriff auf die Integrität von Individuen wie Gruppen und ihre religiösen und kulturellen Empfindungen. Es werden ihnen damit Ungleichwertigkeit und Schwäche durch laut aktive wie still »nur« akklamierende Teile der Mehrheitsgesellschaft demonstriert.

Von daher liegt es für die Betroffenen nahe, v.a. jene Möglichkeiten zumindest gedanklich zu aktivieren, die Stärke vermitteln. Dies können Zusammenschluß, Bewaffnung etc. sein, um u.U. der Gewalt mit eigener Stärke oder auch Gegengewalt zu begegnen. Der Einsatz dieser Gewalt benötigt zusätzliche Legitimationen, die herangezogen werden können, um die Folgen für sich selbst aushaltbar zu machen. Insofern ist es von Vorteil, wenn man sich auf »höhere Ziele«, seien es z.B. die nationale Ehre oder die Überlegenheit einer Religion, beziehen kann.

Deshalb ist zu untersuchen, ob demokratie- und integrationsfeindliche Einstellungsmuster in Form islamisch-fundamentalistischer Orientierungen unter türkischen Jugendlichen als eine Reaktion auf die sich in den letzten Jahren besonders vehement zeigende Fremdenfeindlichkeit in der Bundesrepublik zu interpretieren sind.

Abb. 3.3: Reaktionen auf fremdenfeindliche Gewalt (Angaben in Prozent)

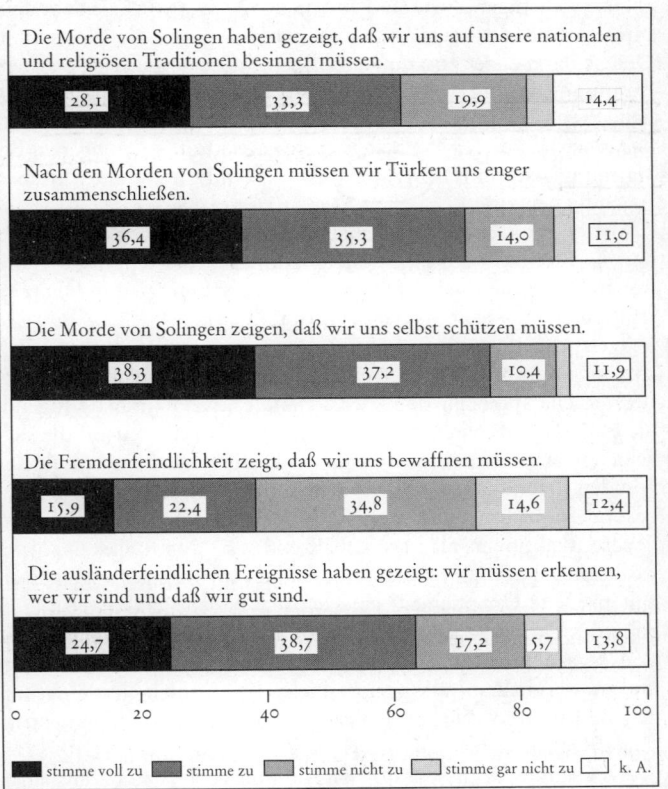

Die Morde von Solingen haben gezeigt, daß wir uns auf unsere nationalen und religiösen Traditionen besinnen müssen.

| 28,1 | 33,3 | 19,9 | 14,4 |

Nach den Morden von Solingen müssen wir Türken uns enger zusammenschließen.

| 36,4 | 35,3 | 14,0 | 11,0 |

Die Morde von Solingen zeigen, daß wir uns selbst schützen müssen.

| 38,3 | 37,2 | 10,4 | 11,9 |

Die Fremdenfeindlichkeit zeigt, daß wir uns bewaffnen müssen.

| 15,9 | 22,4 | 34,8 | 14,6 | 12,4 |

Die ausländerfeindlichen Ereignisse haben gezeigt: wir müssen erkennen, wer wir sind und daß wir gut sind.

| 24,7 | 38,7 | 17,2 | 5,7 | 13,8 |

■ stimme voll zu ■ stimme zu ■ stimme nicht zu ▢ stimme gar nicht zu ▢ k. A.

Zur Überprüfung dieser Annahme haben wir eine Skala entwikkelt, die unterschiedliche »Reaktionen auf Fremdenfeindlichkeit«[15] thematisiert. Die Zustimmungen bzw. Ablehnungen zu einzelnen Aussagen sind in Abb. 3.3 wiedergegeben.

So bejahen mit 75,5% immerhin drei von vier türkischen Ju-

15 Die Skala »Reaktion auf Fremdenfeindlichkeit« (SREAKT) hat folgende statistisch relevanten Werte: Mean = 2.970; Std. dev. = .615; Min. = 1.000; Max. = 4.000.

gendlichen die Notwendigkeit, sich selbst schützen zu müssen vor der aus der Mehrheitsgesellschaft kommenden Gewalt. Beinahe ebenso viele Jugendliche sind zudem der Ansicht, daß sich vor dem Hintergrund der fremdenfeindlichen Ereignisse die Türken in Deutschland enger zusammenschließen müssen. Für eine stärkere Besinnung auf die eigene Identität als Reaktion auf fremdenfeindliche Ereignisse plädieren fast zwei Drittel der Jugendlichen. Selbst der innerhalb dieser Skala »härtesten« Reaktion – der eigenen Bewaffnung – stimmt mit 38,3%. mehr als ein Drittel der türkischen Jugendlichen zu.

Mit der Aufforderung schließlich, daß eine notwendige Reaktion im Rückgriff auf die eigenen nationalen und religiösen Traditionen liegt, sehen sich insgesamt 61,4% der Befragten in Übereinstimmung (vgl. Kommentare Nr. 19 und 20).

Varianzanalytische Berechnungen der Gesamtskala bezüglich soziodemographischer Merkmale zeigen dabei folgendes: jüngere Jugendliche sprechen sich eher als ältere und männliche Jugendliche eher als weibliche für entsprechende Reaktionen auf die sich zeigende Fremdenfeindlichkeit aus. Differenziert man nach der von den Jugendlichen besuchten Schulform, so sind auch hier insbesondere Haupt- und Berufsschüler diejenigen, die für deutlichere Reaktionen plädieren, während v. a. Gymnasiasten solche Reaktionen auf die Fremdenfeindlichkeit für weniger angemessen halten. Diese Unterschiede spiegeln sich naheliegenderweise auch bei einer Differenzierung nach dem Berufs- und Bildungsaspirationsniveau wider. Im Gegensatz zu Jugendlichen mit niedrigerem und mittlerem Aspirationsniveau lehnen v. a. solche mit einer hohen Berufs- und Bildungsaspiration eine u. U. gewaltdemonstrierende Reaktion ab.

Als Gründe für diese Unterschiede sind neben den bereits angeführten besseren Ausbildungs- und Berufschancen der höher qualifizierten Jugendlichen ganz sicher auch die mit der längeren Schulausbildung verknüpften zeitweise größeren Spielräume für das Erlernen eines eher reflektierenden und rationalen Umgangs mit Integrationsproblemen im allgemeinen und damit der Fremdenfeindlichkeit im besonderen sowie auch die wesentlich geringere persönliche Konfrontation mit Fremdenfeindlichkeit im Schulalltag zu nennen.

Korreliert man die Skala der »Reaktionshypothese« direkt mit den Indikatoren zu islamisch-fundamentalistischen Orientierungsmustern, dann wird ein *eindeutiger* Zusammenhang zwischen diesen Orientierungen und dem Plädoyer für klare, sich von der Mehrheitsgesellschaft abgrenzende Reaktionen deutlich. Dies gilt sowohl für islamzentrierte Überlegenheitsansprüche (r = .45) als auch für religiös fundierte Gewaltbereitschaft (r = .39). Diese Verbindung wird zusätzlich bekräftigt durch die Tatsache, daß Jugendliche, die sich von den »Grauen Wölfen« bzw. durch Milli Görüş vertreten fühlen, ebenfalls höhere »Reaktionswerte« haben als die übrigen türkischen Jugendlichen.

Hinzu treten außerdem deutliche Zusammenhänge mit solchen politischen Mustern, die als »law-and-order«-Positionen deutlich geworden sind. So korrelieren mit der »Reaktions-Skala« folgende Items:
- In diesen Zeiten brauchen wir unbedingt wieder eine starke politische Hand; r = −.31.
- An den vielen Kriminellen sieht man, wohin eine verweichlichte Demokratie führt; r = −.29.
- Auge um Auge, Zahn um Zahn, so ist nun mal das Leben; r = −.34.
- Der Stärkere muß sich durchsetzen, sonst geht es nicht voran; r = −.32.

Zudem geht mit der Befürwortung der *Abkehr* von liberalen Positionen eine deutliche *Abwehr* gegen andere Minderheiten einher.
- Man sollte keine weiteren Asylbewerber in dieses Land hineinlassen; r = −.26.
- Den Zustrom von deutschstämmigen Aussiedlern aus Osteuropa und Rußland sollte man stoppen; r = −.23.

Entsprechend der Terminologie von Elias/Scotson (1990) schält sich das Muster von »etablierten Fremden« heraus, das auf Isolation und Rückzug in die eigenethnische Gruppe, aber auch Beanspruchung von Vorrangstellung hindeutet. Deshalb ist auch nicht überraschend, wenn die organisierenden Gruppen die individuellen Überlegenheitsansprüche binden können. Die mit fremdenfeindlicher Gewalt agierenden Gruppen der Mehrheitsgesellschaft erzeugen oder verhärten so erst Zusammenhänge, die sie vielfach bereits am Ausgangspunkt ihrer menschenverachtenden Aktivitäten unterstellt hatten. Sie liefern zudem weitere Gründe, um desintegrative Entwicklungen zu beschleunigen.

Die fremdenfeindliche Gewalt gegen Minderheiten enthält auch dann folgenreiche Probleme, wenn sie von Teilen der Minderheiten als wirksames Bindemittel für eine eigene Identitätspolitik entdeckt wird, so daß Gruppen Gefahr laufen, von der Existenz dieser Fremdenfeindlichkeit abhängig zu werden, um feste Grenzen zu markieren und Einfluß auf Jugendliche auszuüben, damit diese das Streben nach Integration in die »feindliche« Gesellschaft aufgeben.

So antworteten auf die Frage, ob sie beabsichtigen, die deutsche Staatsangehörigkeit zu beantragen, 40,7% mit »Ja«, 33,9% mit »Vielleicht«, 21,4% mit »Nein«, und 4% gaben keine Antwort. Bezogen auf islamisch-fundamentalistische Orientierungen, erweist sich, daß die Gruppe der türkischen Jugendlichen, die die deutsche Staatsangehörigkeit beantragen würde, über deutlich geringere islamisch-fundamentalistische Orientierungen verfügt als jene Jugendlichen, die diese möglicherweise oder nicht beantragen würden.

3.2.3 Verweigerung einer kollektiven Identitätspräsentation und die Distanz zur politischen und sozialen Umgebung in der Bundesrepublik

Bei unserer dritten Annahme über gesellschaftliche Hintergründe des Ausmaßes fundamentalistischer Einstellungen gehen wir davon aus, daß islamisch-fundamentalistische Orientierungen aufgrund mangelnder Angebote der Mehrheitsgesellschaft zur Identitätsbildung der Migranten *innerhalb* der Gesellschaft existieren. Diese Angebotslücke – so unsere Vermutung – führt im weiteren Verlauf dazu, daß die ursprüngliche ethnisch-territoriale Identität als »Türke« in wachsendem Maße ersetzt wird durch eine übergreifende kollektiv-religiöse Identität als »Muslim«, da parallel eine gesellschaftliche Identitätsbildung mit dem Aufnahmeland Deutschland nicht gefördert wird.

Zur Überprüfung dieser Fragestellung haben wir drei Items zu der Skala »Verweigerung kollektiver Identität«[16] zusammengefaßt (vgl. Abb. 3.4).

Auf mangelnde kollektive Identitätsangebote seitens der Mehrheitsgesellschaft verweist das Item »Wir können uns nie als Deutsche fühlen, weil wir nicht dazugehören«. Dieser Aussage stimmen

---

16 Die Skala »Verweigerung kollektiver Identität« (SKOLLEKT) hat folgende statistisch relevanten Werte: Mean = 2.959; Std. dev. = .687; Min. = 1.000; Max. = 4.000.

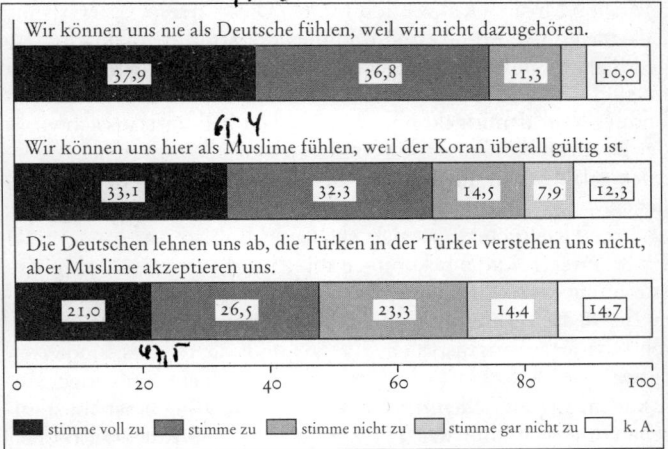

Abb. 3.4: Verweigerung einer »Kollektiven Identität« (Angaben in Prozent) 74,7 %

Wir können uns nie als Deutsche fühlen, weil wir nicht dazugehören.

| 37,9 | 36,8 | 11,3 | 10,0 |

65,4
Wir können uns hier als Muslime fühlen, weil der Koran überall gültig ist.

| 33,1 | 32,3 | 14,5 | 7,9 | 12,3 |

Die Deutschen lehnen uns ab, die Türken in der Türkei verstehen uns nicht, aber Muslime akzeptieren uns.

| 21,0 | 26,5 | 23,3 | 14,4 | 14,7 |

47,5

| 0 | 20 | 40 | 60 | 80 | 100 |

■ stimme voll zu ■ stimme zu ■ stimme nicht zu ☐ stimme gar nicht zu ☐ k. A.

immerhin drei Viertel aller türkischen Jugendlichen zu. Hier spiegelt sich also bereits bei einer deutlichen Mehrheit dieser Altersgruppe das Gefühl des emotionalen Ausgegrenztseins wider. Bei immerhin fast der Hälfte der Befragten geht dies zugleich mit dem Gefühl einher, auch von den eigenen Landsleuten in der Türkei nicht verstanden zu werden. Eine Akzeptanz verspüren diese Jugendlichen dagegen bei den Angehörigen ihrer Glaubensgemeinschaft: »Die Deutschen lehnen uns ab, die Türken in der Türkei verstehen uns nicht, aber Muslime akzeptieren uns« (vgl. Kommentare Nr. 21). Entsprechend stimmen schließlich der Position, welche die eigene Identitätsverortung als Muslim explizit anspricht, etwa zwei Drittel der türkischen Jugendlichen zu: »Wir können uns hier als Muslime fühlen, weil der Koran überall gültig ist.«

Während sich bei der Differenzierung der Jugendlichen nach dem Alter keine nennenswerten Unterschiede zeigen, ergibt die gesonderte Betrachtung nach dem Geschlecht, daß sich männliche Jugendliche stärker als Muslime fühlen als ihre weiblichen Altersgenossen.

Die Betonung der eigenen *islamischen Identität* differiert auch hinsichtlich der von den Jugendlichen besuchten Schulen. So sind es eher Real-, v. a. aber Haupt- und Berufsschüler, die sich letztlich allein von Muslimen akzeptiert fühlen. Dies korrespondiert damit, daß eine höhere Berufs- und Bildungsaspiration bei türkischen Jugendlichen mit einer geringeren Zustimmung zu einer primären muslimischen Identität verknüpft ist. Kurz: je besser die Schulbildung und damit gekoppelt die eigenen Zukunftsaussichten in der Bundesrepublik, um so geringer ist die Bedeutung einer *kollektiven* islamischen Identität in der Selbstverortung der Jugendlichen.

Ihren eigentlichen Aussagegehalt im Hinblick auf die zentrale Frage unserer Studie bekommen diese insgesamt recht hohen Zustimmungswerte zu einer primär kollektiven muslimischen Identität durch die Verknüpfung mit den Indikatoren zum islamzentrierten Überlegenheitsanspruch ($r = .48$) und zur religiös fundierten Gewaltbereitschaft ($r = .37$). Dabei ergibt sich ein eindeutiger Zusammenhang zwischen der Stärke der Bedeutung einer muslimischen Identität und der Hinwendung zu fundamentalistischen Orientierungen, d. h., je deutlicher die eigene Identität als Muslim und als Nicht-Dazugehöriger in der Mehrheitsgesellschaft, in der man zumeist geboren und aufgewachsen ist, definiert und betont wird, desto größer ist auch die Zustimmung zu fundamentalistischen Positionen.

Diese Verweigerung durch definitionsmächtige Gruppen der Mehrheitsgesellschaft (aus Medien, Politik etc.) führt also auch Jugendliche in das als problematisch definierte Orientierungsterrain. Gewissermaßen als Kompensationsangebot gibt es gleichzeitig jene schlichten Postulate in der deutschen Öffentlichkeit, daß es in erster Linie darauf ankomme, daß Minderheiten gewissermaßen »unbehelligt« ihre islamische Kultur leben können. Sie übersehen offenkundig das Faktum, daß auch diese Kultur nicht statisch ist, sondern sich entwickelt. Damit ist *auch* die Möglichkeit gegeben, daß sie sich in Richtung auf eine Re-Islamisierung in den hier als problematisch herausgestellten Varianten bewegen kann – zumal dann, wenn sich die Desintegrationsprozesse für eine ganze, v. a. die dritte Generation verstärken und Segregationsprozesse in den großen Städten zunehmen sollten, so daß u. U. niemand mehr daran interessiert sein könnte, welche Einflüsse sich dort ausbreiten. Es ist gefährlich, wenn aus Ratlosigkeit oder Desinteresse ein politisches Programm konstruiert wird.

»Eine Gesellschaftskonzeption, die die Politik der (kulturellen und religiösen; d. A.) Differenz absolut setzt und weiter radikalisiert, läßt aber Reprä-
sentation nur noch als Selbstrepräsentation zu. Dies kann für demokratische Gesellschaften genauso zerstörerisch wirken wie eine Politik der
radikalen Homogenität, weil das ›Postulat der Differenz‹ (...) auch hier zur
Waffe gegen Pluralität wird« (Probst 1995, S. 12).

Die USA weisen derzeit deutlich die Richtung. Dort gibt es Entwicklungen hin zu einer Verstärkung eigenethnischer Identitätspolitiken, die kein Interesse mehr an individueller Integration in die
Mehrheitsgesellschaft haben, sondern v. a. Grenzen markieren, um
so in der öffentlichen Auseinandersetzung politisches Terrain zu
gewinnen. Eine solche Identitätspolitik ist dann ein Problem, wenn
diese auch mit politischer Instrumentalisierung religiöser Gefühle
einhergeht, weil sie besonders mobilisierungsfähig sind. Mithin
führt diese »Politik der Differenz«, nicht selten durch entsprechende Analyseansätze aus Wissenschaftskreisen auch in der bundesdeutschen Öffentlichkeit legitimiert, auf einen Kurs, der ethnisch-kulturelle Konflikte eher heraufbeschwört als verhindert.

3.2.4 Mediale Einflüsse mit geopolitischen Ansprüchen

In unserer vierten Fragestellung wenden wir uns weiteren politischen Ursachen islamisch-fundamentalistischer Orientierungen
zu. Wir gehen von der Annahme aus, daß sie bei türkischen Jugendlichen in der Bundesrepublik auch deshalb existieren, weil die hier
lebenden Muslime insgesamt einem zunehmenden Einfluß islami-
stisch-fundamentalistischer Gruppierungen aus der Türkei zur
Durchsetzung des Islams auch in der Diaspora ausgesetzt sind.

Den Hintergrund bilden deren wachsender politischer Einfluß
etwa in der Türkei, die Ausbreitung in Teilen der auseinandergebro-
chenen ehemaligen Sowjetunion, die Radikalität und damit auch
weltweite Publizität islamisch-fundamentalistischer Aktions- und
Terrorgruppen in Algerien oder Ägypten. Auf diese Weise kann –
massenmedial verdichtet wie zugleich meistens verkürzt – nicht nur
von westlichen Medien ein Bedrohungsszenario aufgebaut werden.
Diese Entwicklung kann auch – gewissermaßen seitenverkehrt –
von Teilgruppen der Muslime als Dokumentation notwendiger Rache für Erniedrigungen und Niederlagen, neuen Selbstbewußtseins
und Ausdruck stetiger Ausbreitung interpretiert werden. In diesen
Bildern spielen »starke« Identifikationen, Feindbilder und eigene

Bedrohungsgefühle, die Hoffnung, daß dem Islam überall die Zukunft gehört und daß der Friede von seiner Ausbreitung abhängt, ebenso eine Rolle wie die Hoffnung auf eine politische Ausbreitung in der Türkei, die in den Dezemberwahlen 1995 zumindest für die Refah-Partei schon so weit vorangeschritten ist, daß sie seit Juni 1996 mit Erbakan erstmals in der Geschichte der modernen Türkei einen islamistischen Ministerpräsidenten in einer Koalitionsregierung stellt. Und schließlich ist auch die eigene Rolle nicht zu vergessen, um sich als auserkoren zu fühlen, in der Diaspora an einer Ausbreitung des Islams mitzuwirken.

Diese geopolitischen Ausweitungsziele werden z. T. durch religiöse Schriften in hoher Auflage aus vielfach saudi-arabischen Quellen und über elektronische Massenmedien transportiert. Der Wirkungsgrad könnte durch den vielfach vermuteten Rückzug großer Teile der türkischen Migrantengruppe auf türkische Medien verstärkt (vgl. Gaserow 1995) werden. Diese Medien können eigene politische Interpretationen jener Erfahrungen von Migranten lancieren, die sich in Verlusten und Bedrohungsgefühlen durch die Moderne, Ausgrenzungserfahrungen wie Verweigerungshaltungen durch die Mehrheitsgesellschaft dokumentieren, durch die v. a. den Migranten islamischen Glaubens ihre vermeintliche *Schwäche* demonstriert wird. Über die Bilder erstarkten Selbstbewußtseins z. B. durch Ausbreitungsmeldungen wie -phantasien können bei ebendiesen Gruppen entsprechende Hoffnungen auf zukünftige *Stärke* und Dominanz gehegt werden.

Auf der Basis der bisher vorgestellten Hinwendungsgründe sind diese geopolitischen Ausweitungsziele von besonderer Brisanz, weil gegen sie, im Gegensatz zu den anderen Zusammenhängen, die auf innergesellschaftlichen Ursachen beruhen, nicht direkt eingewirkt werden kann, soweit etwa islamistisch-nationalistische Feindbilder via Satellitenfernsehen transportiert werden. Die Wirkungsreichweite ist weitgehend davon abhängig, welche innergesellschaftlichen Entwicklungen für die dritte Generation zu erwarten sind. Es ist die These plausibel, daß mit zunehmender Desintegration auch die massenmedialen Einflüsse mit den geopolitischen Ausbreitungsideen zunehmen werden.

In diesem Lichte sind die einzelnen Aussagen[17] einzuordnen, deren Ergebnisse in Abb. 3.5 dargestellt sind.

17 Die Skala »Geopolitische Einflüsse« (SGEOPOL) hat folgende statistisch relevanten Werte: Mean = 2.435; Std. dev. = .792; Min. = 1.000; Max. = 4.000.

Abb. 3.5: Geopolitische Ausweitungsansprüche (Angaben in Prozent)

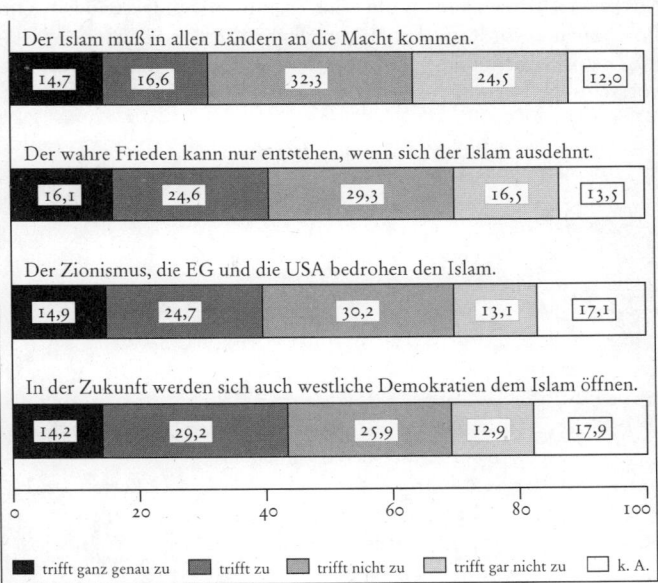

Zwischen ca. 30% und 40% variieren die Zustimmungen, die auch hier wieder zwischen Überlegenheitsphantasien und Bedrohungsszenarien pendeln. Letzteres ist besonders dann gegeben, wenn ca. 60% den Krieg in Bosnien als Indiz dafür nehmen, daß der Westen den Islam unterdrücken will.[18] Dazu tragen auch jene Einstellungen bei, in denen ein verdeckter Antisemitismus deutlich wird, wenn ca. ein Drittel aller Befragten explizit den Zionismus als Bedrohung des Islams ansieht (vgl. Kommentare Nr. 22).[19]

Diese geopolitischen Ausweitungsansprüche lassen sich nur schwer interpretieren. So sind insbesondere deutliche Zusammenhänge mit dem islamzentrierten Überlegenheitsanspruch (r = .58) bzw. der religiös fundierten Gewaltbereitschaft (r = .36) vorhanden. Gleichzeitig muß aber u. E. die Richtung dieser Zusammen-

18 Vgl. im Anhang das Item V214.
19 Dem Item »Der Zionismus bedroht den Islam« stimmten insgesamt 33,2% zu.

hänge offen bleiben, d. h., es ist hier letztlich nicht zu entscheiden, ob eine Distanz zur westlichen Gesellschaft bzw. der Wunsch nach Ausweitung des Islams schließlich islamisch-fundamentalistische Positionen befördert oder ob umgekehrt bereits vorhandene islamisch-fundamentalistische Orientierungsmuster die Expansionsvorstellungen bedingen.

IV. Ein vorläufiges Fazit

Das Problem sozialer Integration und die Notwendigkeit öffentlicher Diskussionen

Als Gesamtergebnis wird hier festgehalten, daß es ein erhebliches Ausmaß an islamzentriertem Überlegenheitsanspruch und religiös fundierter Gewaltbereitschaft zu registrieren gibt. Nachdem in den verschiedenen Abschnitten einzelne Ursachenzusammenhänge aufgezeichnet worden sind, läßt sich auch in einer zusammenfassenden Analyse zeigen, daß die theoretisch hergeleiteten und empirisch untersuchten Problembereiche ein Gesamtbild abgeben, das wesentliche Teile der Ursachen jenes Phänomens erklärt, das zwar das quantitativ geringste, aber das problematischste ist: die religiös fundierte Gewaltbereitschaft.

Am erklärungskräftigsten für die Emergenz der dahinterliegenden demokratie- und integrationsfeindlichen Orientierungsmuster unter türkischen Jugendlichen erwiesen sich die folgenden, voneinander unabhängigen innergesellschaftlichen Ursachenkomplexe.[1]

- Fremdenfeindliche Gewalt
- Rückzug an ethnozentrierte Orte
- Ablehnung »neuer Werte«
- Reaktion auf die Verweigerung der Anerkennung einer kollektiven Identität
- Ethnisch-kulturelle Identifikation
- Problematische Familiensituation
- Problematische Modernisierungsfolgen
- Diskriminierungserfahrungen

Wesentliche Ursachen für die Hinwendung zu einer religiös fundierten Gewaltbereitschaft sind nach unseren komplexen Analysen demnach die Reaktionen auf fremdenfeindliche Gewalt und die Verweigerung der Anerkennung einer kollektiven Identität durch die Mehrheitsgesellschaft, aber auch konkrete Diskriminierungserfahrungen im privaten Bereich sowie die negativen Folgen der

---

1 Eine durchgeführte Regressionsanalyse auf die Variable SRELGEW erbrachte folgende statistisch relevanten Werte: Multiple R = .60; R^2 = .36; Sig. F. = .000; SREAKT β = .17; FFREIAK2 β = .23; SWERTE1 β = –.15; SKOLLEKT β = .18; FETHKUL1 β = .13; SSTREIT β = .10; ASPI β = –.11; FDISKRI2 β = .09.

gesellschaftlichen Modernisierungsprozesse. Gleichzeitig sind die Rückzugstendenzen in die eigenethnische »Wir«-Gruppe, die Betonung einer auf Abgrenzung ausgerichteten national und religiös begründeten Identität sowie die Ablehnung »moderner« Erziehungswerte und ein innerfamiliales Konfliktpotential zentral für diese Orientierungsmuster. Insgesamt stellt sich ein emotional hoch aufgeladenes Ursachenbündel aus individualbiographischen, sozialen und politischen Aspekten heraus, das der religiös fundierten Gewaltbereitschaft zugrunde liegt.

Betrachtet man die Ergebnisse im Verhältnis zur Moderne, dann bieten sich drei Erklärungsansätze an.

Eine erste Sichtweise interpretiert die Ergebnisse als Ausdruck bloßer Rückwendungen in eine verklärte *Vormoderne*. Indiz dafür wäre der hohe Bedeutungsgrad von Traditionen, also von nicht hinterfragbaren Selbstverständlichkeiten. Danach würden die Hinwendungen abnehmen, wenn sich die Traditionen auflösten.

Die zweite Blickrichtung betont die »*Modernisierungslücken*«. Danach wäre Zunahme oder Abnahme der problematischen Orientierungen und Organisationsnähe von der vollständigen Durchsetzung der Modernisierung abhängig, mit anderen Worten würde vorrangig der gleiche Zugang zu den Funktionssystemen zum entscheidenden Entwicklungsfaktor.

In einer dritten Perspektive werden die Ergebnisse als stützende Indizien für die These gesehen, daß die *dominierenden* gesellschaftlichen Entwicklungen vielfältige Identitäts- und Gemeinschaftsfragen vor dem Hintergrund zunehmender Komplexität wie Desintegrationsbedrohungen neu und verstärkt aufwerfen.

Dadurch wächst die Attraktivität jener Postulate, die über Entdifferenzierungen klare Orientierungen versprechen und die mittels religiöser Gewißheiten wie nationaler Aufheizungen eine ethnisch-kulturell ausgerichtete Integration in der eigenen, aber auch fremden deutschen Gesellschaft zu sichern scheinen. Zugleich geraten aber auch Gewißheiten ins Wanken; Religion wird verfügbar, der Heiligkeit entkleidet und funktional einsetzbar.

Die hier verzeichneten Entwicklungen werden damit als *Produkt der Moderne* verstanden. Das bedeutet auch, daß sich in der jüngeren Generation die Hinwendungen und Zuspitzungen nicht mehr nur durch die Übernahme nichthinterfragbarer Selbstverständlichkeiten zu entwickeln scheinen, sondern daß sie *bewußt* erfolgen. Gerade die bewußte Entscheidung, die sich u. a. auch gegen die »Verwestlichung« der Eltern richten kann, scheint uns ein besonders wichtiges Indiz.

Die drei Erklärungsansätze schließen sich nicht wechselseitig aus. Sie können auch nebeneinander bestehen und sich auf verschiedene Gruppen beziehen. Weitere empirische Untersuchungen, die sich auf religiös gespeiste Legitimationsmuster[2] zur Präferenz islamisch-fundamentalistischer Orientierungen und bezüglich der Hinwendung zu entsprechenden Organisationen konzentrieren, sollten dazu beitragen, die möglicherweise unterschiedliche Erklärungsrelevanz der Ansätze aufzuzeigen.

Auch wenn wir den dritten Erklärungsansatz als besonders zukunftsträchtig ansehen, besteht ausgiebiger Analysebedarf. Demgegenüber gibt es eine eindeutige Präferenz für den Interpretationsansatz, daß es sich in erster Linie nicht um ein jugendtypisches Übergangsphänomen, sondern um ein politisches Dauerproblem handelt. Gegen den jugendbezogenen Interpretationsansatz, daß sich diese Ergebnisse »*nur*« bei Jugendlichen finden und somit nur sehr begrenzte Geltung beanspruchen dürften, werden von uns zwei Argumente eingewendet. Zum einen hat sich eine doch überraschend hohe intergenerative Verknüpfung mit der Elterngeneration gezeigt. Zum zweiten sind Jugendliche als Untersuchungsgruppe deshalb besonders relevant, weil sie sowohl durch ihre seismographischen Empfindlichkeiten als auch ihre zuspitzenden Äußerungsformen die latenten Problemstellungen offen – ohne falsche oder kalkulierende Rücksichtnahmen – aufzeigen. Allerdings sind keine Aussagen darüber möglich, wie stabil oder labil diese Orientierungen sind. Dies wäre nur durch Langzeituntersuchungen zu klären.

Größere Klarheit ergibt sich in weiteren Problematiken. So wird bezüglich eines Großteils der Jugendlichen mit den prekären Orientierungen die Annahme nicht geteilt, daß es sich um jugendtypisch zugespitzte *kulturelle Episoden* handele, die sich durch gelassenes Warten verflüchtigen wie bei jugendkulturellen Moden westlichen Stils. Dagegen spricht die Verankerung des Islams als

---

2 Dazu bedarf es kombinierter Methodenansätze. Vor allem müssen qualitative Interviews herangezogen werden. Mit ihrer Hilfe lassen sich dann die Legitimationsmuster analysieren. So ist zu vermuten, daß beispielsweise Jugendliche, die dem »Vormoderne«-Ansatz zugerechnet werden müssen, aufgrund des hohen Selbstverständlichkeitsgrades fast völlig auf Begründungen verzichten. Demgegenüber müßte erwartet werden, daß Jugendliche, die dem dritten Ansatz zuzuordnen wären, über reflexive Begründungen verfügen.

»kulturelles Kapital« ebenso wie die Hinwendung zu Institutionen, die die Jugendlichen durch ihre vielfältigen Angebote binden, organisieren und mobilisieren, mithin den *politischen Charakter* manifestieren können. Dies hängt mit der *gesellschaftlichen Entwicklung* zusammen: je größer die freiwillige oder erzwungene Desintegration von türkischen Jugendlichen, desto intensiver ist die Nähe zu kollektiv-religiösen Überlegenheitsansprüchen und religiös fundierter Gewaltbereitschaft. Daher wird hier die These vertreten, daß es sich um ein dauerhaftes Problem handelt, dessen Brisanz sich aus unterschiedlichen individuellen und sozialen sowie gesellschaftlichen und politischen Entwicklungen ergibt und dessen Schärfe in den nächsten Jahren u. E. noch deutlicher hervortreten wird.

Betrachtet man insgesamt den Zusammenhang von Einschätzungen der eigenen Lebenslage und der Zufriedenheit mit der Lebenssituation einerseits mit den Voten für islamische Überlegenheitsansprüche sowie die religiös fundierte Gewaltbereitschaft andererseits, dann gibt es für die Bundesrepublik bisher kaum Hinweise auf die zumeist angeführten Gründe schon erfahrener Armut und materieller Verelendung. Statt dessen wird u. E. die Interpretation plausibel, daß die entsprechenden Voten als Indizien für die *Antizipation* kommender Problemlagen zu werten sind, gewissermaßen als vorweggenommene »Rückversicherungen«, um nicht in ein *soziales* und ideologisches Loch zu fallen, sondern um an stabilisierenden, *identitätsstützenden religiös-kulturellen Pfeilern* Halt finden zu können.

Eine zweite Interpretation geht darüber hinaus und wertet Nähe und Hinwendung als Indiz dafür, daß die betreffenden Jugendlichen die eigene Situation bereits aktuell nicht mehr im problematischen, sondern im *gewißheitsverheißenden* und *tröstenden religiösen Licht* sehen (wollen), weil sie z. B. vom Sieg des Islams überzeugt sind.

Eine dritte Variante interpretiert die Zustimmung weder *sozialkompensatorisch* noch *religiös tröstend*, sondern *machtpolitisch*. Indikatoren sind die schon aufgeführten geopolitischen Ausdehnungsansprüche. Diese Deutung kann unabhängig von der sozialen Lebenssituation und religiöser Gewißheitssuche erfolgen und bedarf u. E. erhöhter Aufmerksamkeit. Dies gilt sowohl für eine öffentliche Debatte als auch im Hinblick auf bisher fehlende Forschungsaktivitäten. Die Ausdehnungsansprüche dürften an

Gewicht gewinnen, falls die Rückzüge in die eigenethnische Gemeinschaft mit einer weiteren Intensivierung eines türkisch-nationalistischen wie islamistischen Medienangebotes und dementsprechender Nutzung einhergehen sollten. Gleichwohl sollte man die praktische Bedeutung der Ausdehnungsansprüche für die Bundesrepublik derzeit nicht überschätzen.

Die Überlegungen zu den *Konsequenzen* müssen also in mehrere Richtungen weisen. Vorauszusetzen ist, daß es sich um komplexe Prozesse handelt, die sowohl die Mehrheitsgesellschaft als auch die türkische Minderheit betreffen. Dabei sind zunächst zwei grundlegende Fehler zu korrigieren. Erstens wird die türkische Bevölkerung in der öffentlichen und politischen Diskussion in der Regel über ihren Migrantenstatus und ihre ethnisch-kulturelle Zugehörigkeit fälschlicherweise künstlich *homogenisiert*. Dies führt zu der bekannten schlichten Schematik negativer Diskriminierung aus konservativen und rechtsextrem orientierten sowie positiver Diskriminierung aus sozialliberalen und linken Gruppen der Mehrheitsgesellschaft. Dramatisierungen oder Tabuisierungen statt Differenzierungen sind deshalb immer noch an der Tagesordnung. Ein zweites zentrales Versäumnis kommt hinzu. Analog zur berühmten Metapher von Max Frischs »Arbeitskräfte wurden gerufen – Menschen sind gekommen« ist zu vermerken, daß Desinteresse und Fehleinschätzungen zu religiösen Empfindungen und politischen Ausrichtungen in ihrer ganzen Bandbreite existieren. Die Bedeutung des Islams ist infolgedessen in seiner kulturellen Verankerung *unterschätzt* worden, und politisch werden die türkischen Migranten immer noch als *Neutren* gesehen und behandelt. Die Ergebnisse dieser Untersuchung mit den z. T. hohen nationalistischen und *gegen* andere Minderheiten gerichteten Positionen verweisen dagegen auf weitreichende Probleme in nicht unerheblichen *Teil*gruppen der jungen inländischen Bevölkerung mit türkischem Paß.

Differenzierung und demokratische *Aufmerksamkeit* sind angesichts der Desintegrationsprozesse angebracht, zumal sich gegenläufige Prozesse nicht einfach und durchgreifend initiieren oder steuern lassen, sondern nur begrenzte Reichweiten und vielfältige Ambivalenzen aufweisen. Dies läßt sich an Beispielen verdeutlichen:

– Folgte man der *Reaktionshypothese*, dann könnte man hoffen, daß ein Nachlassen fremdenfeindlicher Gewalt auch eine Reduktion islamisch-fundamentalistischer Orientierungen bewirken würde. Hier liegen also die Aufgaben der Mehrheitsgesellschaft. Gleichzeitig können aber auch die nach wie vor existierenden fremdenfeindlichen Gewalttaten aus der Perspektive interessierter fundamentalistischer Gruppen so weit instrumentalisiert werden, daß sie zumindest als Themen existent bleiben, weil sich damit am ehesten eigenethnische und abgrenzende Identitätspolitiken stärken ließen.

– Bei der *kollektiven Identitätshypothese,* die das Fehlen entsprechender Identifikationsangebote der Aufnahmegesellschaft betrifft, wird die Sachlage komplizierter, weil die bereits angeführten Untersuchungen aus den dreißiger Jahren belegen, daß die dritte Generation intensivere und bewußte Hinwendungen zu den religiös-kulturellen Wurzeln zeigt – die sich dann in schwierigen sozialen und ökonomischen Situationen auch in extremen Formen äußern, also in unserem Fall in islamisch-fundamentalistische Positionen münden können. Auch hier scheint die Reichweite politischer Aktivitäten etwa mit der doppelten Staatsbürgerschaft außerordentlich begrenzt zu sein, wenn schon formierende eigenethnische Identitätspolitiken gegriffen haben und der Eindruck verstärkt worden ist, daß sich im alltäglichen Leben allein durch den deutschen Paß nicht viel ändert. Im übrigen kann die Aufgabe der türkischen Staatsangehörigkeit zumal jenen Jugendlichen zusätzliche Probleme bereiten, die sich auf die staatsbürgerliche Integration einlassen, aber die Zugänge zu gesellschaftlich anerkannten Statuspositionen nicht schaffen und dann auch immer weniger Rückkehr-Optionen in die eigenethnische Gruppe haben – zumal die Exit-Option in die Türkei ohnehin nicht realistisch erscheint.

– Anders sieht es bei der *geopolitischen Hypothese* aus. Denn damit werden Einflüsse u. a. über die türkischen Medien thematisiert, deren Nutzungen von den Minderheiten selbst zu verantworten sind, obwohl diese auf die inhaltliche Ausrichtung und die Intensität der Verbreitung wiederum keinen Einfluß haben. Durch die Internationalisierung der Medienkommunikation wird hier jedem gesellschaftlichen Gegeneinfluß der Boden entzogen. Aufgrund des nach wie vor existierenden Türkei-Bezuges ist deshalb nicht auszuschließen, daß zunehmende Einflüsse der Refah-Partei in der Türkei parallel in die Bundesrepublik »schwappen«.

Die politischen Initiativen – wenn es sie denn gäbe – träfen also auf komplexe Abläufe. Folglich müssen etwa Versuche, wie z. B. die Einführung bzw. die von 53% gewünschte Ausweitung einer islamischen Unterweisung für die Abwehr islamisch-fundamentalistischer Hinwendungen zu *instrumentalisieren*, fehlschlagen. Dies auch deshalb, weil sich in solchen Motiven wiederum eine (verdeckte) Nichtakzeptanz des islamischen Glaubens und der Gläubigen widerspiegelt. Sie würde sich noch dadurch verfestigen, wenn die These zuträfe, daß sich im schulischen Rahmen sukzessive ein Abbruch des pädagogischen Diskurses sowohl von seiten türkischer Schülerinnen und Schüler als auch von Lehrerinnen und Lehrern vollzieht, mithin ein inhaltlicher Rückzug von der Schule mit ihren aufklärerischen Zielsetzungen und der Schule von den türkischen Muslimen.

Und auch die Stützung einer »ethnischen Ökonomie«, um Alternativen zum ersten Arbeitsmarkt zu bieten, darf nicht überschätzt werden, ist aber dringend geboten. Dies gilt insbesondere für eine mögliche zukünftige Entwicklung, wenn nämlich auch diejenigen aus der Migrantengruppe, die die angebotenen Bildungslaufbahnen erfolgreich durchlaufen, also alle Leistungskriterien für die integrierenden Statuslinien erbracht haben, gleichwohl z. B. in ein »akademisches Proletariat« einmünden sollten. Die Ergebnisse dieser Untersuchung zeigen, daß die Gruppe mit höherer Bildungsqualifikation eine erhebliche Distanz zu islamischen Überlegenheitsansprüchen und religiös fundierter Gewaltbereitschaft hat. Gleichzeitig wissen wir aber auch aus unterschiedlichen Studien zu ethnisch-kulturellen Konflikten in anderen Gesellschaften (Waldmann 1989, Wimmer 1995), daß vorrangig solche aufstiegsambitionierten Gruppen in der Lage sind zu mobilisieren. Denn die ohnehin Desintegrierten sind in der Regel zu solchen Mobilisierungen nicht in der Lage.

Bisher ist noch unklar, welche »formierenden« Entwicklungen sich ergeben. Zumal vielfach zu Recht darauf verwiesen worden ist, daß es auch »Integration durch Segregation« gebe, indem kulturell-religiöses »Eigenleben« jene Sicherheit und Geborgenheit vermittle, die dazu befähigen, gesellschaftliche Anforderungen zu bewältigen und Diskriminierungen aushalten zu können. Dieses »Modell« ist aber nur so lange tragfähig, wie die Zugänge zum Arbeitsmarkt etc. weitgehend gesichert sind, die Hoffnungen auf politische Partizipation noch realistisch scheinen, die Angebote für Freizeitgestaltung oder die soziale Versorgung durch Kommunen nicht noch weiter abgebaut werden. Diese zentralen Bedingungen sind indes immer weniger gegeben. Die Chancen für Jugendliche der dritten Generation werden u. E. nur theoretisch größer – faktisch reduzieren sich eher die Realisierungsmöglichkeiten ihrer Lebensplanungen und einer angemessenen Existenzsicherung.

Dagegen gibt es unübersehbare Anzeichen dafür, daß eher partikulare Wertvorstellungen und Rückzüge in eigenethnische Gruppen und (Sport-)Vereine zunehmen – mitsamt einer eigenethnischen Identitätspolitik. Es handelt sich dabei um eine Verstärkung solcher Bearbeitungsweisen, über die man selbst verfügen kann. Daß dieser Prozeß eher schleichend vonstatten geht, wird ebenso häufig übersehen wie die Entwicklungen zu Protest und Widerstand in vielfältigen, z. T. offenen, z. T. verdeckten Formen.

Zuspitzungen ethnisch-kultureller Konflikte lassen sich in einer Gesellschaft vermeiden, solange es gelingt, die Auseinandersetzungen im Zustand von »cross-cutting-conflicts« zu halten. Dieser ist dann gegeben, wenn die beteiligten Personen oder Gruppen in mehrere Statuslinien eingebunden sind und sich ihre Interessenpositionen vielfältig überlappen. Verringert sich dieser Zustand, eskaliert nicht nur die Gefahr durch Teile der Mehrheitsgesellschaft, sondern Probleme entstehen auch durch Teile der Minderheiten, wenn z. B. eine Reduzierung auf eine muslimische Identität erfolgt, die keine Verletzungen (mehr) erträgt.

Derzeit ist noch offen, welches »Klima« gegenüber der Mehrheitsgesellschaft sich insbesondere in segregierten (Stadt-)Gebieten, aber nicht nur dort, durch einen politisch instrumentalisierten Islam herausbildet. Zum Problem werden Segregationsprozesse dann, wenn *sozialökonomische Ausgrenzungen* mit *kulturellen Abgrenzungen* und *religiös-nationalistischen Aufheizungen* verbunden sind. Dies deutet sich u. E. mancherorts unzweifelhaft an. Zumal sich Auseinandersetzungen in Stadtteilen z. B. um die Genehmigung des per Lautsprecher zu verkündenden Gebetsruf zwischen Teilen der »betroffenen« Mehrheitsgesellschaft und Teilen der muslimischen Gemeinschaft mancherorts zunehmend verschärfen. Welche Chancen und Wirkungen dann die entsprechenden Organisationen haben, wenn alternative Angebote der Mehrheitsgesellschaft ausbleiben, ist durch diese Untersuchung nachdrücklich gezeigt worden. Daher ist es um so mehr ein Problem, wenn durch hartnäckige Nichtthematisierung diese Gesellschaft immer mehr die Fähigkeit verliert zu erkennen, welche

Konfliktpotentiale in ihr lagern und sich entwickeln. Deshalb betrifft eine Zentralfrage nach der weiteren Entwicklung auch die Rolle der islamisch-fundamentalistischen Organisationen mit ihren oft doppelbödigen Strategien öffentlich-liberaler Selbstdarstellung und internen repressiven Ausrichtungen (vgl. u. a. Sag 1996).

Die Gewalthaltigkeit eines Hinwendungsprozesses zu islamischen Überlegenheitsansprüchen und militanten islamisch-fundamentalistischen Positionen wird dann erklärbar, wenn man der These folgt, daß die ausweitende Re-Aktivierung oder Verfestigung harter traditionaler Verhaltensmaßstäbe in einer enttraditionalisierten, modernen Gesellschaft nur mit Zwang und Gewalt möglich ist. Dieser Umstand wird vielfach übersehen und in seiner Tragweite unterschätzt. Die für fundamentalistische Bewegungen typische Halbierung der Moderne, also die Ablehnung der kulturellen Seite und die gleichzeitige Nutzung der technologischen Möglichkeiten, birgt gefährliche politische Inkonsistenzen in sich, die die Neigungen nähren könnten, sie über Gewalt zu klären. Dies gilt auch für den Islamismus. Einige Organisationen bieten dazu einen inzwischen für die demokratische Öffentlichkeit der Bundesrepublik vielerorts abgeschirmten, z. T. fast hermetischen Rahmen. Dort, wo legitime kulturelle Differenz verwechselt wird mit einer solchen problematischen Form der Abschottung, ergibt sich die Notwendigkeit zu öffentlichen Debatten mit und über solche Organisationen. Diese Forderung ist nicht aufzugeben und kann aus Gründen der universalistischen Geltung von Freiheitsrechten und Demokratie sichernder Öffentlichkeit nicht an den partikularistischen Interessen der religiös-kulturellen Identität – welcher Ausprägung auch immer – haltmachen.

Die Ergebnisse dieser Untersuchung weisen darauf hin, daß das Zusammenleben vor schweren Belastungen stehen wird, wenn zum einen keine weitreichenden politischen Initiativen zur sozialen Integration und zum anderen keine ebenso deutlichen Markierungen universal geltender demokratischer Wertvorstellungen erfolgen. Lange Zeit hat es in der Bundesrepublik keine angemessene und kontinuierliche öffentliche und politische Auseinandersetzung zu fremdenfeindlichen und rechtsextremistischen Entwicklungen gegeben. Nun deutet sich an, daß – abgeschirmt durch ebendiese Ereignisse – Entwicklungen in *Teilen* der türkischen Bevölkerungsgruppe nur mangelhaft öffentlich thematisiert werden. Deshalb ist Seidel-Pielen zuzustimmen:

»In einer Vielvölkerrepublik ist ›niemand eine Insel‹, hat jede Veränderung im kollektiven Selbstverständnis einer (sozialen und ethnischen) Gruppe Rückwirkungen auf das Ganze« (1995, S. 10).

Insofern gibt es keine Alternative zur Herstellung von Öffentlichkeit:

> »Da die Immigranten eben keine Kolonie der türkischen Republik sind, ist es ein Recht dieser Gesellschaft, zu erfahren, aus welchen Quellen die unterschiedlichsten Bevölkerungsgruppen – ob nun türkischer, griechischer, deutscher oder sonstiger Herkunft – ihr Weltbild zusammenbasteln, welchen ideologischen Einflüssen sie ausgesetzt sind« (ebd.).

Dies gilt um so mehr, als immer deutlicher wird, daß liberale Angehörige der türkischen Bevölkerungsgruppe zunehmend aus Angst die antidemokratischen und fundamentalistischen Entwicklungen nicht öffentlich thematisieren und kritisieren.

Insgesamt wäre es eine gefährliche Entwicklung für die Integration der *Gesamtgesellschaft*, wenn eine weitgehend entraditionalisierte, säkularisierte und funktional differenzierte Mehrheitsgesellschaft in Konfrontation mit retraditionalisierten, religiös-politisch ausgerichteten Teilgruppen einer sich entwickelnden »*Parallelgesellschaft*« von Minderheiten geriete. Denkbar sind dann auch Re-Vitalisierungen religiös-kultureller Mobilisierungsressourcen in der Mehrheitsgesellschaft, denn die Auseinandersetzungen um »kulturelles Kapital« (Esser 1996) sind immer hochgradig entzündungsfähig. Dies um so mehr, weil sich weder Orientierungen quasi automatisch in Handlungen umsetzen noch Formierungsprozesse und die Zuspitzung in Gewalt kausal und linear entwickeln. Gewalthaltige Konflikte werden häufig durch »zufällige« Einzelereignisse ausgelöst, entwickeln ihre Eigendynamik oder werden vor allem durch Eliten angeheizt, mithin gibt es keine Zwangsläufigkeiten. Erinnert sei aber daran, daß sich entzündungsfähige Orientierungsmuster häufig lange vor politischen oder auch gewalttätigen Abläufen herausbilden. Gerade das aktuelle Beispiel deutscher Jugendlicher sollte mahnen. Bereits Mitte der achtziger Jahre ist durch empirische Untersuchungen auf die Ausbreitung rechtsextremistischer Orientierungen hingewiesen worden (Heitmeyer 1987/⁵1995). Bei den fremdenfeindlichen Gewaltwellen zu Beginn der neunziger Jahre war in besonders hohem Maße jene Alterskohorte an dieser Gewalt beteiligt.

Die Geschichte der Gewalt kennt keine einfachen Analogien. So auch nicht im Vergleich mit Entwicklungen bei jungen Muslimen maghrebinischer Herkunft in den französischen Vorstädten und deren Hinwendung zu islamisch-fundamentalistischen Gruppen (vgl. Loch 1995). Zugleich ist die Kenntnis darüber, wie sich zu Zeiten schnellen und unübersichtlichen Wandels in zunehmend desintegrierenden Gesellschaften auch gewalthaltige Orientierungen entwickeln, begrenzt. Von daher reichen die intensiven Untersuchungen zu solchen Potentialen in der deutschen Mehrheit nicht mehr aus. Die notwendige Anerkennung der türkischen Bevölkerungsgruppe als *normaler* Bestandteil der Gesellschaft schließt als »Kehrseite« auch ein erhöhtes Ausmaß kritischer Sichtweisen ein. Zumal die immer schwieriger werdende Integration von Minderheit *und* (immer größeren) Teilen der Mehrheit in die Gesamtgesellschaft mehr denn je öffentliche und konflikthafte Diskussionen erfordert.

Die Problematik der vorhandenen und möglicherweise wachsenden Akzeptanz islamisch-fundamentalistischer Sichtweisen und organisatorischer Einbindungen unter der muslimischen Bevölkerung in Deutschland kann heute nicht angemessen eingeschätzt werden, zumal Untersuchungen in den Erwachsenengenerationen völlig fehlen. Hinzu kommt, daß die Entwicklungsdynamik von der Bewältigung komplizierter *Interaktionen* zwischen *Teilgruppen* und Repräsentanten der Mehrheit sowie *Teilgruppen* der Minderheit mitsamt ihren Meinungsführern abhängt, die im Zusammenhang mit religiösen Symboliken und Praktiken erst noch vor uns liegen.

Selbst wenn man die sozialen, kulturellen und politischen Ursachen für die Anziehungskraft islamisch-fundamentalistischer Strömungen klar erkennen sollte, so kommt man nicht daran vorbei: die Suche nach Gewißheiten bleibt. Sie wird u. U. stärker, je bewußter es den Menschen wird, daß Gewißheiten verloren gehen.

Das ist eine für die Moderne typische Erscheinung, die sich durch politische Maßnahmen kaum beeinflussen läßt. Die Hinwendung zu islamisch-fundamentalistischen Sichtweisen ist dann nicht nur eine hilflose Rückbesinnung auf eine verklärte Vormoderne, sondern vielfach eine bewußte Entscheidung. Wenn sich Teilgruppen der türkisch-muslimischen Jugendlichen von solchen Gruppierungen vertreten fühlen, dann spiegelt sich darin die Suche nach kultureller Sicherheit in einer für sie vertrauenswürdigen

Gemeinschaft. Damit aber entsteht die Gefahr, daß Religion in einer desintegrierenden Gesellschaft zunehmend für pluralismus- und demokratiefeindliche politische Zwecke instrumentalisiert wird.

Literatur

Allerbeck, K./Hoag, W.: *Jugend ohne Zukunft? Einstellungen, Umwelt, Lebensperspektiven*, München/Zürich 1985.

Allerbeck, K./Hoag, W.: *Wenn Deutsche Ausländer befragen. Ein Bericht über methodische Probleme und praktische Erfahrungen*, in: Zeitschrift für Soziologie 3 (1985), S. 241-246.

Arnold-Rösner, R.: *Berufliche Integration junger Türken: Chancen und Realitäten in der aktuellen Beschäftigungskrise*, Hamburg 1986.

Auernheimer, G.: *Der sogenannte Kulturkonflikt. Orientierungsprobleme ausländischer Jugendlicher*, Frankfurt/M. 1988.

Baacke, D.: *Jugendkulturen als Lebensstil. Zu neuen Formen der Sinndeutung*, in: Kulturpolitische Gesellschaft 3 (1986).

Barker, R. G.: *Ecological Psychology – Concepts and Methods for Studying the Environment of Human Behavior*, Stanford/CA. 1968.

Beck, U.: *Jenseits von Stand und Klasse? Soziale Ungleichheiten, gesellschaftliche Individualisierung und die Entstehung neuer Formationen und Identitäten*, in: Kreckel, R. (Hg.): *Soziale Ungleichheiten* (Soziale Welt, Sonderband 2), Göttingen 1983, S. 35-74.

Beck, U.: *Risikogesellschaft. Auf dem Weg in eine andere Moderne*, Frankfurt/M. 1986.

Beck-Gernsheim, E.: *Von der Liebe zur Beziehung? Veränderungen im Verhältnis von Mann und Frau in der individualisierten Gesellschaft*, in: Berger, J. (Hg.): *Die Moderne – Kontinuitäten und Zäsuren* (Soziale Welt, Sonderband 4), Göttingen 1986, S. 209-233.

Beiersdorf, D., u. a.: *Fußball und Rassismus*, Hamburg 1993.

Beauftragte der Bundesregierung für die Belange der Ausländer (Hg.): *Bericht der Beauftragten der Bundesregierung für die Belange der Ausländer über die Lage der Ausländer in der Bundesrepublik Deutschland*, Bonn 1995.

Bertram, H./Borrmann-Müller, R.: *Individualisierung und Pluralisierung familialer Lebensformen*, in: Aus Politik und Zeitgeschichte, B 13 (1988), S. 14-23.

Bielefeldt, H.: *Islamischer Fundamentalismus als Herausforderung*, in: liberal. Vierteljahreshefte für Politik und Kultur 3 (1991), S. 35-42.

Binswanger, K.: *Islamischer Fundamentalismus in der Bundesrepublik. Entwicklung – Bestandsaufnahme – Ausblick*, in: Nirumand, B. (Hg.): *Im Namen Allahs. Islamische Gruppen und der Fundamentalismus in der Bundesrepublik Deutschland*, Köln 1990, S. 38-54.

Böhnisch, L./Blanc K.: *Die Generationenfalle. Von der Relativierung der Lebensalter*, Frankfurt/M. 1989.

Bommes, M./Radtke, F.-O.: *Institutionalisierte Diskriminierung von Mi-*

grantenkindern. *Die Herstellung ethnischer Differenz in der Schule*, in: *Zeitschrift für Pädagogik* 3 (1993), S. 483-497.

Boos-Nünning, U./Nieke, W.: *Orientierungs- und Handlungsmuster türkischer Jugendlicher zur Bewältigung der Lebenssituation in der Bundesrepublik Deutschland*, in: *psychosozial* 16 (1982), S. 63-90.

Bröskamp, B.: *Körperliche Fremdheit. Zum Problem interkultureller Begegnungen im Sport*, Sankt Augustin 1994.

Bronfenbrenner, U.: *Die Ökologie der menschlichen Entwicklung*, Frankfurt/M. 1989.

Brinkhoff, K.-P./Ferchhoff, W.: *Jugend und Sport. Eine offene Zweierbeziehung*, Zürich 1990.

Bundesamt für Verfassungsschutz (Hg.): *Islamischer Extremismus und seine Auswirkungen auf die Bundesrepublik Deutschland.* Bonn ²1995.

Bundesministerium des Innern (Hg.): *Verfassungsschutzbericht 1995*, Bonn 1996.

Dollase, R.: *Wann ist der Ausländeranteil zu hoch? Zur Normalität und Pathologie soziometrischer Beziehungen in Gruppen*, in: Heitmeyer, W. (Hg.): *Das Gewalt-Dilemma*, Frankfurt/M. 1994, S. 404-434.

Elias, N./Scotson, J. L.: *Etablierte und Außenseiter*, Frankfurt/M. 1990.

EMNID-Institut (Hg.): *Umfrage und Analyse* 3/4 (1992), Bielefeld 1992.

Esser, H.: *Ethnische Differenzierung und moderne Gesellschaft*, in: *Zeitschrift für Soziologie* 4 (1988), S. 235-248.

Esser, H.: *Interethnische Freundschaften*, in: Esser, H./Friedrichs, J. (Hg.): *Generation und Identität*, Opladen 1990, S. 185-205.

Esser, H.: *Ethnische Konflikte als Auseinandersetzung um den Wert von kulturellem Kapital*, in: Heitmeyer, W./Dollase, R. (Hg.): *Die bedrängte Toleranz*, Frankfurt/M. 1996, S. 64-99.

Farin, K./Seidel-Pielen, E.: *Krieg in den Städten. Jugendgangs in Deutschland*, Berlin 1991.

Fend, H.: *Sozialgeschichte des Aufwachsens. Bedingungen des Aufwachsens und Jugendgestalten im zwanzigsten Jahrhundert*, Frankfurt/M. 1988.

Ferchhoff, W./Olk, Th.: *Strukturwandel der Jugend in internationaler Perspektive*, in: dies. (Hg.): *Jugend im internationalen Vergleich. Sozialhistorische und sozialstrukturelle Perspektiven*, Weinheim/München 1988.

Firat, I.: *Nirgends zu Hause!? Türkische Schüler zwischen Integration in der BRD und Remigration in der Türkei*, Frankfurt/M. 1991.

Gaserow, V.: *Der Rückzug auf die türkischen Medien*, in: *die tageszeitung* (taz), 9. 5. 1995.

Göle, N.: *Republik und Schleier. Die muslimische Frau in der modernen Türkei*, Berlin 1995.

Habermas, J.: *Individualisierung durch Vergesellschaftung*, in: Beck, U./Beck-Gernsheim, E. (Hg.): *Riskante Freiheiten*, Frankfurt/M. 1994, S. 437-446.

Hansen, M.L.: *The Problem of the Third Generation Immigrants*, Rock Island 1938.

Heine, P.: *Fundamentalisten und Islamisten. Zur Differenzierung der Reislamisierungsbewegungen*, in: *Aus Politik und Zeitgeschichte*, B 33 (1992), S. 23-30.

Heitmeyer, W.: *Rechtsextremistische Orientierungen bei Jugendlichen*, Weinheim/München 1987/⁵1995.

Heitmeyer, W./Olk, Th. (Hg.): *Individualisierung von Jugend*, Weinheim/München 1990.

Heitmeyer, W., u.a.: *Gewalt. Schattenseiten der Individualisierung bei Jugendlichen aus unterschiedlichen Milieus*, Weinheim/München 1995/³1997.

Heitmeyer, W. (Hg.): *Was treibt die Gesellschaft auseinander?* (Bd. 1); *Was hält die Gesellschaft zusammen?* (Bd. 2), Frankfurt/M. 1997.

Herberg, W.: *Protestant, Catholic, Jew*, New York 1960.

Hocker, R.: *Türkische Jugendliche im ideologischen Zugriff. Zur Einflußnahme extremistischer Gruppierungen auf jugendliche Migranten türkischer Herkunft*, in: Heitmeyer, W./Dollase, R. (Hg.): *Die bedrängte Toleranz. Ethnisch-kulturelle Konflikte, religiöse Differenzen und die Gefahren politisierter Gewalt*, Frankfurt/M. 1996, S. 426-449.

Hörning, K.H./Michailow, M.: *Lebensstil als Vergesellschaftungsform. Zum Wandel von Sozialstruktur und sozialer Integration*, in: Berger, J./Hradil, S. (Hg.): *Lebenslagen, Lebensläufe, Lebensstile (Soziale Welt, Sonderband 7)*, Göttingen 1990, S. 501-521.

Hoffmann, K.: *Leben in einem fremden Land. Wie türkische Jugendliche »soziale« und »persönliche« Identität ausbalancieren*, Bielefeld 1990.

Hoffmann-Nowotny, H.-J.: *Gesamtgesellschaftliche Determinanten des Individualisierungsprozesses*, in: *Zeitschrift für Sozialreform* 11/12 (1988), S. 659-670.

Hottinger, A.: *Islamischer Fundamentalismus*, Zürich 1993.

Innenministerium des Landes Nordrhein-Westfalen (Hg.): *Verfassungsschutzbericht des Landes Nordrhein-Westfalen über das Jahr 1995*, Düsseldorf 1996.

Jahn, Th.: *Türsun=Du bist Türke*. In: *Die Zeit*, Nr. 3, 12.1.1996, S. 65-66.

Jugendwerk der Deutschen Shell (Hg.): *Jugend und Erwachsene '85. Generationen im Vergleich*. 5 Bde., Hamburg 1985.

Jugendwerk der Deutschen Shell (Hg.): *Jugend '92. Lebenslagen, Orientierungen und Entwicklungsperspektiven im vereinigten Deutschland*, Hamburg 1992.

Karakasoglu, Y.: *Die Frage der möglichen Ausbreitung eines islamischen Fundamentalismus unter den Muslimen in der Bundesrepublik Deutschland, dargestellt am Beispiel der türkischen Wohnbevölkerung in Deutschland*, in: *Interdisziplinäre Forschungsgruppe für multi-ethnische*

Konflikte der Universität Bielefeld. workshop-Papier. Bielefeld 1995, S. 33-52.

Kepel, G.: *Die Rache Gottes. Radikale Moslems, Christen und Juden auf dem Vormarsch,* München 1991.

Kepel, G.: *Allah im Westen. Die Demokratie und die islamische Herausforderung,* München 1996.

Klein, M.-L./Kothy, J.: *Ethnisch-kulturelle Konflikte im Sport. Teilantrag zu einer vergleichenden Regionalstudie über »Ethnisch-kulturelle Konfliktkonstellationen in städtischen Regionen«,* Bielefeld 1995, S. 237-266.

Kothy, J.: *Integration zwischen Nähe und Distanz. Möglichkeiten und Grenzen des organisierten Sports,* in: *Gegeneinander, Nebeneinander, Miteinander. Wege und Möglichkeiten des Zusammenwirkens von Deutschen und Nicht-Deutschen im Sport.* Dokumentation einer Fachtagung am 15. Oktober 1994 in Essen. Essen 1995, S. 45-61.

Lajios, K.: *Familiäre Sozialisations-, soziale Integrations- und Identitätsprobleme ausländischer Kinder und Jugendlicher in der Bundesrepublik Deutschland,* in: ders. (Hg.): *Die zweite und dritte Ausländergeneration – Ihre Situation und Zukunft in der Bundesrepublik Deutschland,* Opladen 1991, S. 43-54.

Landesamt für Datenverarbeitung und Statistik Nordrhein-Westfalen (Hg.): *Statistisches Jahrbuch 1994,* Düsseldorf 1994.

Leggewie, C.: *Der Islam im Westen,* in: *Kölner Zeitschrift für Soziologie und Sozialpsychologie* (Sonderheft 33: »Religion und Kultur«), Köln 1993, S. 271-291.

Loch, D.: *»Ich habe einfach meinen Platz nicht gefunden.« Das triste Leben in den Vorstädten. Ein Gespräch mit dem jungen Franco-Maghrebiner Khaled Kelkal, der von der französischen Polizei erschossen wurde.* In: *Frankfurter Rundschau,* 12. 10. 1995, S. 20.

Mansel, J.: *Kriminalisierung als Instrument zur Ausgrenzung und Disziplinierung oder »Ausländer richten ihre Kinder zum Diebstahl ab«,* in; *Kriminalsoziologische Bibliographie,* 17. Jg., 1990, H. 69, S. 47-65.

Melzer, W.: *Jugend und Politik in Deutschland,* Opladen 1992.

Melzer, W./Nolteernsting, E./Schröder, H.: *Jugend in der Republik Polen, in Ost- und Westdeutschland. Strukturwandel, Kulturunterschiede und interkulturelle Kommunikation.* Datenband. Bielefeld 1993.

Meyer, Th.: *Fundamentalismus. Aufstand gegen die Moderne,* Reinbek bei Hamburg 1989.

Mihciyazegan, U.: *Moscheen türkischer Muslime in Hamburg.* MS, Hamburg 1990.

Ministerium für Arbeit, Gesundheit und Soziales des Landes Nordrhein-Westfalen (Hg.): *Ausländische Arbeitnehmer in Nordrhein-Westfalen. Zahlenspiegel 1994,* Düsseldorf 1995.

Nauck, B./Kohlmann, A.: *Family Networks, Intergenerative Transmission and Social Integration of Turkish Families.* Paper presented at the conference »Migration and Ethnic Conflicts« at the University of Mannheim, June 1996.

Nolteernsting, E.: *Jugend, Freizeit und Geschlecht. Gemeinsamkeiten und Unterschiede in Ost- und Westdeutschland*, Opladen 1996.

Oerter, R./Montada, L.: *Entwicklungspsychologie*, München/Weinheim ²1987.

Oswald, H.: *Intergenerative Beziehungen (Konflikte) in der Familie*, in: Markefka, M./Nave-Herz, R. (Hg.): *Handbuch der Familien- und Jugendforschung*, Bd. 2: *Jugendforschung*, Neuwied/Frankfurt/M. 1989, S. 367-381.

Özkara, S.: *Auswirkungen der Migration auf die Norm- und Wertvorstellungen der Migrantenfamilien in der Bundesrepublik Deutschland*, in: Lajios, K. (Hg.): *Die zweite und dritte Ausländergeneration – Ihre Situation und Zukunft in der Bundesrepublik Deutschland*, Opladen 1991, S. 91-106.

Peinhardt, I., u. a.: *Jugendkultur in Beispielen*. Projektstudium. Baden-Baden 1983.

Popp, U./Tillmann, K.-J.: *Sozialisation – Eine Einführung*, Hagen 1996.

Probst, L.: *Kampf um kulturelle Anerkennung, Signum einer neuen Epoche*, in: *die tageszeitung (taz)*, 1. 6. 1995, S. 12.

Riesebrodt, M.: *Fundamentalismus als patriarchalische Protestbewegung*, Tübingen 1990.

Sag, E. A.: *Üben islamisch-fundamentalistische Organisationen eine Anziehungskraft auf Jugendliche aus?*, in: Heitmeyer, W./Dollase, R. (Hg.): *Die bedrängte Toleranz*, Frankfurt/M. 1996, S. 450-473.

Schiffauer, W.: *Religion und Identität. Eine Fallstudie zum Problem der Reislamisierung bei Arbeitsmigranten*, in: *Schweizerische Zeitschrift für Soziologie* 2 (1984), S. 485-516.

Schiffauer, W.: *Sie verlassen die geschützte Zone!*, in: *die tageszeitung (taz)*, 14. 11. 1995 (1995a).

Schiffauer, W.: *Islamischer Fundamentalismus. Zur Konstruktion des Radikal Anderen*, in: *neue politische literatur* 1 (1995), S. 95-105 (1995b).

Schröder, H.: *Jugend und Modernisierung. Strukturwandel der Jugendphase und Statuspassagen auf dem Weg zum Erwachsensein*, Weinheim/München 1995.

Schröder, H./Melzer, W.: *Konvergenzen und Kulturspezifika im Lebenslauf der Jugendlichen*, in: Melzer, W./Lukowski, W./Schmidt, L.: *Deutsch-polnischer Jugendreport. Lebenswelten im Kulturvergleich*, Weinheim/München 1991, S. 135-169.

Schütze, Y.: *Jugend und Familie*, in: Krüger, H.-H. (Hg.): *Handbuch der Jugendforschung*, Opladen 1988, S. 233-247.

Seidel-Pielen, E.: *Keine falsche Rücksichtnahme mehr!*, in: *die tageszeitung (taz)*, 29. 5. 1995.

Seifert, W.: *Zunehmende Arbeitsmarktintegration bei anhaltender sozialer Segregation*, in: *ISI* 15 (1996), S. 7-11.

Sen, F./Goldberg, A.: *Türken in Deutschland. Leben zwischen zwei Kulturen*, München 1994.

Stöss, R.: *Rechtsextremismus und Wahlen in der Bundesrepublik*, in: *Aus Politik und Zeitgeschichte*, B 11 (1994), S. 50-61.

Stüwe, G.: *Lebenslagen und Bewältigungsstrategien junger Ausländer*, in: Lajios, K. (Hg.): *Die zweite und dritte Ausländergeneration. Ihre Situation und Zukunft in der Bundesrepublik Deutschland*, Opladen 1991, S. 107-134.

Tertilt, H.: *Turkish Power Boys. Ethnographie einer Jugendbande*, Frankfurt/M. 1996.

Tesser, A.: *Toward a Self-Evaluation Maintenance Model of Social Behavior*, in: Berkowitz, L. (Hg): *Experimental Social Psychology* 21 (1988), S. 181-227.

Tibi, B.: *Islamischer Fundamentalismus, moderne Wissenschaft und Technologie*, Frankfurt/M. 1992.

Tibi, B.: *Die fundamentalistische Herausforderung. Der Islam und die Weltpolitik*, München ²1993.

Tibi, B.: *Der religiöse Fundamentalismus*, Mannheim u. a. 1995.

Tillmann, K.-J.: *Sozialisationstheorien. Eine Einführung in den Zusammenhang von Gesellschaft, Institution und Subjektwerdung*, Reinbek bei Hamburg ⁵1994.

Waldmann, P.: *Ethnischer Radikalismus*, Opladen 1993.

Wallerstein, J. S./Blakeslee, S.: *Gewinner und Verlierer. Frauen, Männer und Kinder nach der Scheidung. Eine Langzeitstudie*, München 1989.

Wielandt, R.: *Zeitgenössischer islamischer Fundamentalismus – Hintergründe und Perspektiven*, in: Kienzler (Hg.): *Der neue Fundamentalismus. Rettung oder Gefahr für Gesellschaft und Religion?* Düsseldorf 1990, S. 46-66.

Wimmer, A.: *Interethnische Konflikte. Ein Beitrag zur Integration aktueller Forschungsansätze*, in: *Kölner Zeitschrift für Soziologie und Sozialpsychologie* 3 (1995), S. 464-493.

Anhang

1. Interview-Kommentare zu einzelnen Items des Fragebogens

(Die Interviews wurden von Reinhard Hocker mit Kölner Jugendlichen durchgeführt)

Nr. 1: Kommentierungen zur Aussage:
»Man sollte keine weiteren Asylbewerber in dieses Land hineinlassen.«

»Die sind nicht politisch verfolgt, wollen hier Geld verdienen. Das ist das. Die kommen hierhin, weil die hier arbeiten wollen, dann bringen die das vor, daß die politisch verfolgt werden.«
   Abdullah, männlich, geboren 1978, Hauptschüler, seit 1992 in Deutschland

»Also, das ist völlig richtig, daß keine Asylanten in dieses Land hineingelassen werden. Also, hier in Deutschland ist es schon sehr eng für die Menschen, also, da sind jetzt Polen dazugekommen, die Ossis dazugekommen, die Ostdeutschen dazugekommen, und die Türken sind da, und da sind auch viele Ausländer. Die Arbeitsplätze, die sind ja schon gering, sehr gering, also sehr gering, also von daher sag' ich so, daß Asylanten nicht in dieses Land hineingelassen werden sollten.«
   Omar, männlich, geboren 1978, Hauptschüler, seit 1980 in Deutschland

»Also, ich hab auch 'ne Cousine, die ist flüchtig hier, mein Vater kümmert sich voll um die bis zum geht nicht mehr. Die bezahlt auch keine Steuern und so, bezahlt gar nichts.«
   Arzu, weiblich, geboren 1980, Hauptschülerin, seit der Geburt in Deutschland

»Ach, das sind ja auch Menschen, also, man sollte sie schon reinlassen, was sollen die denn machen, in den anderen Ländern, wenn die da nicht akzeptiert werden? Aber wenn es zuviel ist, dann nicht.«
   Ayşe, weiblich, geboren 1979, Hauptschülerin, seit der Geburt in Deutschland

»Wenn es dringend nötig ist, wenn es dringend ist, dann sollte man das machen, aber nicht jeden einzelnen, ›Ach ja, komm rein‹, nee. Wenn er richtig, aber auch wirklich in der Türkei, aber auch woanders, im anderen Land, vom Staat verfolgt wird, dann sollte er nach Deutschland. Aber die meisten Asylbewerber kommen direkt nach Deutschland. Es gibt ja noch andere Länder in der Welt.«

Hasan, männlich, geboren 1979, Hauptschüler, seit der Geburt in Deutschland

»Ich meine, wenn diejenigen wirklich politisch verfolgt werden in ihrem Land, also auch umgebracht werden sollten, denke ich schon, daß die nach Deutschland kommen sollten. Das sind ja Menschen, die sich also frei äußern wollen und eben in ihrem Land nicht akzeptiert werden. Ich meine schon, daß die hierherkommen sollten. Ich meine, das sollte man vorher ganz genau untersuchen, ob das stimmt. Manche kommen ja einfach, um hier zu leben, weil sie in dem Land nicht genug verdienen oder nicht den Luxus haben wie in Deutschland. Dann sollte man vorher richtig kontrollieren, ob das wirklich richtig ist, wie sie sich in ihrem eigenen Land verhalten haben.«

Gülay, weiblich, geboren 1977, Kollegschülerin, seit der Geburt in Deutschland

»Wenn jemand den Asylbewerber ablehnt, dann lehnt er auch automatisch mich ab oder überhaupt meine Herkunft, nur es gibt Menschen auf dieser Welt, die wirklich politisch oder überhaupt verfolgt werden, und die brauchen einfach ein Dach über dem Kopf.«

Metin, männlich, geboren 1976, Schüler, seit 1988 in Deutschland

Nr. 2: Kommentierungen zur Aussage:
»Wichtiger als eine Demokratie ist, daß die Türkei eine starke Nation ist.«

»Also ich denke erst mal, Türkei ist überhaupt nicht so ein ganz demokratisches Land, ich denke auch, daß auf der Welt gar kein Land ein richtiges demokratisches Land ist, und überdem, daß die Türkei für mich starke Nation – ja, das ist auch wichtig, weil auf der

Welt weiß man nie, was auf einen zukommt, weil es gab schon vieles, was die Türkei halt bedroht hat, z. B. mit den Kurdensachen und das, mit den Kurdensachen, denke ich mir mal, daß es von außen kommt, also die Menschen, die werden richtig so gegen die Türkei, ähm, die werden gegen die Türkei aufgehetzt.«

Yasemin, weiblich, geboren 1976, Kollegschülerin, seit 1981 in Deutschland

»Die Türkei muß ein demokratischer Staat sein, weil, das ist egal, ob die stark oder nicht stark ist, aber Demokratie ist am besten.«

Abdullah, männlich, geboren 1978, Hauptschüler, seit 1992 in Deutschland

»Ich denke, daß das nicht stimmt, also kein Mensch oder kein anderer Staat soll sich, also soll keine Angst vor der Türkei haben, sind ja auch nur Menschen, würde ich mal sagen, und Demokratie, was die zur Zeit für 'ne Demokratie haben, das ist nichts für Türkei. Die Türken sagen, daß die ein islamischer Staat sind, aber das ist halt so, das ist genau wie Deutschland, die sehen auch so aus. Wenn ein Muslim sagt, ich bin ein Muslim oder ich bin eine Muslimin, dann muß man auch nach den Vorschriften gehen, was der Gott in den Koran reingeschrieben hat.«

Fatima, weiblich, geboren 1980, Hauptschülerin, seit der Geburt in Deutschland

»Die Türkei hat einmal diesen Größenwahn, die träumen von dem großen, ganz riesengroßen osmanischen Reich, wo die Menschen einfach die Schwerter rausgeholt haben, Europa erobert hatten und alles, nur, das ist nicht das richtige halt. Ich würde mich freuen, wenn die Türkei in derselben Lage und Niveau ist wie Deutschland, wo die Menschen einfach ein bißchen glücklicher sind als in der Türkei, weil ich hab' auch meine Kindheit, meine ganz frühe Kindheit, in der Türkei gelebt, und da leiden die Menschen, da leiden viele Menschen darunter, die einfach unschuldig sind, die werden einfach von diesen starken Mächten beeinflußt und mit dem Gedanken, Türkei ist eine starke Nation, wir sind Türken, wir haben Geschichte gemacht und alles, die werden einfach dadurch beeinflußt.«

Metin, männlich, geboren 1976, Schüler, seit 1988 in Deutschland

Nr. 3: Kommentierungen zur Aussage:
»Um den Einfluß der Türkei zu stärken, würde ich auch mein Leben opfern.«

»Würde ich machen. Ja, das ist mein Land, ich bin Türke, mein Blut ist Türke, also türkisch.«
   Hasan, männlich, geboren 1979, Hauptschüler, seit der Geburt in Deutschland

»Ja, jeder würde sein Leben für die Türkei opfern. Ja, würde opfern, wenn Krieg und so ist, dann würde ich mein Leben opfern.«
   Arzu, weiblich, geboren 1980, Hauptschülerin, seit der Geburt in Deutschland

»Jetzt antworte ich mal so: Wenn die Türkei wirklich ein islamischer Staat wäre, wirklich so, also nicht so wie Iran, aber wirklich so handeln würde, wie man nach dem Islam gehen müßte, dann würd' ich das tun, aber Türkei hat sich schon zuviel modernisiert. Also eine Frau sagt da, ich bin Moslem. Okay, du bist Moslem, aber – ein Moslem zu werden, muß man Kopftuch tragen, jeden Tag fünf mal Gebete machen usw., muß man vieles machen, aber wenn man die so ansieht, sind sie ohne Kopftuch, tragen Miniröcke. Für die Türkei würde ich mich nicht opfern also.«
   Ayhan, männlich, geboren 1979, Hauptschüler, seit der Geburt in Deutschland

»Ich sage nur darüber, daß sie, die Türken, ehrenvolle Menschen sind, also sehr viele Türken ehrenvolle Menschen, es gibt ja natürlich auch einige Ausnahmen, also ich selber, wenn ich das möchte, würde ich das machen, wenn ich keine andere Wahl mehr hätte, würde ich das machen. Also ich bin ja sozusagen auch ein türkischer Staatsbürger, das ist auch meine Ehre, die Türkei.«
   Omar, männlich, geboren 1978, Hauptschüler, seit 1980 in Deutschland

»Ich meine, die Türkei ist stark genug, aber sie braucht keine Stärke, nur daß die eher Frieden brauchen, eher als Stärke Frieden brauchen.«
   Nermin, weiblich, geboren 1979, Hauptschülerin, seit der Geburt in Deutschland

»Ich denke, daß man nicht sein Leben opfern sollte, um den Einfluß der Türkei zu stärken, sondern man sollte, vor allem die Jugendlichen sollten sehen, wie man weiterkommt und sich an westlichen Staaten orientiert. Man kommt doch nicht weiter, wenn man sein Leben opfert für die Türkei.«

Ferah, weiblich, geboren 1979, Hauptschülerin, seit der Geburt in Deutschland

»Ich würde niemals mein Leben für etwas opfern, weil, ich würde das einfach nicht. Mein Leben ist mir zu wertvoll.«

Yasemin, weiblich, geboren 1976, Kollegschülerin, seit 1981 in Deutschland

»Also ich sehe keinen Anlaß, mir würde kein Anlaß einfallen, mein Leben zu opfern für ein Land, vor allem nicht für ein Land, was für mich nie etwas getan hat und auch nie etwas tun wird, im Gegenteil, was mir halt das Leben noch schwieriger macht, als es schon ist.«

Şerif, männlich, geboren 1973, Student, seit der Geburt in Deutschland

Nr. 4: Kommentierungen zur Aussage:
»Es müßte eine größere Anzahl Koranschulen geben.«

»Ja, ich denke, das wäre nicht schlecht, wenn es mehr in Deutschland, der Türkei mehr Korankurse gibt, dann würden alle Leute sich bemühen, den Koran zu lernen, und sehen, was da drin steht. Manche wissen nicht, was im Koran steht. Wenn man Koran liest, dann bekommt man keine Probleme. Man trinkt kein Alkohol, man behandelt seine Familie sehr gut, ja und, man macht alle Schwierigkeiten weg, man wird davon sehr gemütlich.«

Ural, männlich, geboren 1977, Hauptschulabschluß nach Klasse 10A, z. Zt. arbeitslos, seit 1990 in Deutschland

»Ja, also, generell ist es halt einfach so, daß ich überhaupt nichts gegen diese Religion habe, gegen jegliche Arten von Religion bin ich eigentlich nicht, ja, es sind eigentlich nur die Ausführungen, die Handhabungen, die mich im Grunde genommen stutzig machen. Es kommt darauf an, wie diese eingerichtet werden, wie diese, ja, eingesetzt werden, diese Koranschulen. Ansonsten wäre ich eigentlich auch schon dafür, daß, äh, in Deutschland auch, da es halt so viele Muslime gibt, diese Koranschulen, die Anzahl der Koranschulen, ja, vermehrt werden.«

Şerif, männlich, geboren 1973, Student, seit der Geburt in Deutschland

»Ja, natürlich sollte es eine größere Anzahl von Koranschulen geben, aus dem einfachen Grunde, weil es immer mehr Moslems gibt. Aus diesem Grunde meine ich, daß auf jeden Fall ein größerer Bedarf von Koranschulen bestehen wird. Da ja der Koran nun mal Grundlage des moslemischen Glaubens ist und aus diesem Grunde einem Moslem auch irgendwie zumindest die Möglichkeit gegeben werden sollte, den Koran entsprechend zu lernen. Allerdings meine ich, daß es weniger, wie soll man sagen, im Namen des Islams verschiedene nicht-islamische Ideologien verbreitende Koranschulen geben sollte, ich will keine Beispiele nennen. Aber es gibt halt verschiedene Koranschulen oder angebliche Koranschulen, die dann halt für bestimmte gewisse politische Parteien aus beiden Lagern, sowohl aus dem linken als auch aus dem rechten, werben. Also da bin ich strikt gegen, es sollte vor allem Koranschulen mehr geben, die auch wirklich den Koran beibringen und den Koran lehren.«

Selim, männlich, geboren 1974, Student, seit der Geburt in Deutschland

»Ich war auch mal in so einer Koranschule, da habe ich einfach nicht gute Erfahrungen gehabt. Ich war halt ganz jung, ganz unerfahren, und ich bin da reingegangen, man hat mir, ich konnte das nicht gut lesen, also den Koran konnte ich dann halt einfach nicht gut lesen, und der, und die Helfer von dem, es gibt bestimmte Helfer von dem Muezzin oder was weiß ich, und die haben mich einfach, äh, erniedrigt, oder geschlagen haben die mich auch mal. Es soll Koranschulen geben, wo sie einfach den richtigen, den wahren Koran, die einfach die Realität sagen, nicht einfach oberflächlich oder überhaupt, es soll Koranschulen geben, wo die Kinder nicht geschlagen werden.«

Metin, männlich, geboren 1976, Schüler, seit 1988 in Deutschland

»Das ist eine sehr schwierige Frage. Ähm, ich denke, der Islam wird auch zur Politik verwendet, also manche Politiker, die benutzen den Islam als eine Waffe. Die sagen, wir sind religiös, wir werden das machen, und Menschen lassen sich von denen beeinflussen. Ich denke nicht, daß noch mehr Koranschulen angeschafft werden müssen, weil, es kommt auch davon, wie sie da erzogen werden. Also die werden meistens gegen Atatürk erzogen, was ich halt auch mitgekriegt habe, weil, ähm, mein Bruder ging mal eine Weile in die Moschee hier in Deutschland, da gab es auch so 'ne Koranschule, und, ähm, nach ein paar Wochen konnte ich meinen Bruder kaum noch erkennen, der wollte Atatürk, der hat Atatürk als ein Stück Scheiße behandelt sozusagen, und ich hab' auch ihn gefragt, woher das kam. Ja, da hat man Schlechtes über ihn gesagt in der Koranschule.«

Yasemin, weiblich, geboren 1976, Kollegschülerin, seit 1981 in Deutschland

Nr. 5: Kommentierungen zur Frage nach der Bedeutung des Glaubens:

»Sehr große Bedeutung. Später will ich auch mal so nach Mekka gehen und Kopftuch tragen, ab 20 so, jeder Türke hat auch Islam, also, glaubt an Gott, deshalb ist er ja auch wichtig.«

Arzu, weiblich, geboren 1980, Hauptschülerin, seit der Geburt in Deutschland

»Ja, daß er sehr große Bedeutung für mich hat, denn Islam ist ja, äh, eigentlich ist für mich nur im Leben Islam wichtig und sonst gar nichts anderes, denn wir sind nur, also nach meinem Glauben, in die Welt gekommen, als, wir werden jetzt nur von Allah geprobt, ob wir ins Paradies oder in die Hölle kommen, und das hat natürlich sehr große Bedeutung, doch obwohl das so bedeutet für mich, richte ich mich manchmal nicht danach. Zum Beispiel in unserer Religion heißt es, daß man nicht trinken soll, also Alkohol trinken soll oder rauchen soll usw. oder keiner anderen Frau so hinterhergucken soll, aber manchmal kommt die Zeit, man macht das. Also hat schon 'ne sehr große Bedeutung, aber manchmal tanzt man auch aus der Reihe.«

Ayhan, männlich, geboren 1979, Hauptschüler, seit der Geburt in Deutschland

»Also wenn ich ganz alleine bin, dann brauche ich den Islam. Er ist irgendwie so 'ne Art Freund von mir.«

Nermin, weiblich, geboren 1979, Hauptschülerin, seit der Geburt in Deutschland

»Er hat also für mich sehr große Bedeutung, also ich bin selber Moslem, und ich bin so aufgezogen worden von meinen Eltern her, und ich finde auch, daß, sagen wir mal, das der richtige Weg für mich ist.«

Omar, männlich, geboren 1978, Hauptschüler, seit 1980 in Deutschland

»Weil ich eine Muslima bin, und wenn ich ein Kopftuch trage, dann muß ich auch nach den Vorschriften, die der Gott geschrieben hat, nachgehen. Ich sehe das so.«

Fatima, weiblich, geboren 1980, Hauptschülerin, seit der Geburt in Deutschland

»Ja, überhaupt, ohne einen Glauben kann man nicht leben. Man muß an etwas glauben, und für mich ist es der Islam.«

Hasan, männlich, geboren 1979, Hauptschüler, seit der Geburt in Deutschland

»Er hat eine große Bedeutung für mich, der Islam, weil es ist mein Glaube, den ich von Geburt an habe. Also, er hat keine sehr große Bedeutung für mich, aber doch eine etwas größere schon, wie soll ich das jetzt erklären. Wenn ich sagen würde, das hat eine sehr große Bedeutung, würde es Lüge sein, denn ich mag z. B. nicht diese fünf Gebete am Tag, also ich halte mich nicht ganz an alles, aber an vieles halte ich mich, an den Islam, deshalb hat es trotzdem eine große Bedeutung für mich, ja. Meine Eltern, also meine Mutter, die macht alles, was nach dem Islam, also für sie hat es eine sehr große Bedeutung, der Islam, aber wie ich sagte, für mich hat es eine große Bedeutung, aber nicht sehr groß.«

Murat, männlich, geboren 1980, Hauptschüler, seit 1980 in Deutschland

»Ja, für mich gibt es große Bedeutung, aber wenn, manchmal habe ich gar keine Geduld, ich weiß auch nicht, äh, z. B. wenn ich zu meinem Onkel gehe, und die sagen mir ›So so so, du mußt das machen, das machen, du mußt noch beten‹, da flipp' ich aus, dann sage ich denen, daß ich nicht dahin gehe, sagen die, ›Du wirst in Hölle kommen. Wenn du Himmel willst, dann bete‹, und dann sage ich ihnen, ›Wann war jemand schon da, hat jemand das gesehen?‹. Ich weiß nicht, dann glaube ich gar nicht, aber wenn ich manchmal sehr alleine bin und so, dann glaube ich, weil ich Angst habe.«

Abdullah, männlich, geboren 1978, Hauptschüler, seit 1992 in Deutschland

»Ja also, ich schwanke zwischen geringer und großer Bedeutung, denn, ähm, wie gesagt, ich bin Alevitin, und, ähm, ich bin halt nicht in so 'ner streng religiösen Familie aufgewachsen, jedoch hat der Koran für mich eine geringe bis große Bedeutung. Es hat schon eine Bedeutung für mich, und ich denke, daß dies auch so gut ist, denn ohne Glauben, ich sag's jetzt zum dritten Mal, ist der Mensch kein Mensch. Der Koran könnte für mich die Bedeutung haben, daß alle Menschen nicht Feinde, sondern Freunde sind, und da gibt es halt auch bestimmte Abschnitte, wo gesagt wird, daß alle Menschen zusammengehören und daß keiner besser ist als der andere. Das ist also sehr gut.«

Ferah, weiblich, geboren 1979, Hauptschülerin, seit der Geburt in Deutschland

»Das kann man jetzt zweideutig sehen, weil für mich hat das eine geringe Bedeutung, weil, ich mache manches, was im Koran steht, und manches mache ich nicht. Wiederum ist das eine große Bedeutung, weil ich so erzogen worden bin. Ich bin so erzogen worden, und, ähm, man hat Gewissensbisse, wenn man irgendwas tut, was gegen Islam ist. Meistens ist es auch von einer Gesellschaft abhängig. Wenn ich in einer sehr religiösen Gesellschaft bin, obwohl ich geringe Bedeutung denke, aber dann muß man sich so zeigen, als hätte man jetzt, ähm, große Bedeutung, sonst wird man ausgestoßen, und dann, dann tut man das halt, obwohl man ist nicht der Meinung.«

Yasemin, weiblich, geboren 1978, Kollegschülerin, seit 1981 in Deutschland

»Ich lebe hier in Deutschland mit Christen, mit Juden oder überhaupt mit allen Nationalitäten, verschiedenen Nationalitäten, wenn ich diesen Glauben, was die Menschen dann denken, was die Menschen einfach Glauben nennen, wenn ich das leben würde, müßte ich einfach auf alles verzichten, müßte ich auf die Menschen verzichten, die hier leben, müßte ich auf die Menschen verzichten, die ihren Glauben haben, ich müßte einfach auf alles verzichten. Das akzeptiere ich nicht, weil die Menschen interessieren mich mehr als dieser Islam oder was die gelebt haben oder gelebt wird heutzutage.«

Metin, geboren 1976, Schüler, seit 1988 in Deutschland

Nr. 6: Kommentierungen zur Frage, was der islamische Glaube stärkt:

– Selbstvertrauen

»Ja, der islamische Glaube verstärkt mein Selbstvertrauen, mein Gefühl familiärer Geborgenheit, also mein Selbstvertrauen, weil in dem Koran und den anderen Büchern, die nach unserem Glauben hin, stehen Sachen, die Sachen, die ich sehr gut finde, und an viele Gebote halte ich mich auch, und deshalb hab' ich auch Selbstvertrauen an mich. Da steht z. B., daß man, wenn ein Problem da ist, wie man mit dem Problem umgehen muß z. B. Wenn man weiß, was man, wie man mit dem Problem umgeht, da hab' ich also Selbstvertrauen, weil ich weiß, wie man mit dem Problem umgeht, und das mit dem Gefühl familiärer Geborgenheit, in meiner Familie ist ja jeder Muslim, also, da weiß ich, daß sie mich auch anerkennen, weil ich auch den Islam habe. Um die Wahrheit zu sagen, also wenn ich jetzt zum Christentum oder zum Jüdischen umwandeln würde, würden mich meine Eltern bestimmt nicht also zu Hause halten, weil sie würden es lieber haben, daß ich ein Muslim bin, also die würden mich dann nicht akzeptieren, wenn ich einen anderen Glauben hätte.«

Murat, männlich, geboren 1980, Hauptschüler, seit 1980 in Deutschland

– Zugehörigkeitsgefühl

»Islam hat für mich die Bedeutung, daß ich mich wohl fühle, daß ich zu der Religion Islam gehöre. Ich fühle mich damit wohl, obwohl ich nicht der Meinung bin. Ich kann es auch nicht erklären, vielleicht kommt das, wie ich schon sagte, von der Erziehung, aber ich fühle mich damit wohl, obwohl ich damit unzufrieden bin.«

Yasemin, weiblich, geboren 1976, Kollegschülerin, seit 1981 in Deutschland

– Sicherheit

»Für mich ist am meisten wichtig meine Sicherheit, also weil ich an den Islam glaube, und an Allah glaube, fühl' ich mich irgendwie sicher. Also, das ist nicht zu erklären. Das ist so, so wie, wie soll ich das erklären, also wie so'n Papst oder so, wie der sich im Christentum sicher fühlt, fühle ich mich im Islam sicher.«

Omar, männlich, geboren 1978, Hauptschüler, seit 1980 in Deutschland

»Ja, wie soll ich das sagen. Ich trage ein Kopftuch. Wenn ich jetzt in der Türkei wäre und kein Kopftuch tragen würde, da würden viele Leute hinter mir herlaufen, also, ja, ich sag' das ausführlich, Jungen. Und wenn die Jungen rumlaufen, dann sagen die auch hinterher was, und dann ärgert man sich, und wenn ich jetzt ein Kopftuch trage in der Türkei, dann können die mir nichts sagen. Das ist das gute daran. Und ich fühle mich auch total in Ordnung in meinem Kopftuch. Das wäre es halt.«

Fatima, weiblich, geboren 1980, Hauptschülerin, seit der Geburt in Deutschland

»Ja, daß, daß einer mich beschützt, das ist Allah, und dann brauche ich vor niemandem Angst zu haben außer Allah.«

Hasan, männlich, geboren 1979, Hauptschüler, seit der Geburt in Deutschland

»Also, sagen wir mal so, ich hab', jeder hat Angst zu sterben, dann denkst du an deine Sicherheit so, dann fühlst du dich auch irgendwie so frei, wenn du an Islam glaubst, fühlt man sich freier. Im Koran steht, was dann passiert nach dem Tod und so. Jeder Türke glaubt daran, daß nach dem Tod man wieder leben kann.«

Arzu, weiblich, geboren 1980, Hauptschülerin, seit der Geburt in Deutschland

Selbstbestimmung

»Ja, eigentlich alle, aber, äh, am wichtigsten ist auch meine Selbstbestimmung, ich kann, äh, in meiner Familie oder egal, wo es ist, ich hab' die Chance, alles selbst zu bestimmen, also wenn ich z. B. eine Idee habe und das auch machen möchte und das bestimme, wie es gemacht wird, sagt mir niemand was, also vielleicht auch so in der Schule, wenn ich dem Lehrer oder der Lehrerin was

Falsches sage, kann ja sein, daß sie mich korrigieren will, aber woanders mache ich schon alles, also bestimme ich schon alles selber.
Denn wie ich schon am Anfang gesagt habe, gibt es bei uns keine
Unterdrückung beim Islam, z. B. wenn ein Mädchen sagt, ich bestimme jetzt, daß ich kein Kopftuch tragen will, kann die Familie
eigentlich nichts dazu sagen, also die ist ganz freiwillig, die kann es
selbst bestimmen.«

*Mustafa, männlich, geboren 1976, Gymnasiast, seit 1990 in
Deutschland*

– Gefühl familiärer Geborgenheit
»Also ich denke, daß, äh, islamische Familien viel besser sind als
christliche, weil bei islamischer Religion sagen deine Eltern, du
sollst das auch nicht machen, und das kannst du machen, und bei
Deutschen, da höre ich immer, die Eltern erlauben alles, also die
können abends raus und so, ähm, dann können die z. B. 'nen
Freund haben oder so. Ja, abends, da kann ich auch raus, aber ich
hab' 'ne bestimmte Zeit, also das, finde ich, ist auch richtig, daß sie
etwas streng sind.«

*Ayşe, weiblich, geboren 1979, Hauptschülerin, seit der Geburt in
Deutschland*

Nr. 7: Kommentierungen zur Aussage:
*»Der Islam ist immer gültig, aber Islam und modernes Leben
passen dennoch gut zusammen.«*

»Ich sehe hier keinen Gegensatz, aus dem einfachen Grund, der
Islam ist nach dem Glauben der Moslems, also in gewisser Form
natürlich auch dann nach meinem Glauben, da ich Moslem bin,
eine göttliche Offenbarung, und, äh, alle monotheistischen Religionen lehren ja, daß Gott gewissermaßen auch unfehlbar sein
sollte und ist, und aus diesem Grunde kann er eigentlich auch nichts
Falsches fabriziert haben. Also, ich denke mal, daß der Islam doch
auch gerade die Fragen und Bedürfnisse des modernen Lebens sicherlich zeitgemäß zu lösen in der Lage ist. Vorausgesetzt, daß er
halt richtig verstanden und richtig interpretiert wird, und es ist
wichtig, daß er interpretiert wird und nicht blind übernommen.«

*Selim, männlich, geboren 1974, Student, seit der Geburt in
Deutschland*

»Ähm, weil das steht im Koran, daß man nicht, was da geschrieben wurde, daß man das muß, daß man das machen muß, sondern man kann es machen, das hängt also von dir ab, ob du das machst oder nicht machst. Da ist also kein Gesetz, kein Zwang, daß du das machst.«

Ayşe, weiblich, geboren 1979, Hauptschülerin, seit der Geburt in Deutschland

»Also trotz der Tatsache, daß ich mich mit dem Islam oder jeglicher Religion nicht identifizieren kann, würde ich für die Antwort stimmen: ›Der Islam ist mit seinen Vorstellungen und Forderungen sicherlich oft nicht mehr ganz zeitgemäß, aber in dem, was er eigentlich will und aussagt, kann er auch heute für uns Menschen hilfreich sein.‹ Also ich glaube einfach daran, daß es Menschen gibt, die eine Religion oder einen Glauben einfach brauchen für ihr Leben, um halt irgendwie einen Leitfaden zu haben, nach dem sie ihr Leben irgendwie richten können, und, äh, auch wenn es für mich halt nicht zutrifft, bin ich doch dafür, daß es so was geben sollte.«

Şerif, männlich, geboren 1973, Student, seit der Geburt in Deutschland

»Ich denke, der Islam ist immer gültig, weil, es gibt im Islam Sachen, die halt die Menschen nicht wissen. Die denken, Islam verbietet alles. Das stimmt eigentlich nicht. Es werden von Politikern, wie ich schon gesagt habe, als Waffen benutzt. Im Islam wird gesagt, du kannst, du darfst andere Menschen nicht töten, du darfst andere nicht beleidigen, du mußt immer Rücksicht auf andere nehmen, das weiß aber keiner. Die wissen nur, daß Islam verbietet. Islam verbietet den Frauen zwar mehr als den Männern, aber ich denke, das ist gültig, aber es paßt irgendwie, hier steht aber, ähm, Islam und modernes Leben passen nicht zusammen, weil, unter modernes Leben verstehe ich, ein krasses Beispiel, daß ich an den Strand gehe, schwimmen gehe, Disco gehe oder so, das verbietet Islam, und deshalb denke ich, daß Islam im modernen Leben nicht paßt.«

Yasemin, weiblich, geboren 1976, Kollegschülerin, seit 1981 in Deutschland

»Ja, wenn man jetzt den, die islamischen Staaten sich anschaut, z. B. Südarabien, dann kann man sehen, daß die Frauen überhaupt keine Rechte haben und daß der Islam, äh, bestimmten Schichten einen Nutzen bringt, während viele Menschen in Armut leben und so.«

Yakup, männlich, geboren 1976, Gesamtschüler (Oberstufe), seit 1990 in Deutschland

Nr. 8: Kommentierungen zur Aussage:
»Die Religion muß die Politik bestimmen (Scharia).«

»Ich bin da völlig dafür, also, ohne Scharia kann man ein Land, also ein islamisches Land, nicht regieren. Also wenn einer 'nen Diebstahl gemacht hat oder hat was geklaut, dann Finger ab. Dafür, daß die anderen sehen, was passiert, wenn einer das macht. Dann kann vielleicht derjenige, der das auch machen will, sich ein bißchen zurückziehen und hat Schiß davor.«

Hasan, männlich, geboren 1979, Hauptschüler, seit der Geburt in Deutschland

»Da die Scharia im Koran steht, stimme ich dem voll zu.«

Selim, männlich, geboren 1974, Student, seit der Geburt in Deutschland

»Ich bin total dagegen. Wenn die Religion die Politik bestimmen würde, dann hätten die Leute, also die Bevölkerung, keine Rechte. Dann müßte irgendein Mann an der Spitze sitzen und sagen, ja, es wird nach meiner Pfeife gespielt wie bei den arabischen Staaten, z. B. Saudi-Arabien. Wenn der, wie heißt der noch mal, der Scheich von denen sagt, ja, jetzt wird das passieren, passiert einfach das, was der sagt, und die Bevölkerung spielt da überhaupt keine Rolle, die haben überhaupt keine Rechte und müssen einfach tun, was der Mann da ganz an der Spitze sagt. Das ist für mich wie eine Sklaverei, und das kann ich mir nicht vorstellen.«

Mustafa, männlich, geboren 1976, Gymnasiast, seit 1990 in Deutschland

»Die Politik und die Religion hat damit gar nichts zu tun. Die sind ganz andere Meinungen, die Religion muß in der Moschee sein, und die Politik muß, äh, im Parlament sein.«

Abdullah, männlich, geboren 1978, Hauptschüler, seit 1992 in Deutschland

»Ich denke genau andersrum, denn die Leute, die sagen, Religion müsse die Politik bestimmen, die können auch direkt nach Iran gehen und haben nichts in der Türkei zu suchen, denn Türkei ist ein Land, das, wie gesagt, schon die ersten Etappen hinter sich hat zur Demokratie, und die Leute, die dies sagen, die gehören wirklich zur Steinzeit. Wenn Religion und Politik zusammengehen, dann kann man die Politik eigentlich gar nicht steuern, dann würde alles nach den Geboten in der Religion ablaufen, und das wäre halt keine Politik mehr.«

Ferah, weiblich, geboren 1979, Hauptschülerin, seit der Geburt in Deutschland

»Religion und Politik muß auseinandergehalten werden, sonst kommt es nämlich zu sehr schweren Konflikten. Die Menschen würden sich in diesem Land wohl nicht wohl fühlen, Beispiel Iran.«

Yasemin, weiblich, geboren 1976, Kollegschülerin, seit 1981 in Deutschland

»Also ich muß ganz ehrlich sagen, ich bin sehr dagegen, da ich einfach auch, ja, ein bißchen mitbekommen habe, wie es momentan in der Türkei zugeht, daß halt diese, äh, religiöse Partei an die Front gekommen ist mehr oder weniger oder fast, und, ähm, ich vermute Schlimmes, wenn das soweit kommen sollte, denn ich kann mir einfach nicht vorstellen, daß Religion und Politik irgendwie vereinbar sind. Das ist einfach nicht möglich. Weltliche und geistliche Mächte, wie man sie nennen mag, können einfach nicht kooperieren. Das geht einfach nicht. Das heißt also, man muß das klar trennen, eine Linie dazwischen ziehen und sagen, das eine ist die Religion und das andere die Politik. Die Religion kann niemals einen Staat regieren, der Überzeugung bin ich einfach, und die Politik darf sich einfach nicht von einer Religion leiten lassen.«

Şerif, männlich, geboren 1973, Student, seit der Geburt in Deutschland

Nr. 9: Kommentierungen zur Aussage:
»Man sollte sein Leben nach dem Koran ausrichten. Reform und
Modernisierung des Glaubens sollte man ablehnen und für eine
göttliche Ordnung eintreten.«

»Ja, was soll ich denken? Ich meine, das stimmt, also man soll nicht
modern werden, man soll danach gehen, was Gott gesagt hat, also
was Gott befohlen hat, richtig gesagt, was Gott im Koran befohlen
hat, man soll danach gehen, nicht nach der Politik, die jetzt ist.
Modernisierung? Das ist halt so, z. B. jetzt bei uns in der Türkei ist
es nicht mehr wie früher, äh, also man kann so rumlaufen, wie man
halt ist und so. Ich sehe das nicht so. Das soll so bleiben, wie es
früher auch war. Ich meine, früher war das so, daß die Frauen immer ein Kopftuch hatten und halt, ja, daß sie ohne Kopftuch und
ohne ihren Mann oder ihren Sohn nicht rausgehen durften. Das ist
ja das beste daran, da fühlt man sich auch sehr wohl.«
   Fatima, weiblich, geboren 1980, Hauptschülerin, seit der Geburt
in Deutschland

»Ich meine, man sollte für die Religion auch was tun, aber auch
nicht so ganz streng damit sein, also nicht, äh, ich tue jetzt auch
nicht alles, was da geschrieben ist im Koran, aber ich tue schon
etwas für meinen Glauben.«
   Ayşe, weiblich, geboren 1979, Hauptschülerin, seit der Geburt in
Deutschland

»Eigentlich ist es immer wichtig, äh, nur, man muß dran glauben.
Nicht, wenn man sich nur anzieht und so, mit dem Aussehen hat
das nichts zu tun, schätze ich mal. Man muß nur dran glauben,
mehr nicht.«
   Nermin, weiblich, geboren 1979, Hauptschülerin, seit der Ge-
burt in Deutschland

»Zuerst mal, der Koran richtet sich an Moslems, er ist relevant für
die Moslems, d. h., für Nicht-Moslems ist diese Frage nichtig, insofern sollte man da differenzieren, was genau gemeint ist. Ja, Reform
und Modernisierung des Glaubens, das gibt es sicherlich, es gibt
Glaubensgrundsätze, die die Grundlage des Glaubens sind und die
fester Bestandteil des Islams sind und die als solche akzeptiert werden müssen, weil es ansonsten kein Glauben ist. Man sollte nicht

versuchen, irgendwie in einen Fanatismus zu verfallen, weil der dann letztendlich dem Glauben selber den Schaden zufügt und letztendlich für den Glauben zum Nachteil wird.«

Selim, männlich, geboren 1974, Student, seit der Geburt in Deutschland

»Also ich denke, daß man sein Leben nicht nach dem Koran ausrichten sollte, denn wenn man nach den Geboten des Korans gehen würde, würde man einfach nicht weiterkommen. Das trifft für den Staat, aber auch für andere Sachen, also, wenn man nach dem Koran gehen würde, dann würde man einfach nicht weiterkommen, das wäre auch keine Demokratie, und ich persönlich bin sehr für Demokratie, und es ist mir offen gesagt auch egal, was die Zeit, äh, die Islamisten, die Moslems, die Strenggläubigen in der Türkei, machen, ist mir total egal, ich denke, daß der Verstand siegen wird, denn am 24. (November 1995, d. A.) ist ja eine Wahl, und die meisten meinen, daß die Religiösen, halt die fanatischen Religiösen, an die Macht gehen würden, das glaube ich nicht, denn der Verstand ist, denke ich mal, höher als die, und ich persönlich glaube an den Koran, aber nicht so wie die anderen. Ich richte mein Leben nicht danach aus. Okay, es gibt einige Sachen, da sage ich ›O.K., das mache ich auch, das sind halt die Gebote, das macht man einfach nicht‹, aber ich bin halt nicht strenggläubig, und ich denke, das ist der einzig richtige Weg zur Demokratie.«

Ferah, weiblich, geboren 1979, Hauptschülerin, seit der Geburt in Deutschland

Nr. 10: Kommentierungen zur Aussage:
»Wenn es der islamischen Gemeinschaft dient, bin ich bereit, mich mit körperlicher Gewalt gegen Ungläubige durchzusetzen.«

»Das ist Scharia, und das ist so, ich würde keine Gewalt annehmen, aber wenn man das wirklich braucht, dann soll man das auch tun. Ja, ich würd' sagen, ähm, wenn man einen Streit hat, wie z.B. jetzt Bosnien und Serbien, ja da muß man sich durchsetzen. Da muß man körperliche Gewalt haben, man kann nicht zu allem ›ja‹ sagen, man muß auch mal ›nein‹ sagen, wirklich.«

Fatima, weiblich, geboren 1980, Hauptschülerin, seit der Geburt in Deutschland

»Deutsche gibt es, die sagen ›Ausländer raus oder Türken‹, da sollte man schon Gewalt anwenden.«

Arzu, weiblich, geboren 1980, Hauptschülerin, seit der Geburt in Deutschland

»Nein, das finde ich nicht in Ordnung, denn körperliche Gewalt ist immer falsch für mich, bei jedem, äh, jeder Situation. Ungläubige, ähm, ich sage, der wird schon in der Hölle bestraft, sage ich mal.«

Mehmet, männlich, geboren 1979, Hauptschüler, seit der Geburt in Deutschland

»So was kann ich mir einfach nicht vorstellen. Im Koran steht auch, daß man keine Gewalt anwenden sollte, egal wofür, und die machen so was, wenden Gewalt an, dann sagen die, ›Ja, wir sind gläubige Moslems‹, und das hat nichts eigentlich mit Islam zu tun, das ist mehr der Versuch, an die politische Macht zu kommen, und hat nichts mit dem Glauben und Islam zu tun für mich.«

Mustafa, männlich, geboren 1976, Gymnasiast, seit 1990 in Deutschland

»Dagegen kann ich sagen, Gewalt ist schlecht, sehr schlecht, man muß sich im Islam wohl fühlen, und man muß machen, was man selbst will.«

Ural, männlich, geboren 1977, Hauptschulabschluß nach Klasse 10A, z. Zt. arbeitslos, seit 1990 in Deutschland

»Ich finde, das ist Quatsch, daß man sich gegen Ungläubige, also durch Gewalt, durchsetzen soll. Ich meine, das sind auch Menschen, die denken und entscheiden freiwillig, ob sie jetzt eine Religion haben möchten oder nicht. Ich kann mich jetzt nicht, weil sie ungläubig sind, weil ich gläubig bin, mit Gewalt durchsetzen, das finde ich nicht richtig.«

Gülay, weiblich, geboren 1977, Kollegschülerin, seit der Geburt in Deutschland

Nr. 11: Kommentierungen zur Aussage:
»Gewalt ist gerechtfertigt, wenn es um die Durchsetzung des
islamischen Glaubens geht.«

»Das steht auch im Koran. Man hat einen Heiligen Krieg, wie jetzt Bosnien und Serbien. Das sind Christen oder, was weiß ich, was die für einen Glauben haben, und einige sind Muslime. Die müssen sich durchsetzen können. Das muß sein, also braucht man einen Heiligen Krieg dafür, und das hat so auch Gott vorgeschrieben.«
   Fatima, weiblich, geboren 1980, Hauptschülerin, seit der Geburt
in Deutschland

»Ich finde das nicht richtig, daß man durch Gewalt die Leute zur Religion überreden muß, das sollte, äh, daß man das eigentlich freiwillig wählen soll, ob man jetzt zu Katholiken, zu Evangelischen oder zu Islam gehören will, daß jeder sich das also, äh, frei entscheidet und nicht durch Gewalt. Ich meine, wenn sie auch mit Waffen angegriffen werden und dann auch noch gequält werden, z. B. die Frauen werden vergewaltigt, daß sie sich auch verteidigen müssen, das ist ja Krieg da. Wenn da auch von der anderen Seite Waffen gebraucht werden, dann müssen sie auch mit Waffen zurückschlagen dürfen, denke ich.«
   Gülay, weiblich, geboren 1977, Kollegschülerin, seit der Geburt
in Deutschland

»Ja, da kann man nicht zwingen, selbst Muslime werden, man muß alles lesen und wissen, welches ist richtig, welches falsch, man muß Erfahrungen haben. Keine Gewalt, mit Gewalt kann man gar nichts erreichen.«
   Ural, männlich, geboren 1977, Hauptschulabschluß nach Klasse
10A, z. Zt. arbeitslos, seit 1990 in Deutschland

»Gewalt steht im Gegensatz zu dem, was zum islamischen Glauben steht, also rohe, physische Gewalt, ungerechtfertigte Gewalt ist immer gegen den Islam.«
   Selim, männlich, geboren 1974, Student, seit der Geburt in
Deutschland

»Ich bin gegen diesen Gedanken, aber ich glaube, daß im Islam dieser Gedanke stark vorhanden ist, im Koran z. B. Also z. B., es gibt einen Begriff des Scheriat-Kriegs, der sagt, also wenn es um die Verteidigung der Moslems oder um die, die Durchsetzung des Islams geht, kann man das machen.«

Yakup, männlich, geboren 1976, Gesamtschüler (Oberstufe), seit 1990 in Deutschland

Nr. 12: Kommentierungen zur Aussage:
»Wenn jemand gegen den Islam kämpft, muß man ihn töten.«

»Wenn ich mich bedroht fühle oder wenn ich denke, mein Glaube wird bedroht, dann darf man kämpfen. Aber nur in dem Falle – also, wie ich schon sagte, wenn der Glaube bedroht wird oder wenn du selbst als Moslem bedroht wirst.«

Hasan, männlich, geboren 1979, Hauptschüler, seit der Geburt in Deutschland

»Okay, das könnte richtig sein: wenn man für Islam kämpft, muß man auch töten. Wenn man getötet wird, muß man töten.«

Fatima, weiblich, geboren 1980, Hauptschülerin, seit der Geburt in Deutschland

»Wenn jemand gegen mich kämpft, wird er wohl mich töten wollen. Es stellt sich einfach nur die Frage des Schnelleren, ich meine gegen einen, der Christ war, kann man natürlich nicht mit der Bibel oder mit dem Koran in der Hand vorgehen. Man kann es natürlich machen, aber das wäre natürlich, wie soll man sagen, nicht sehr klug, es gibt sicherlich Situationen, wo sich so etwas auch nicht vermeiden läßt. Invasion Afghanistan zum Beispiel. Ich meine, man hätte natürlich auch ganz ruhig sitzen bleiben können und zusehen, wie die Muslime hingerichtet werden. Ich meine, daß die Afghanen absolut das Recht auf Selbstverteidigung hatten und dies auch voll genutzt haben.«

Selim, männlich, geboren 1974, Student, seit der Geburt in Deutschland

»Nee, also auch nach dem Islam ist das ja auch so, daß man die Menschen eigentlich nicht töten darf, außer wenn man im Krieg ist, also, darf man keine Menschen töten. Wenn jemand gegen den Islam kämpft, irgendwie den vielleicht gefangennehmen oder so etwas, aber töten nicht, eigentlich ist das auch in unserer Religion verboten zu töten.«

Murat, männlich, geboren 1980, Hauptschüler, seit 1980 in Deutschland

»Ja, wenn jemand gegen den Islam kämpft, dann muß man versuchen, den irgendwie zu überreden oder so, aber töten nicht. Das ist überall verboten, in allen Religionen, aber, das ist nur der Versuch, an die politische Macht zu kommen, und nichts anderes.«

Mustafa, männlich, geboren 1976, Gymnasiast, seit 1990 in Deutschland

»Dagegen bin ich auch irgendwie, ich find das unsinnig, z. B. Aziz Nesin, kennen Sie die Situation mit Aziz Nesin? Das ist die Meinung von diesem Mann, und ich kann es nicht, ich kann dem Mann nicht sagen, du denkst jetzt falsch, Islam ist das beste auf der ganzen Welt. Wenn er so denkt, muß man das tolerieren, aber akzeptieren muß man das vielleicht nicht, aber man muß das tolerieren. ›Du denkst so, ist gut, ich akzeptiere das nicht, aber das ist deine Meinung.‹

Yasemin, weiblich, geboren 1976, Kollegschülerin, seit 1981 in Deutschland

»Das finde ich nicht richtig, daß man, wenn jemand gegen den Islam kämpft, daß man ihn töten sollte. Man, ich meine, er hält den Islam auch für falsch, dann soll er so denken, wenn man ihn also nicht verbal, mit ihm reden kann, dann würde ich denjenigen so lassen, dann kann er denken, was er will. Ich würde ihn aber nicht direkt töten, weil er gegen Islam kämpft.«

Gülay, weiblich, geboren 1977, Kollegschülerin, seit der Geburt in Deutschland

Nr. 13: Kommentierungen zur Aussage:
»Um die nationale Ehre zu verteidigen, muß man gegebenenfalls auch zur Gewalt greifen.«

»Ja, aber wenn es notwendig ist, also wegen ganz kleinen Sachen nicht gleich gewalttätig werden, wenn es sehr schlimm ist, also wenn sie die Ehre zu sehr verletzen, dann muß man auch zur Gewalt greifen. Wie soll ich sagen, z. B. nicht, wenn die sagen würden etwas Schlimmes über die Türkei, wär' ja nicht so schlecht, aber wenn sie angreifen würden, uns auch noch, wie soll ich das sagen, wenn sie unser Land angreifen würden und auch noch irgendwie Sprüche klopfen würden, das würde schon irgendwie die Ehre sehr verletzen.«

Murat, männlich, geboren 1980, Hauptschüler, seit 1980 in Deutschland

»Wenn einer, sagen wir mal, aus Deutschland, geht in die Türkei, sagt, ›Türken, da stinkt es‹ und so, ›Wieso bin ich denn da hingefahren?‹, wenn ich das mitkriegen würde, ja, dann würde ich ihn eben zusammenschlagen.«

Arzu, weiblich, geboren 1980, Hauptschülerin, seit der Geburt in Deutschland

»Ja, ich hab' ja davor noch eine Sache erzählt, was mir am Neumarkt passiert ist, ja z. B., wenn man mir etwas über mich oder über meine Nationalität sagt, dann werd' ich erst natürlich wütend, aber ich versuche, denjenigen dazu zu bringen, damit er sich entschuldigt, aber wenn nicht, wenn er weitermacht, dann muß ich mich leider mit Gewalt durchsetzen.«

Ayhan, männlich, geboren 1979, Hauptschüler, seit der Geburt in Deutschland

»Das sind wieder bestimmt die nationalen Gefühle der Nationalisten, aber ich denke, das ist auch falsch, denn man sollte niemals zur Gewalt greifen, das führt immer zum Krieg, und man sollte auch, denke ich mal, mittlerweile von der Geschichte lernen, und man sollte halt nicht immer das gleiche machen wie die Leute früher, und man sollte sehen, wie man weiterkommt, und auf keinen Fall zur Gewalt greifen. Ich habe gelernt, daß man nur weiterkommt mit Frieden, mit Freundschaft und mit Brüderlichkeit und daß man halt nichts, also, bekommt mit Gewalt oder mit Krieg, das ist halt der falsche Weg, und die meisten müssen sich darüber klarwerden.«

Ferah, weiblich, geboren 1979, Hauptschülerin, seit der Geburt in Deutschland

»Ich würde mich auch verbal verteidigen, aber halt nicht körperliche Auseinandersetzungen, dagegen bin ich, und wenn jemand denkt, Türkei ist soundso, dann würde ich sagen, es ist nicht so, und wenn der darauf besteht, dann kann der denken, was er will.«

Yasemin, weiblich, geboren 1976, Kollegschülerin, seit 1981 in Deutschland

»Also, ich halte von dieser nationalen Ehre nicht soviel. Es geht nicht darum, daß man die nationale Ehre hat, sondern daß man eine menschliche Ehre hat. Wenn man nicht die menschliche Ehre hat, dann ist das nicht soviel wert, ob man eine nationale Ehre hat.«

Yakup, männlich, geboren 1976, Gesamtschüler (Oberstufe), seit 1990 in Deutschland

Nr. 14: Kommentierungen zur Frage:
»Wieviel Wert legen Ihre Eltern darauf, daß Sie anders leben als die meisten Deutschen, die Sie kennen?«

»Meine Eltern legen sehr großen Wert darauf, daß ich nicht so sein soll wie die Deutschen. Also die denken, daß das nur Leute sind, die nur für das Klauen da sind, viel rauchen, trinken, was weiß ich noch. Also, trinken mein' ich mit Alkohol.«

Omar, männlich, geboren 1978, Hauptschüler, seit 1980 in Deutschland

»Ja, für die hat es sehr große Bedeutung, weil die denken, weil ich ja ein Mädchen bin, sollte ich der Religion entsprechend mich verhalten. Das heißt jetzt aber nicht, daß ich meinen Kopf zumachen muß, daß ich nirgendwo hingehen darf, das nicht, aber halt dieses bestimmte Verhalten. Z. B., ich geb' mal ein ganz einfaches Beispiel: Ein deutsches Mädchen würde nicht zu Hause bleiben, wenn die Mutter Besuch kriegt, muß keinen Tee kochen, muß nichts auf den Tisch bringen, sie kann einfach sagen, ›Mama, ich geh' mal heute raus, ich muß weg‹. Aber ein türkisches Mädchen, wenn ein türkisches Mädchen das macht, das ist 'ne Schande, dann sagt man, ›Ach, wie hast du denn deine Tochter erzogen?‹, also deswegen spielt das für meine Eltern eine sehr große Rolle, daß ich mich halt irgendwie dementsprechend verhalte, in bestimmten Sachen.«

Yasemin, weiblich, geboren 1976, Kollegschülerin, seit 1981 in Deutschland

»Ich würde sagen, eher großen. Sie haben halt vor allem Wert darauf gelegt, daß ich, sagen wir mal, negative Eigenschaften der Deutschen auf keinen Fall übernehmen sollte, und wenn, dann von Deutschen möglichst das Positive. Meine Eltern zumindest haben einiges an Intoleranz miterlebt, erleben müssen, und auch einiges an, wie soll man sagen, ja, Egoismus, der in der okzidentalen Kultur doch weitaus stärker verbreitet ist als in der orientalischen Kultur, der hat sie natürlich auch besonders stark brüskiert und, ich würde fast sagen, schockiert in der ersten Zeit, in der sie hier waren. Sie meinten auch, ich sollte auf keinen Fall so kalt, so, äh, so egozentrisch, so selbstorientiert sein, wie es die Deutschen zuweilen sind, also, ich sollte immer auch mich sozial verhalten, mich in der Gesellschaft auch entsprechend betätigen und gesellschaftlich mich auch integrieren, was heißt integrieren, aber mich in der Gesellschaft halt auch einbringen und der Gesellschaft zum Nutzen sein, also eben nicht nur für mich selber dasein, sondern auch für das Umfeld, für die Umwelt.«

Selim, männlich, geboren 1974, Student, seit der Geburt in Deutschland

»Ich würde sagen, sehr geringen Wert, denn ich kann nicht sagen, gar keinen, denn das ist ja gerade, die meisten Eltern wollen, daß halt die türkische Kultur weitergeführt wird, und wenn ich halt genauso wie die Deutschen leben würde, dann würde es mit der Zeit so sein, daß ich meine eigene Kultur nicht mehr kenne, und ich möchte schon meine eigene Kultur beibehalten, und deswegen, nicht gar keinen, aber einen geringen Wert legen sie schon darauf.«

Ferah, weiblich, geboren 1979, Hauptschülerin, seit der Geburt in Deutschland

»Es geht nicht darum, daß man, äh, wie ein Türke oder wie ein Deutscher lebt, sondern ob man gewisse menschliche Merkmale in sich hat oder nicht. Sagen wir mal, daß man nicht, äh, egoistisch ist, äh, ja, und daß man für seinen Lebensunterhalt arbeiten sollte.«

Yakup, männlich, geboren 1976, Gesamtschüler (Oberstufe), seit 1990 in Deutschland

»Also ich muß sagen, meine Eltern sind schon sehr lange hier, und, ähm, generell sind sie eigentlich dem deutschen Volk nicht, ja, miß-

günstig gestimmt, also sie sind halt eigentlich offener dem deut-schen Volk gegenüber als viele andere türkische Familien, aber was meine Art des Lebens angeht, da haben sie sehr viel einzuwenden. Und zwar möchten sie einfach, daß ich so lebe, wie sie es sich vor-stellen, was aber nicht heißen muß, anders als Deutsche oder genauso wie Türken, einfach nur so, wie sie es sich vorstellen, und dadurch hatten wir halt sehr viele Konflikte seit meiner Jugendzeit, seit meiner Pubertät halt, und so Dinge, und ich bin sehr früh schon ausgezogen, habe zwei Jahre im Heim gelebt und lebe mitt-lerweile mit meiner Freundin zusammen in einer eigenen Woh-nung, und, ähm, es ist auch heute noch so, daß meine Eltern sich wünschen würden, daß ich anders lebe, daß ich so lebe, wie sie es sich vorstellen, nicht unbedingt nach irgendwelchen Glaubens-richtungen und auch nicht nach irgendwelchen veralteten Kul-turen, Kulturvorstellungen, sondern einfach, ja, wie sie sich Recht und Ordnung vorstellen, so wie sie sich ein Leben für mich vorstel-len, und da hatten wir halt unsere Konflikte, und ich habe halt meinen Weg gewählt und möchte auch diesen weiterhin beschrei-ten und werde also nicht davon abweichen.«
Şerif, männlich, geboren 1973, Student, seit der Geburt in Deutschland

»Also für sie ist das ganz egal, ob ich wie die Deutschen lebe oder, äh, nach türkischen Regeln, also für die ist das überhaupt nicht wichtig, also für die zählt nur, daß ich ein Mensch bin, und nicht, nach welchen, äh, wie soll ich sagen, nach welchen Regeln ich lebe, aber die finden es sogar gut, wenn ich wie die Deutschen lebe, wenn ich deutsche Freunde habe, für die spielt das keine Rolle.«
Mustafa, männlich, geboren 1976, Gymnasiast, seit 1990 in Deutschland

Nr. 15: Kommentierungen zur Aussage:
»Ich weiß nicht so richtig, wozu ich gehöre.«

»Ich fühle mich so wie Türken oder so wie Deutsche hier in Deutschland. Also ich fühl' mich keines von beiden hier. Ich denke, daß ich nur ein Mensch bin, so wie die anderen auch sind. Das macht mir gar keine Probleme. Also ich komm' mit den Türken hier in Deutschland klar, ich komme auch mit den anderen Ausländern hier in Deutschland klar, also, wenn man denen nichts tut, tun die dir auch bestimmt nichts.«

Omar, männlich, geboren 1978, Hauptschüler, seit 1980 in Deutschland

»Also, das ist 'ne Frage, die mich schon seit langem, ehrlich gesagt, beschäftigt. Ich weiß auch nicht so richtig, wozu ich gehöre, weil ich werde halt von, äh, von beiden Seiten nicht akzeptiert, wie ich lebe, oder überhaupt. Wenn ich zu meinen Verwandten oder Bekannten gehe, die sagen einfach, ›Wie siehst du denn aus, was hast du denn für Vorstellungen, oder was hast du denn für Gedanken?‹, und wenn ich einfach mit Freunden, mit nichttürkischen oder nicht, also, irgendwo hingehe, die lassen das einfach nicht spüren, aber ich merke das auch, daß sie mich in bestimmten Punkten oder Hinsichten einfach nicht akzeptieren.«

Metin, männlich, geboren 1976, Schüler, seit 1988 in Deutschland

»Eigentlich ich weiß, wohin ich gehöre, und ich weiß auch ganz genau, daß ich eine Türkin bin. Ja, aber trotzdem, ab und zu mal, es gibt manche Zeiten, da fühle ich mich auch ganz anders, da kann ich mich auch in die Lage von einer Deutschen reinsetzen und von einem kurdischen Mädchen, so, ja, aber ich weiß auch in der Lage, ich bin auch eine Türkin.«

Nermin, weiblich, geboren 1979, Hauptschülerin, seit der Geburt in Deutschland

»Ich weiß, wozu ich gehöre. Ich bin eine Muslime, ich gehöre zu meiner Religion, ich gehöre zu einem türkischen Staat, ich bin halt eine türkische Muslime. Dazu gehöre ich.«

Fatima, weiblich, geboren 1980, Hauptschülerin, seit der Geburt in Deutschland

»Also, ich weiß ganz genau, wozu ich gehöre. Ich bin eine Türkin, ich gehöre der Islam, und, äh, ich fühle mich auch als eine richtige Türkin, obwohl ich seit Jahren in Deutschland lebe. Ich, es ist auch so 'ne Sache, ich würde niemals sagen, ich bin Türke-Deutsche oder Deutsche-Türke oder Türkin, die in Deutschland lebt. Ich würde sagen, ich bin eine Türkin, ich lebe in Deutschland, aber nicht, ich fühle mich wie eine Deutsche. Das würde ich niemals sagen.«

Yasemin, weiblich, geboren 1976, Kollegschülerin, seit 1981 in Deutschland

»Also, ich bin ein Mensch aus der Türkei, der in Deutschland lebt und wahrscheinlich auch leben wird. Ich kann mich nicht so verhalten, daß ich in einer Insel lebe, deshalb muß ich mich auch an Regeln, die in diesem Land gültig sind, halten.«

Yakup, männlich, geboren 1976, Gesamtschüler (Oberstufe), seit 1990 in Deutschland

»Nö, das stimmt nicht, also ich weiß ganz genau, wozu ich gehöre. Also, von Nationalität her bin ich, gehöre ich zu den Türken, irgendwie nicht jetzt, weil ich das so weiß, das ist so, weil ich fühle mich mit Türkenfreunden also viel wohler, mit Deutschen kann ich nicht so reden wie mit meinen türkischen Freunden. Meine Geheimnisse ausplaudern oder so, und von Religion aus ist auch das gleiche. Z. B. in der Grundschule hatte ich zwei deutsche Freunde, aber mit denen konnte ich ja auch nicht Religion und über mein Land, irgendwie, wo ich jetzt alles nur türkische Freunde habe, rede ich ganz viele Geheimnisse von mir, die ich keinem sage, meinen Freunden, weil ich, weil sie türkisch sind, verstehen sie auch alles, was ich für Geheimnisse habe, also sie verstehen mich. Wenn ich die Geheimnisse, die ich habe, Deutschen erzählen würde, würden sie es nicht verstehen, das weiß ich also ganz genau. Deshalb fühle ich mich bei Türken viel wohler als bei Deutschen.«

Murat, männlich, geboren 1980, Hauptschüler, seit 1980 in Deutschland

»Also, ich finde, ich bin, ich gehöre eigentlich nur zu meiner Religion. Ist egal, ob ich Deutscher oder Türke bin, ich finde, das hat nichts zu sagen.«

Mehmet, männlich, geboren 1979, Hauptschüler, seit der Geburt in Deutschland

Nr. 16: Kommentierungen zur Aussage:
»Wie sicher oder unsicher sind Sie, daß Sie den Schul- bzw.
Ausbildungsabschluß bekommen, den Sie erreichen wollen?«

»Ich bin mir so sicher, würde ich sagen, daß ich diese Ausbildung schaffe, aber ich bin mir sehr unsicher, ob ich das jetzt mit gutem Durchschnitt schaffe oder mit einem schlechten Durchschnitt. Ich würde eher sagen, mit einem schlechten Durchschnitt, weil, ähm, es liegt bei mir in der Aussprache und, wie man das auch hört, und beim Schreiben.«

Yasemin, weiblich, geboren 1976, Kollegschülerin, seit 1981 in Deutschland

»Ja, ich bin mir sicher, wenn ich mich anstrenge und wenn ich nur an meinen Unterricht denke, dann werde ich es schaffen, aber wenn ich an was anderes, an die Freunde oder an die Straße, denke, dann nicht.«

Hasan, männlich, geboren 1979, Hauptschüler, seit der Geburt in Deutschland

»Ich bin momentan dabei, mein Abitur zu machen, und ich habe Probleme mit meiner Aufenthaltserlaubnis, weil meine Eltern in der Türkei leben, nicht in Deutschland sind, sondern in der Türkei. Ich bin hier bei meinem Cousin und werde vielleicht deswegen, äh, Deutschland verlassen müssen, aber wenn ich Gelegenheit hätte, hier zu bleiben, bin ich mir sicher, daß ich auch mein Abitur schaffen würde.«

Mustafa, männlich, geboren 1976, Gymnasiast, seit 1990 in Deutschland

»Ich trage ein Kopftuch. Ich habe mal ein Praktikum bei einer Versicherung gemacht, und mein Lehrer hat mit denen gesprochen, und die meinten, ich wäre genau für den Beruf geeignet, aber ich trage ein Kopftuch. Wenn ich das ausziehen würde, dann würden die mich annehmen, aber ich würde das auf keinen Fall tun – nicht für eine Arbeit.«

Fatima, weiblich, geboren 1980, Hauptschülerin, seit der Geburt in Deutschland

Nr. 17: Kommentierungen zur Aussage:
»Deutsche und Ausländer werden im täglichen Leben häufig
ungleich behandelt. Sagen Sie uns bitte, ob auch Sie diese
Erfahrung von ungleicher Behandlung gemacht haben.«

»Überhaupt, wenn ich in der Schule sage, ich bin Türke, dann kommt es direkt vor, daß ich ein Grauer Wolf bin, also, okay, früher war ich kein Grauer Wolf, wo ich 'nen türkischen Halbmond getragen habe, da hat man mich direkt als Grauen Wolf betrachtet. Ja, wenn du ein Grauer Wolf bist, dann sagen die direkt, ›Nee, du bist keiner, du darfst das nicht machen‹ und so, aber es gibt ja noch andere politische, also andere Parteien, die dürfen ihre Bilder malen im Unterricht, können die aufhängen, aber wenn wir drei Halbmonde malen, dann ist das direkt so Gesprächsthema im Lehrerzimmer.«
Hasan, männlich, geboren 1979, Hauptschüler, seit der Geburt in Deutschland

»Schule, also da kann ich aus persönlicher Erfahrung sagen, daß ich im Grundschulbereich in der Sonderschule eingeschult werden sollte, weil ich angeblich halt nicht die schulischen Leistungen erbrachte. Ich bin jetzt Student, also man kann sich natürlich denken, welche Kompetenz die Grundschullehrerin hatte, die zu diesem Urteil gekommen war.«
Selim, männlich, geboren 1974, Student, seit der Geburt in Deutschland

»Kam die Nachbarin raus, ›Ah, die Türken, die stinken ja‹ und so, da bin ich ausgerastet, bin ich runtergegangen, ich sage, ›Wiederholen Sie mal, was Sie gerade eben gesagt haben‹. Da meinte sie, ›Ja, ihr stinkt doch‹ und so, ›Geht wieder nach Türkei, dann wird unser Land wieder frei, dann haben wir mehr Häuser, dann können unsere Kinder auch frei leben‹, das ist doch Schwachsinn. Wir Türken kommen, wir nehmen ja gar keine Häuser weg und keine Arbeitsplätze.«
Arzu, weiblich, geboren 1980, Hauptschülerin, seit der Geburt in Deutschland

»Ja, ich hab so was erlebt, was mich sehr gestört hat, das ist in der Stadtbücherei passiert. Wir waren, wir hatten nämlich, ich und meine Freundin hatten keinen Ausweis, um Bücher auszuleihen, da wollten wir gern diesen Ausweis machen lassen. So, da haben wir die Frau gefragt, die am Schalter war, wieviel das kostet, und da hat sie gesagt ›15,- DM‹. Also sind wir am nächsten Tag mit 15,- DM dahin gegangen, und da war schon eine lange Schlange, und ein deutsches Mädchen war hinter uns. So, da waren wir da, und da haben wir gesagt halt, wir möchten diesen Ausweis machen und so halt die Formulare ausfüllen. Wir haben die Formulare ausgefüllt, da meinte die Frau, ›Ja, haben Sie Ihren Paß dabei?‹. Das wußte ich natürlich, weil das ja überall passiert, von Türken möchte man ja immer den Ausweis sehen, damit du auch diese Erlaubnis hast, daß du in Deutschland leben kannst, das möchten die ja immer sehen. So, da hatte ich dabei. Da habe ich dieser Frau das gezeigt, da meinte sie, ›Nein, äh, nein, Sie brauchen noch was‹, hat sie gesagt, ›Sie müssen zum Bezirksamt und müssen eine Wohnungsbescheinigung holen‹. Da habe ich der Frau gesagt, ich müsse das Buch dringend ausleihen. Ich war noch nicht draußen, und ein deutsches Mädchen kam herein, die stand hinter mir. Ich hab ja nichts gegen Deutsche, aber das nervt, und dann hat sie gesagt, ›Ich möchte 'nen Ausweis, ich möchte 'nen Stadtausweis machen lassen, Stadtbüchereiausweis‹, da hat sie nichts, nach überhaupt nichts gefragt, nach irgendwelchen Unterlagen, die beweisen, wer sie war, wo sie wohnte, sie mußte einfach dieses Formular ausfüllen, und ich hab' sie extra beobachtet, sie hat das gekriegt.«

Yasemin, weiblich, geboren 1976, Kollegschülerin, seit 1981 in Deutschland

»Ja, in der Disco. Wir waren mal mit Freunden auf 'ner Disco, und der Türsteher hat gesagt, ›Ihr seid Türken, Schwarzhaarige dürfen hier nicht rein‹. Aber dann sind wir auch rausgegangen, sind wir nicht reingegangen. Ja, wir haben uns heftig geärgert, weil einige Freunde, deutsche Freunde, schon drinnen waren, und wir wollten uns dort drin treffen, konnten wir dann nicht mehr. Seitdem, also, wenn wir in die Disco gehen, treffen wir uns in der türkischen Disco.«

Hasan, männlich, geboren 1979, Hauptschüler, seit der Geburt in Deutschland

Nr. 18: Kommentierungen zur Aussage:
»In diesen Tagen ist alles so unsicher geworden, daß man auf alles
gefaßt sein muß.«

»Ah, stimmt eigentlich, weil man weiß ja nie, wenn ein Türke auf
der Straße geht oder ein anderer Ausländer, irgendwo, egal ob es
hier in Deutschland ist oder irgendwo in einem anderen Land, daß
der von Rechtsradikalen oder so angefallen wird oder verprügelt
wird oder irgendetwas anderes.«

Murat, männlich, geboren 1980, Hauptschüler, seit 1980 in
Deutschland

»Ja, also, das kann ich auch sagen, daß ich dieses Gefühl auch habe,
denn, also, jetzt in der Türkei die Politik, das ist ja so, daß man hört,
daß die Religion, halt die Fanatischen, auf dem Weg zur Macht sind,
ich muß auch wirklich offen sagen, daß die meisten auch hier in
Deutschland, die würden halt die Religiösen, also die Fanatischen,
wählen. Und ich habe da wirklich Angst, daß die an die Macht
kommen könnten, denn, wenn die an die Macht kommen, dann
denke ich, ist alles zu Ende.«

Ferah, weiblich, geboren 1979, Hauptschülerin, seit der Geburt
in Deutschland

»Ich denke auch dazu, also, in der letzten Zeit, okay, hat es aufge-
hört mit den Rechtsradikalen in Deutschland, also die deutschen
Nazis, aber die könnten auf jeden Fall noch mal auftreten mit solchen Aktionen wie in Solingen und so, also davor hab' ich
Angst.«

Hasan, männlich, geboren 1979, Hauptschüler, seit der Geburt
in Deutschland

»Ich würde sagen, das stimmt, weil früher, ich weiß nicht, früher
hatte ich nie das Gefühl gehabt, irgendwie, mh, irgendwie als ein
Ausländer behandelt – aber ganz früher, wo ich noch in der Gesamtschule war, vielleicht kam es ja auch davon, weil da viele
Türken waren. Ich habe niemals das Gefühl gehabt, du bist ein Ausländer, oder du bist jetzt unsicher in dieser Klasse, aber wo ich
dann in der Höheren Handelsschule war, da waren nur, ich war als
einziger Ausländer in der Klasse, und da merkte man richtig, wie
du ausgestoßen wirst, überhaupt, und dann kam noch die Solin-

gen-Sache. Nach Solingen waren wir so unsicher, es könnte jeden Augenblick mir passieren, meinen Nachbarn passieren, die waren so unsicher, daß sie halt, mh, also den Hausbesitzer, unseren Hausbesitzer, angerufen haben. Der war halt bei uns und hat uns dieses, ich weiß nicht, wie das heißt, Feuerlöscher heißt das, glaub' ich, diese Feuerlöscher besorgt, und die hatten wir immer irgendwie bereit, weil, wenn man sieht, was alles so passiert, natürlich fühlt man sich unsicher. Ich, das ist also normal, daß man sich unsicher fühlt, weil es passiert so vieles, was gegen die Ausländer – man weiß ja jetzt mittlerweile nicht, ob das jetzt, ob ich jetzt als eine Türkin Angst davor haben muß oder unsicher davor sein muß. Vor Kurden, vor Aleviten, vor Deutschen, vor Nazis, ich weiß nicht mehr, überhaupt, man ist total unsicher.«

Yasemin, weiblich, geboren 1976, Kollegschülerin, seit 1981 in Deutschland

»Ich finde, daß es stimmt, daß man also jetzt nach dem Vorfall von Solingen sich auf alles gefaßt machen sollte. Das ist ja irgendwie jetzt für die Ausländer schwierig geworden, in Deutschland zu leben. Man wird also verbal von den Deutschen angemacht, daß man also, diejenigen mit dem Kopftuch sehr große Probleme haben, also mit manchen Sachen, z. B. wenn sie irgendwo hingehen, daß sie sofort angeguckt oder auch hinterher geredet wird.«

Gülay, weiblich, geboren 1977, Kollegschülerin, seit der Geburt in Deutschland

»Ja also, ich weiß nicht, also ich behaupte einfach mal, daß diese kleine Randgruppe von Rechtsradikalen in Deutschland, ja, abgesehen von ihren einzelnen Taten, nicht so ins Gewicht fallen, ich will einfach mal sagen, daß, ähm, daß z. B. ein zweites Drittes Reich nicht mehr möglich ist in Deutschland und daß, daß diese, ja, Faschisten in jedem Land vertreten sind, genau wie in Deutschland sowohl auch in der Türkei, sehr sehr stark sogar, und in Frankreich und Spanien.«

Şerif, männlich, geboren 1973, Student, seit der Geburt in Deutschland

Nr. 19: Kommentierungen zur Aussage:
»Die Morde von Solingen haben gezeigt, daß wir uns auf unsere nationalen und religiösen Traditionen besinnen müssen.«

»Ja, ich weiß. Ja, das stimmt voll, weil, seit diesen Morden von Solingen, davor wußte ich gar nichts, also eigentlich hatte ich auch keine politische Meinung und so, nach diesen Solingen-Morden hab' ich auch irgendwie viel mehr über unsere Nationalität usw. erfahren, weil irgendwie hab' ich mich dann auf einmal dafür interessiert. Also, eigentlich stimmt es, daß wir uns auf unsere Traditionen und religiösen Sachen besinnen müssen. Wir müssen uns zusammentun, damit solche Sachen nicht mehr passieren wie in Solingen, also Häuser brennen oder solche Sachen. Muß man sich zusammentun und dagegen was machen.«

Murat, männlich, geboren 1980, Hauptschüler, seit 1980 in Deutschland

»Das stimmt. Das ist so, ähm, die Morde, die in Solingen, wie das passiert ist, es ist so, die Leute, die das gemacht haben, die haben 'ne Strafe bekommen von 10 Jahren oder lebenslänglich. Was haben die davon? Die kommen doch eh wieder raus. Aber die gestorben sind, die kommen niemals wieder auf die Welt. Die hatten nichts von der Welt. Die Türken sollen sich daran immer erinnern. Sie sollen niemals vergessen, man soll niemals vergessen, daß man eine Muslimin ist oder ein Muslime.«

Fatima, weiblich, geboren 1980, Hauptschülerin, seit der Geburt in Deutschland

»Ja, die sollen mal sehen, was wir sind, also manche Deutsche vielleicht, okay, es leben jetzt seit 20 Jahren oder vielleicht auch mehr Türken in Deutschland, die kennen die Türken nicht mal, wie sie leben, wie sie denken. Also die sollten mal sehen, wie wir denken, also, was wir alles tun, die sollten sich mal mit den Nachbarn, also wenn die türkische Nachbarn haben, die sollten sich zusammensetzen, sehen wie sie leben, was für Leute das sind. Bei uns im Appartement gibt es Deutsche, also, wohnen also deutsche Leute, die ich nicht mal sehe, also die ich nur mit dem Namen kenne, aber normal, die Persönlichkeit kenne ich nicht.«

Hasan, männlich, geboren 1979, Hauptschüler, seit der Geburt in Deutschland

»Die gestorben sind, waren ja Türken, und dann denkt man, ich bin ja schließlich auch Türke, nachher machen die das bei mir auch, dann denkt man die ganze Zeit daran.«

Arzu, weiblich, geboren 1980, Hauptschülerin, seit der Geburt in Deutschland

»Ich denke, man darf nie vergessen, daß man ein Türke ist und dem Islam zugehört, aber, ich hab' das auch vor Solingen gesagt, und nach Solingen denke ich genauso, doch, ich denke, man sollte nicht dieses, ähm, so darstellen, daß halt Türken, die müssen so zusammenhalten, bloß nur zusammenhalten gegen die Deutschen.«

Yasemin, weiblich, geboren 1976, Kollegschülerin, seit 1981 in Deutschland

»Ich finde, das stimmt nicht so ganz, weil, ähm, Türken und Deutsche sind ja eigentlich Brüder, kann man sagen, Mensch bleibt Mensch. Warum soll man das denn machen: Türke ist Türke, Deutscher ist Deutscher?«

Mehmet, männlich, geboren 1979, Hauptschüler, seit der Geburt in Deutschland

»Ich bin generell dafür, daß wir unsere Tradition nicht völlig, äh, nicht völlig vergraben, nicht völlig zu Grabe tragen, sondern sie sicherlich auch pflegen sollten, es sind nicht die Morde von Solingen, die uns das gezeigt haben. Die Morde von Solingen hätten natürlich auch dann stattgefunden, wenn die Familie tiefreligiös wäre oder eine sehr nationale Familie gewesen wäre. Das einzige, was sie uns gezeigt haben, daß es Blödmänner und Idioten überall gibt, in allen Ländern, gerade auch in Deutschland natürlich, daß die Problematik bei weitem nicht gelöst ist. Ich schätze, daß es fast noch stärker ein Problem der Deutschen selber ist, als es ein Problem der Türken ist, das Problem des Radikalismus.«

Selim, männlich, geboren 1974, Student, seit der Geburt in Deutschland

»Also ich denke, daß diese Selbst-, äh, einen gefährlichen Gedanken enthält, denn solange die Deutschen und die Ausländer sich nicht näherkommen, werden solche Dinge, glaube ich, diese schlimmen Dinge nicht aufhören, also sie müssen sich schon näherkommen. Ich glaube, man sollte seine Nationalität und Religion natürlich nicht vergessen, aber sein Leben sollte man nicht auf diesen Merkmalen einrichten, sondern auf den Bedingungen, die in diesem Land herrschen.«

Yakup, männlich, geboren 1976, Gesamtschüler (Oberstufe), seit 1990 in Deutschland

»Es ist von deutschen Seiten her auch viel gemacht worden, also die sind auch auf der Straße dann, die haben Demonstrationen durchgeführt. Es ist so, es wird niemals so sein wie in Hitlerzeiten, glaube ich nicht, weil die Menschen einfach heute ein bißchen klüger sind, die wissen ganz genau, was in der Geschichte gelaufen ist, und es wird auch niemals so was passieren. Das waren halt die letzten.«

Metin, männlich, geboren 1976, Schüler, seit 1988 in Deutschland

»Also, ich halte nicht soviel davon, weil ich einfach meine, daß Menschen, daß Türken vor allen Dingen und Ausländer, die in Deutschland leben, einfach sehen müssen, daß sie sich auf eine Art und Weise integrieren in diesem Land, integrieren in die Kultur dieses Landes, die einfach ihre eigene Kultur weiterhin zuläßt und ihre Religion zuläßt, und auch natürlich akzeptieren, daß sie in einer fremden Kultur leben und sich entsprechend, ja, anpassen ist ein blödes Wort, finde ich einfach, sich entsprechend, wie soll ich sagen, integrieren müssen, ein Miteinander sollte möglich sein. Und das ist, glaube ich, nicht möglich, wenn man sich, äh, ganz darauf beschränkt, seine eigene Kultur, seine Herkunftskultur, zu bewahren und nur darauf Wert zu legen.«

Şerif, männlich, geboren 1973, Student, seit der Geburt in Deutschland

Nr. 20: Kommentierungen zur Aussage:
»Die Fremdenfeindlichkeit zeigt, daß wir uns bewaffnen müssen.«

»Bewaffnen würde ich mich jetzt nicht mit so 'ner Pistole oder so anderen scharfen Dingen. Zum Beispiel Tränengas oder so sollte man sich schon mitnehmen, ja.«

Mehmet, männlich, geboren 1979, Hauptschüler, seit der Geburt in Deutschland

»Ja, vor diesen Sommerferien habe ich mich auch mal bewaffnet. Ich hatte eine Gaspistole bei mir mal getragen, denn ich hatte auch manchmal Angst, daß, nicht nur wegen mir, sondern auch wegen meiner Familie, irgendwas zu Hause passieren könnte, daß ein Anschlag wie Solingen passiert und wie Mölln, äh, passieren kann, deshalb hab ich mir eine Waffe zugelegt. Hab' ich von einem Bekannten gekauft, aber die habe ich Monate getragen, danach hab' ich sie wieder weiterverkauft, also ist mir klargeworden, mit Gewalt kann man nichts machen.«

Ayhan, männlich, geboren 1979, Hauptschüler, seit der Geburt in Deutschland

»Der Staat soll sich bewaffnen, nicht die Ausländer, die Türken, also, okay, wir können uns immer verteidigen, aber zuerst soll der Staat was unternehmen. Wenn der Staat nichts macht, wenn die Polizei nichts dagegen macht, dann sollten wir uns bewaffnen.«

Hasan, männlich, geboren 1979, Hauptschüler, seit der Geburt in Deutschland

»Das würde nur die Gewalt auf den Straßen fördern, und ich würde sagen, man kann die Fremdenfeindlichkeit, also diese Skinheads und so, das sind nur die Spielzeuge der anderen Leute, die eigentlich, es sind nur die kleinen Fische, und wenn man die, also wenn man die abschafft, dann hat man noch lange den, hat man noch lange den Rechtsradikalismus nicht abgeschafft. Also das mit den, das mit dem Bewaffnen würde nur mehr Gewalt auslösen, finde ich.«

Mustafa, männlich, geboren 1976, Gymnasiast, seit 1990 in Deutschland

»Ja, also, was soll ich denn dazu sagen? Das wäre vielleicht nicht das richtige, denn wenn die Neonazis das machen und die Türkischen halt sich wieder auf die eigene Tradition und so besinnen, dann wäre das doch 'ne Sache, die halt zum Krieg führen würde. Man sollte sehen, wo man halt Gemeinsamkeiten hat, und die dann so ausführen, daß halt beide Seiten zufrieden sind.«

Ferah, weiblich, geboren 1979, Hauptschülerin, seit der Geburt in Deutschland

»Ich denke, das ist gar nicht richtig, daß die jetzt anfangen müssen, also z. B. Türken, Waffen zu tragen. Ich meine, daß die Waffen würden jemanden noch mehr motivieren, damit umzugehen, also das auch zu benutzen. Wenn jeder jetzt anfangen würde, Waffen zu benutzen, dann würde es so wie in Amerika werden, daß Jugendliche sich gegenseitig umbringen bei einem kleinen Streit untereinander. Ich glaube, die Waffe reizt jemanden, das auch zu benutzen, wenn man das trägt.«

Gülay, weiblich, geboren 1977, Kollegschülerin, seit der Geburt in Deutschland

»Wenn jemand so in der Form argumentiert und sich bewaffnet, wird halt der Fremdenfeind dagegen argumentieren, daß die Fremden sich bewaffnen und sich die Fremdenfeinde, also die Deutschen, sich ebenfalls bewaffnen sollten, weil eben die Fremden bewaffnet sind usw.«

Selim, männlich, geboren 1974, Student, seit der Geburt in Deutschland

»Ehrlich gesagt, jetzt, vor acht Jahren oder so, habe ich auch eine Waffe gehabt, also so eine Gaspistole, wo, das fand ich einfach okay, weil die ganzen Freunde von mir hatten auch Waffen in der Hand gehabt, die haben denn auch rumgeschossen. Heutzutage hasse ich einfach Waffen. Mit Waffen kann man kein Leben retten oder kann man auch kein Land retten, mit Waffen, man kann auch keine Meinung retten. Die Menschen haben die Möglichkeit zu reden. Egal was für ein Problem wir haben.«

Metin, männlich, geboren 1976, Kollegschüler, seit 1988 in Deutschland

Nr. 21: Kommentierungen zur Aussage:
»Die Deutschen lehnen uns ab, die Türken in der Türkei verstehen uns nicht, aber Muslime akzeptieren uns.«

»Ja, ich hab' schon manche Türken in der Türkei gehört, daß sie gesagt haben, guck mal, da sind wieder die Deutschen da, wenn Ferien sind und so, aber die sind ja auch Muslime. Weil sie vielleicht an uns glauben, also die denken, daß wir schon in Deutschland auch Türken sind, also nicht sagen, daß wir Deutsche sind und so.«

Ayşe, weiblich, geboren 1979, Hauptschülerin, seit der Geburt in Deutschland

»Das stimmt. Ich bin in die Türkei gefahren, und da werde ich nicht so akzeptiert wie die Türken, die dort leben. Ja, okay, ich werde zwar von meiner Familie akzeptiert, aber das ist so, die sagen, ja, ›Deutschländer, was suchst du hier, verschwendest du das und das‹, also, aber Muslime, auch wo man auch immer ist, wir werden akzeptiert, immer.«

Fatima, weiblich, geboren 1980, Hauptschülerin, seit der Geburt in Deutschland

»Also das mit den Deutschen kann ich nicht verstehen, also ich hab' nicht das Gefühl gehabt in Deutschland, daß ich von den Deutschen abgelehnt werde, und, äh, die Türken, ich kann nur sagen, das liegt nur daran, daß die Türken in Deutschland nicht wissen, wozu sie gehören oder wie sie leben sollten. Und die Muslime, ob die mich akzeptieren, da habe ich meine Zweifel. Ich finde, so was kann nur einer sagen, der irgendwie versucht, die Leute islamistisch zu machen.«

Mustafa, männlich, geboren 1976, Gymnasiast, seit 1990 in Deutschland

»Nee, das ist auch nicht richtig. Ähm, ich denke, daß ich zur Zeit zu Deutschland gehöre, auch wenn ich anderen Monat in die Türkei fahre, denke ich, daß ich nicht genug von der Türkei mitbekommen habe. Und die Sache mit den Muslimen, daß die Muslimen die Türken akzeptieren, das finde ich auch nicht richtig, denn, okay, es gibt einige Jugendliche, die suchen halt Geborgenheit, und wenn sie halt keine Hilfe bekommen, dann suchen sie halt irgendso'ne Sache, wo sie hingehen können und sagen können, ›Ja, die sind für mich‹.«

Ferah, weiblich, geboren 1979, Hauptschülerin, seit der Geburt in Deutschland

»Ich glaube, das kommt daher, daß die Menschen in Deutschland, die Ausländer in Deutschland, keine Welt finden, nach der sie ihr Leben einrichten können, da kommen diese muslimischen Organisationen, die sehr stark in Deutschland vorhanden sind, und die Menschen, die wirklich zwischen zwei Türen stehen, diese Situation ausnützen und sie für ihre religiösen Gedanken gewinnen.«

Yakup, männlich, geboren 1976, Gesamtschüler (Oberstufe), seit 1990 in Deutschland

Nr. 22: Kommentierungen zur Aussage:
»Der Zionismus, die EG und die USA bedrohen den Islam.«

»Ja, da (in Israel, d. A.) wurden viele Sachen gemacht. Ja, wie ich gerade eben erklärt habe, der Krieg, oder jetzt in Bosnien, die Serben. Das sind alles Leute, die gegen Islam sind. Ich verstehe nicht, was sie dagegen haben. Das sind alles Menschen.«

Fatima, weiblich, geboren 1980, Hauptschülerin, seit der Geburt in Deutschland

»Ja, über EG und USA kann ich ja jetzt nichts sagen, aber der Zionismus, die Israelis, die Juden, die sind ja auch viele gegen Islam, äh, die haben ja auch anderen Glauben, und, äh, von manchen älteren Leuten, hab' ich auch von denen gehört, daß die Juden gegen den Islam sind, also soviel weiß ich darüber nicht.«

Ayhan, männlich, geboren 1979, Hauptschüler, seit der Geburt in Deutschland

»Nein, das ist eine Aussage, bestimmt von den Moslems, also die strenggläubig sind, denn ich denke nicht, daß die EG oder die USA den Islam bedrohen. Das ist halt so, die sind fortgeschrittener, und die Leute, die an den Islam glauben, also streng glauben, in der Türkei, die sind halt immer noch in dem Standpunkt, wo sie früher vor zehn oder zwanzig Jahren schon waren, und die können es einfach nicht so hinnehmen, daß die meisten Staaten schon soweit sind, daß sie halt, was weiß ich, alles mögliche machen können, aber die Türkei immer noch an dem gleichen Standpunkt ist, wo sie vor zehn Jahren schon war.«

Ferah, weiblich, geboren 1979, Hauptschülerin, seit der Geburt in Deutschland

»Ich glaube, daß die USA dafür ist, daß die Menschen in der Dritten Welt eine, noch immer in den dunklen Gedanken bleiben und so die reale Welt nicht verstehen. Das sind die Gedanken, die im Islam sind. Daß man sich für eine Religion, daß man sich für die Religion töten sollte, säbeln sollte und so was.«

Yakup, männlich, geboren 1976, Gesamtschüler (Oberstufe), seit 1990 in Deutschland

2. Skalen zur Untersuchung

Skalenbezeichnung	Skalenname	eingehende Variablen
Diskriminierung im öffentlichen Bereich	FDISKRI1	v231, v232, v233, v238
Diskriminierung im privaten Bereich	FDISKRI2	v234, v235, v236, v237, v239, v240
Gewalterfahrung	FGEW2[1]	v273, v274, v275, v276, v277
Angst/Unsicherheit	SANGST[1]	v016, v017, v018, v019, v020, v021, v022
Selbstwert	SSELBW	v033, v034, v035, v036
»Neue« Werte der Erziehung	SWERTE1[1]	v116a, v116b, v116d, v116e
»Alte« Werte der Erziehung	SWERTE2[1]	v116c, v116f, v116g, v116h
Geschlechtsrollenorientierung	SROLLOR[1]	V117, v118, v119, v120, v121
Innerfamiliales Konfliktpotential	SSTREIT[1]	v202, v203, v204, v205, v206, v207, v208
Allgemeine Orte	FFREIAK1[1]	v087, v088, v090, v091
Ethnozentrierte Orte	FFREIAK2[1]	v089, v095, v096, v097, v098
Jugendtypische Aktivitäten	FFREIAK3[1]	v092, v093
Globale Ebene ethnisch-kultureller Identifikation	FETHID1[1]	v084, v085
Personale Ebene ethnisch-kultureller Identifikation	FETHID2	v052, v053[2], v054
Gewalttätigkeit	FGEW1[1]	v278, v279, v280, v281, v282

Skalenbezeichnung	Skalenname	eingehende Variablen
Persönliche Religiosität	SREL1*	v124, v125, v126, v127, v128, v129, v131
Islamzentrierter Überlegenheitsanspruch	FORI1[1]	v057, v058, v061, v064
Religiös fundierte Gewaltbereitschaft	SRELGEW[1]	v293, v294, v295, v296
Modernisierungsfolgen: Orientierungslosigkeit	SMODER	v242, v243, v244, v245, v247, v248
Reaktion auf Fremdenfeindlichkeit	SREAKT[1]	v254, v255, v256, v257, v258
Verweigerung kollektiver Identität	SKOLLEKT[1]	v261, v263, v264
Geopolitische Einflüsse	SGEOPOL	v249, v250, v251, v252

[1] Alle eingegangenen Variablen der Skala wurden invertiert.
[2] Item wurde invertiert.
* Es wurde wie folgt recodiert: v125 (3, 4, 5, 6 = 3), (7 = 2), (1 = 1); v129 (6 = missing); v126, v127, v128, v129, v131 wurden invertiert. Danach wurden alle Variablen standardisiert.

3. Grunddaten der Befragung türkischer Jugendlicher (n = 1221; alle Angaben in Prozent)

Frage 1 (V001a):   *Wie alt sind Sie?*

(1)	15 – 17 Jahre	73.4
(2)	18 – 21 Jahre	26.2
(9)	k. A.	0.4

Frage 2 (V002):   *Welches ist Ihr Geschlecht?*

(1)	männlich	52.6
(2)	weiblich	47.4

Frage 3 (V003):   *Welche Staatsbürgerschaft haben Sie?*

(1)	türkisch	93.9
(2)	deutsch	2.0
(3)	sonstige	1.4
(9)	k. A.	2.8

Frage 4 (V004):   *Welcher Religionsgemeinschaft gehören Sie an?*

(1)	Sunniten	58.5
(2)	Aleviten	13.3
(3)	Christen	0.5
(4)	sonstige	12.4
(5)	keiner	0.2
(6)	weiß nicht	0.4
(7)	Moslem	13.8
(9)	k. A.	0.9

Frage 5 (V005):   *Wo und wie wohnen Sie zur Zeit?*

(1)	im Haushalt der Eltern	97.2
(2)	bei älteren Geschwistern oder anderen Verwandten	0.7
(3)	im eigenen Haushalt (z.B. allein, mit Partner/in, in WG o.ä.)	0.8
(4)	im Heim	0.2
(5)	sonstiges	0.9
(9)	k. A.	0.2

Frage 6 (V006):   *Sind Sie bereits in der Bundesrepublik geboren, oder sind Sie später nach Deutschland eingereist?*

(1)	hier geboren	78.0
(2)	nach der Geburt eingereist	21.4
(9)	k. A.	0.7

Frage 7 (V008):	Wie viele Geschwister haben Sie?	
	(0) keine Geschwister	2.9
	(1) ein Geschwister	9.1
	(2) zwei Geschwister	24.0
	(3) drei Geschwister	26.7
	(4) vier Geschwister	16.2
	(5) fünf Geschwister	10.8
	(6) sechs und mehr Geschwister	9.7
	(9) k. A.	0.6

Frage 8 (V009):	Nennen Sie uns doch bitte noch Ihren aufenthalts-rechtlichen Status in Deutschland.	
	(1) Aufenthaltsberechtigung	21.1
	(2) Aufenthaltserlaubnis	48.1
	(3) Duldung	0.2
	(4) Einbürgerung beantragt	3.4
	(5) bin eingebürgert	4.1
	(6) weiß nicht	14.9
	(9) k. A.	8.1

Frage 9 (V010):	Was machen Sie zur Zeit?	
	(1) Schüler	84.7
	(3) in Berufsausbildung/Lehre	10.4
	(4) Berufsfachschule	4.8
	(6) arbeitslos	0.2

Frage 10 (V011):	Falls Sie noch zur Schule gehen, welche Schulart besu-chen Sie?	
	(1) Hauptschule	37.5
	(2) Realschule	7.0
	(3) Gymnasium	10.2
	(4) Gesamtschule	21.3
	(5) Berufsbildende Schule	24.0

Frage 11 (V012):	In welcher Klassenstufe sind Sie?	
	(1) bis 9. Klasse	37.8
	(2) 10. Klasse	25.0
	(3) 11. Klasse	15.3
	(4) 12. Klasse	9.3
	(5) 13. Klasse	3.6
	(9) k. A.	9.0

Frage 13 (V014): *Welchen endgültigen Schulabschluß wollen Sie errei-*
chen bzw. haben Sie erreicht?
(1) Hauptschulabschluß   26.5
(2) Realschulabschluß/mittlere Reife   36.0
(3) Abitur/(Fach-)Hochschulreife   34.8
(9) k. A.   2.7

Frage 14 (V015): *Welchen endgültigen Berufsabschluß wollen Sie errei-*
chen bzw. haben Sie erreicht?
(1) Lehre   26.0
(2) Berufsfachschule   19.7
(3) Fachhochschule   14.7
(4) Universität   26.7
(9) k. A.   13.0

Frage 15: *Es passieren einem manchmal die unterschiedlichsten*
Sachen. Bitte geben Sie an, inwiefern die folgenden
Situationen auf Sie zutreffen.

	stimmt genau (1)	stimmt (2)	stimmt nicht (3)	stimmt gar nicht (4)	k. A. (9)
(V016) Ich werde oft ganz nervös.	12.2	34.8	36.9	14.6	1.5
(V017) Ich muß häufig daran denken, was alles noch geschehen könnte.	19.8	52.0	17.5	8.2	2.4
(V018) Ich habe oft Angst, daß ich bei anderen einen schlechten Eindruck mache.	11.2	26.5	37.3	23.2	1.8
(V019) Oft möchte ich am liebsten ganz für mich alleine sein.	17.2	22.9	35.9	21.3	2.8
(V020) Ich habe sehr oft Angst, daß ich nicht das Richtige tue.	9.3	31.9	37.3	18.8	2.8
(V021) Manchmal fühle ich mich verlassen, auch wenn ich mit anderen zusammen bin.	9.7	23.5	33.3	31.4	2.2
(V022) Ich möchte eigentlich anders sein, als ich mich gebe.	8.4	15.1	31.3	44.0	1.3

Frage 16:   *Man kann sich ja so oder so sehen. Hier sind nun einige*
                   Aussagen dazu, wie Sie sich selber sehen. Bitte sagen
                   Sie uns, ob diese Aussagen auf Sie völlig zutreffen, zu-
                   treffen, nicht zutreffen oder gar nicht zutreffen?

	trifft völlig zu (1)	trifft zu (2)	trifft nicht zu (3)	trifft gar nicht zu (4)	k.A. (9)
(V023) Ich kann mich gut in andere Personen und ihre Situationen hineinversetzen.	25.0	56.2	12.5	3.9	2.4
(V024) Ich kann mich meist durchsetzen.	21.2	59.9	14.5	1.4	3.0
(V025) Mir gelingt es, Regeln einzuhalten, weil man sonst nicht zusammenleben kann.	25.4	52.1	15.3	3.2	4.0
(V026) Was ich anpacke, gelingt mir auch.	12.4	52.8	27.2	2.5	5.1
(V027) Es gelingt mir, meine Positionen immer wieder kritisch zu überprüfen.	10.1	48.6	29.9	5.2	6.2
(V028) Es gelingt mir, meine Gefühle anderen gegenüber deutlich zu machen.	20.0	46.4	24.1	6.5	3.1
(V029) Ich bin in der Lage, mich überzeugenden Lösungen anzupassen, auch wenn sie meinen eigenen Ansichten entgegenstehen.	12.4	46.4	29.0	6.5	5.7
(V030) Ich bin in der Lage, mich unabhängig von den Erwartungen meiner Freunde oder Vorgesetzten zu verhalten.	21.5	52.2	18.3	3.4	4.6
(V031) Ich finde es richtig, daß man Verpflichtungen dauerhaft übernehmen muß.	25.1	50.2	16.7	3.6	4.4
(V032) Ich bin immer bereit, mich auf Neues einzulassen.	33.9	49.1	11.2	2.3	3.5
(V033) Im großen und ganzen habe ich das Gefühl, versagt zu haben.	5.5	14.8	39.3	35.6	4.8
(V034) Ich habe das Gefühl, weniger wichtig zu sein, zumindest im Vergleich mit anderen.	6.4	22.6	37.0	30.5	3.5

(V035) Ich wünschte, ich könnte eine bessere Meinung von mir haben.	11.6 27.4 31.0 27.2 2.8
(V036) Manchmal denke ich, daß ich zu überhaupt nichts tauge.	5.3 15.2 28.3 48.3 2.9

Frage 17:   *Welche der folgenden Ereignisse haben Sie bisher er-*
lebt, und wie stark haben diese Sie belastet?

	bisher nicht er- lebt (5)	bereits erlebt und die Belastung war				
		gar keine (1)	gering (2)	stark (3)	sehr stark (4)	k.A. (9)
(V037) Umzug, wobei ich auch die gewohnte Umgebung und meine Freunde größtenteils verloren habe.	50.2	16.5	19.2	5.7	6.1	2.3
(V038) Schulwechsel, den ich nicht wollte.	57.3	17.3	11.5	5.2	6.8	1.9
(V039) Abbruch der Schul-ausbildung.	74.6	12.6	4.5	2.0	1.7	4.5
(V040) Schwierigkeiten, ei-nen Ausbildungs-platz zu finden.	63.7	9.7	10.7	5.9	6.7	3.3
(V041) Veränderungen im Ausbildungsverhält-nis (z.B. Kündi-gung, Abbruch).	79.6	10.1	3.6	2.0	2.0	2.7
(V042) Sitzenbleiben in der Schule.	49.1	12.6	20.0	9.0	7.2	2.2
(V043) Tod eines Familien-angehörigen.	35.9	10.2	20.4	12.8	18.3	2.5
(V044) Tod eines(r) wichti-gen Freundes/ Freundin.	61.4	10.1	7.5	6.1	12.1	1.8
(V045) Scheidung oder Trennung der Eltern.	79.6	10.1	2.0	2.3	3.6	2.5
(V046) Neue Partnerin/ neuer Partner eines Elternteils.	78.8	10.4	4.7	2.1	1.3	2.7
(V047) Abbruch einer wich-tigen Freundschaft.	39.9	13.5	17.4	11.2	15.4	2.7

(Vo48) Arbeitslosigkeit eines oder beider Elternteile.	62.7	14.1	11.6	6.2	3.3	2.1
(Vo49) Schwierige finanzielle Situation der Familie.	45.0	14.6	23.6	10.1	4.5	2.3
(Vo50) Streitigkeiten in der Familie.	33.1	14.6	28.2	11.0	10.9	2.3
(Vo51) Ärger mit Behörden oder Polizei.	62.7	16.0	9.2	3.9	6.5	1.8

Frage 18: *Bitte sagen Sie uns, ob die folgenden Aussagen Ihr Lebensgefühl sehr gut, gut, weniger gut oder schlecht treffen. Machen Sie bitte in jeder Zeile ein Kreuz.*

	Trifft mein Lebensgefühl				
	sehr gut (1)	gut (2)	weniger gut (3)	schlecht (4)	k. A. (9)
(Vo52) Ich fühle mich in Deutschland unter Deutschen wohler als unter Türken.	10.5	22.9	36.4	25.8	4.4
(Vo53) Ich fühle mich in Deutschland unter Türken wohler als unter Deutschen.	36.0	35.1	18.6	5.8	4.5
(Vo54) Wenn ich in der Türkei bin, fühle ich mich als Fremder in meinem eigenen Land.	20.8	17.6	26.3	31.4	4.0

| Frage 19: | Hier ist eine ganze Reihe von Aussagen zu Staat, Religion, Glauben und Politik, aber auch zu Deutschland und zur Türkei. Bitte geben Sie für jede dieser Aussagen an, ob Sie der Meinung sind, daß sie völlig stimmt, stimmt, nicht stimmt oder gar nicht stimmt. |

	stimmt völlig (1)	stimmt (2)	stimmt nicht (3)	stimmt gar nicht (4)	k.A. (9)
(Vo55) Die Europäer können als Arzt auftreten, als Krankenpfleger, als kluger Lehrer, als Gewerkschaftler, aber verstehen können sie die Muslime letztlich nicht.	27,9	35.4	23.8	9.0	3.9
(Vo56) Eine Orientierung am islamischen Glauben führt zu einer undemokratischen Gesellschaft.	8.6	18.7	32.8	34.6	5.4
(Vo57) Nach dem Ende des Kommunismus geht es auch mit dem Kapitalismus bergab. Die Zukunft gehört dem Islam.	26.0	24.2	28.3	15.2	6.3
(Vo58) Man sollte sein Leben nach dem Koran ausrichten. Reform und Modernisierung des Glaubens sollte man ablehnen und für eine göttliche Ordnung eintreten.	26.5	22.6	24.5	18.5	8.0
(Vo59) Sobald ein Mensch alleinstehend und in der Fremde ist, wollen ihn die Missionare zum Christentum verführen. Die christliche Welt ist seit jeher der unerbittliche Verfolger des Islam gewesen.	14.6	29.0	32.2	15.6	8.7
(Vo60) Wichtiger als eine Demokratie ist, daß die Türkei eine starke Nation ist.	36.2	31.5	17.4	9.3	5.7

(V061) Jeder Gläubige muß wissen, daß die Religionen anderer Nationen nichtig und falsch sind und ihre Angehörigen Ungläubige sind. Der Islam ist die einzig rechtgläubige Religion.	30.6	25.3	21.9	15.5	6.7
(V062) Auch in einem Land mit vorwiegend islamischer Bevölkerung dürfen sich Staat und Politik nicht nach den Gesetzen der Scharia richten.	18.3	28.9	25.6	15.7	11.6
(V063) Türken, die nach Deutschland gekommen sind oder hier geboren wurden, sind (von Gott) dazu auserkoren, den Islam in Deutschland zu verbreiten.	16.2	20.0	30.3	27.4	6.2
(V064) Auch wenn man hier lebt, sollte man sich nicht zu stark an die westliche Lebensweise anpassen, sondern sich eher nach den Lehren des Islam richten.	26.0	30.0	24.9	13.3	5.8
(V065) Die Türkei sollte sich mit den türkisch-islamischen Staaten in Asien zusammenschließen.	22.8	25.3	26.1	19.1	6.7
(V066) Von Leuten außerhalb des Islam ist schon genug Verwirrung angerichtet worden, und ihre Äußerungen künden von Haß.	18.9	29.6	27.4	14.7	9.4

Frage 20:   *Es gibt im Leben verschiedene Bereiche, mit denen man zufrieden sein kann oder auch nicht. Bitte kreuzen Sie an, ob Sie in den einzelnen Lebensbereichen völlig zufrieden, zufrieden, unzufrieden oder völlig unzufrieden sind?*

	völl zu-frieden (1)	zufrieden (2)	unzu-frieden (3)	völlig un-zufrieden (4)	k. A. (9)
(V067) Mit meinen Beziehungen zu anderen Menschen	42.3	50.1	4.0	0.9	2.7
(V068) Mit meinen Wohnverhält-nissen	34.4	47.4	11.4	3.8	3.1
(V069) Mein eigenes Leben so zu führen, wie ich es für gut halte	36.2	43.8	13.8	3.3	3.0
(V070) Mit Möglichkeiten, mich am Leben zu freuen	34.7	48.4	10.8	2.1	4.0
(V071) Mit Geselligkeit	26.6	51.5	10.6	2.4	8.9
(V072) Mit der Liebe von den El-tern	55.4	32.2	6.1	2.7	3.6
(V073) Mit den Möglichkeiten zum Sport treiben	44.2	37.6	11.1	3.6	3.5
(V074) Mit meinen schulischen bzw. beruflichen Leistun-gen	22.8	45.9	22.7	5.1	3.6
(V075) Mit meinen Berufschancen	18.4	44.8	24.2	6.6	6.0
(V076) Mit meinem Einkommen	15.8	40.2	19.0	8.5	16.5
(V077) Mit den Angeboten zur Weiterbildung	23.5	45.4	18.9	4.3	7.9
(V078) Mit den kulturellen Veran-staltungen hier in der Nähe	15.3	45.4	25.6	7.7	6.0
(V079) Mit den Möglichkeiten, ein religiöses Leben zu führen	25.6	49.6	12.3	6.1	6.4
(V080) Mit der Möglichkeit, sich über meine Kultur zu infor-mieren	24.3	46.1	18.9	6.1	4.6
(V081) Mit der Möglichkeit, mich über religiöse Fragen zu in-formieren	28.7	45.2	14.9	5.5	5.8
(V082) Sonstiges	2.0	1.4	0.7	2.2	93.7

Frage 21 (V083):   In der Türkei leben verschiedene Volksgruppen, de-
                   nen man sich zugehörig fühlen kann. So leben dort
                   neben Türken z. B. auch Araber, Tscherkessen, Grie-
                   chen, Lasen, Georgier, Armenier, Kurden und Alba-
                   ner. Wie ist das bei Ihnen? Haben Sie eine gefühlsmä-
                   ßige Bindung an eine solche Volksgruppe?

                   (1) sehr starke   16.6
                   (2) starke   22.6
                   (3) schwache   20.4
                   (4) sehr schwache   8.4
                   (5) gar keine   27.4
                   (9) k. A.   4.6

Frage 22 (V084):   Wie stark spielt für Sie bei der Wahl der Lebenspartne-
                   rin/des Lebenspartners die Nationalität eine Rolle?

                   (1) sehr stark   33.7
                   (2) stark   18.0
                   (3) gering   21.8
                   (4) sehr gering   7.0
                   (5) überhaupt nicht   16.5
                   (9) k. A.   3.0

Frage 23 (V085):   Wie stark ist für Sie bei der Wahl Ihres Lebenspartners/
                   Ihrer Lebenspartnerin von Bedeutung, welcher Reli-
                   gionsgemeinschaft er/sie angehört?

                   (1) sehr stark   37.5
                   (2) stark   22.9
                   (3) gering   19.2
                   (4) sehr gering   6.9
                   (5) überhaupt nicht   11.8
                   (9) k. A.   1.6

Frage 24 (V086):   Geben Sie nun bitte an, wie stark Ihrer Meinung nach
                   der Einfluß Ihrer Eltern bei der Wahl Ihres Lebens-
                   partners/Ihrer Lebenspartnerin wäre.

                   (1) sehr stark   19.5
                   (2) stark   20.5
                   (3) gering   27.9
                   (4) sehr gering   12.0
                   (5) überhaupt nicht   17.7
                   (9) k. A.   2.3

Frage 25:   *Bitte geben Sie nun an, welche der folgenden Dinge Sie*
              häufig, gelegentlich oder nie in Ihrer Freizeit tun.

	häufig (1)	gelegentlich (2)	nie (3)	k.A. (9)
(V087) Cafés/Gaststätten besuchen	25.4	48.2	25.1	1.3
(V088) Diskotheken besuchen	15.2	37.6	45.9	1.3
(V089) Türkisches Kaffee-/Teehaus besuchen	19.7	33.5	44.6	2.2
(V090) Konzerte besuchen	15.1	43.2	40.0	1.8
(V091) Ins Kino gehen	29.1	54.0	15.6	1.4
(V092) Fernsehen	74.9	22.3	1.6	1.3
(V093) Musik hören	84.1	10.6	2.9	2.5
(V094) Auf Geschwister aufpassen	14.7	35.4	47.1	2.8
(V095) Sport treiben	53.7	37.1	7.8	1.4
(V096) Vereine besuchen	30.1	31.4	36.0	2.6
(V097) Zur Moschee/Kirche/Cem Evi gehen	28.3	47.1	22.9	1.8
(V098) Ins Jugendzentrum gehen	19.1	32.1	47.3	1.5

Frage 26 (V099a):   *Mit wem verbringen Sie vorwiegend Ihre Freizeit?*
                       Bitte machen Sie nur ein Kreuz.
              (1)   mit türkischen Jugendlichen   30.7
              (2)   mit deutschen und türkischen   53.4
                    Jugendlichen
              (7)   sonstiges
              (9)   k.A.   15.9

Frage 27 (V100):   *Möchten Sie mit deutschen Jugendlichen intensiveren*
                     Kontakt haben?
              (1)   ja   65.6
              (2)   nein   27.8
              (9)   k.A.   6.5

Frage 28 (V101):   Wie ist Ihre Einstellung zu deutschen Jugendlichen all-
                   gemein?

(1)	sie sind okay	36.7
(2)	sie sind nicht schlechter/nicht besser	24.2
	als die Türken	
(3)	sie sind eher negativ	3.1
(4)	sie sind anders als wir	22.7
(5)	weiß nicht	7.0
(9)	k. A.	6.4

*Im folgenden stellen wir Ihnen einige Fragen zu Ihren Eltern. Falls Sie
keinen Vater oder keine Mutter mehr haben, kreuzen Sie die Fragen bitte so
an, wie es früher gewesen ist.*

Frage 29:   Welchen Beruf üben Ihre Eltern aus? (Falls z. Zt. nicht
                   berufstätig, der zuletzt ausgeübte Beruf.)

		Vater (V102)	Mutter (V103)
(1)	Arbeiter	68.9	29.6
(2)	Facharbeiter	6.0	1.8
(3)	Selbständige	7.9	7.5
(4)	Sonstiges	8.3	10.2
(5)	nie berufstätig	1.6	24.2
(6)	Akademiker	0.5	0.1
(7)	Hausmann/-frau	0.0	6.0
(8)	k. A.	6.9	20.6

Frage 30:   Wie sieht die berufliche Situation Ihrer Eltern aus?

		Vater (V104)	Mutter (V105)
(1)	arbeitet ganztags	36.4	8.9
(2)	arbeitet halbtags/teilzeit	27.4	17.5
(3)	macht Kurzarbeit	1.6	5.0
(4)	ist arbeitslos	8.2	3.6
(5)	ist Rentner/in	18.8	1.2
(6)	ist bereits verstorben	1.6	0.7
(7)	ist ausschließlich Hausfrau		44.0
(8)	sonstiges	1.1	1.2
(9)	k. A.	4.9	17.9

Frage 31:   *Leben Ihre Eltern nach den Regeln einer Glaubens-*
              gemeinschaft?

		Vater (V106)	Mutter (V107)
(1)	ja, leben streng danach	31.4	32.3
(2)	ja, leben weniger streng danach	47.3	46.2
(3)	nein, leben nicht danach	11.8	10.6
(4)	weiß nicht	5.8	5.4
(9)	k. A.	3.6	5.5

Frage 32:   *Legen Ihre Eltern Wert darauf, daß Sie sich nach den*
              Regeln ihrer Religion verhalten?

		Vater (V108)	Mutter (V109)
(1)	sehr viel	29.4	28.5
(2)	viel	29.8	31.4
(3)	weniger	26.4	25.3
(4)	keinen	4.9	4.6
(5)	überhaupt keinen	6.1	6.1
(9)	k. A.	3.5	4.1

Frage 33:   *Wenn Sie gegen die grundlegenden Gebote Ihrer Reli-*
              gionsgemeinschaft verstoßen, haben Sie dann mit Be-
              strafungen durch Ihre Eltern zu rechnen?

		Vater (V110)	Mutter (V111)
(1)	sehr strenge	7.7	6.3
(2)	strenge	13.8	12.3
(3)	leichte	25.3	24.4
(4)	keine	49.0	50.7
(9)	k. A.	4.3	6.3

Frage 34:   Wie gut verstehen Sie sich mit Ihren Eltern (bzw. den Personen, die Mutter- oder Vaterstelle bei Ihnen einnehmen)?

Wie ist das mit…	sehr gut (1)	gut (2)	weniger gut (3)	schlecht (4)	trifft nicht zu (5)	k. A. (9)
(V112) Ihrer Mutter?	59.4	28.9	6.0	2.5	1.0	2.2
(V113) Ihrem Vater?	47.9	31.2	10.6	4.4	1.7	4.0

Frage 35 (V114):   *In welcher Sprache sprechen Sie mit Ihren Eltern?*

(1)	türkisch	56.4
(2)	deutsch	1.1
(3)	beides gemischt	38.7
(4)	sonstiges	3.0
(9)	k. A.	0.8

Frage 36 (V115):   *Falls Sie einmal Kinder haben werden, würden Sie sie so erziehen, wie Sie von Ihren Eltern erzogen worden sind?*

(1)	genauso	21.0
(2)	ungefähr so	42.3
(3)	anders	19.8
(4)	ganz anders	14.9
(9)	k. A.	2.0

Frage 37 (V116):   *Geben Sie bitte an, welche Ziele Ihnen selbst bei der Erziehung Ihrer Kinder besonders wichtig wären. (Mehrere Antworten möglich.)*

(116a)	Ordentlichkeit/Fleiß	75.8
(116b)	Gute Leistungen in Schule und Beruf	83.0
(116c)	Selbständigkeit/Unabhängigkeit	55.4
(116d)	Gehorsamkeit gegenüber Erwachsenen	59.8
(116e)	Achtung der Eltern/Familie	68.0
(116f)	Solidarität	23.8
(116g)	Gerechtigkeitssinn	54.8
(116h)	Fairness	43.3
(116i)	Sonstiges	9.1

Frage 38: *Hier sind einige Aussagen zum Verhältnis von Mann und Frau. Bitte geben Sie für alle Aussagen an, ob Sie voll zustimmen, zustimmen, eher nicht zustimmen oder gar nicht zustimmen.*

	stimme voll zu (1)	stimme zu (2)	stimme eher nicht zu (3)	stimme gar nicht zu (4)	k. A. (9)
(V117) Hausarbeit ist in erster Linie die Aufgabe von Frauen.	19.2	26.6	29.8	23.0	1.4
(V118) Frauen sollten nicht arbeiten, wenn die Kinder klein sind.	36.0	38.3	16.5	7.7	1.5
(V119) Eine gute Berufsausbildung ist für Frauen nicht so wichtig wie für Männer.	10.2	15.5	23.1	48.7	2.6
(V120) Kindererziehung ist in erster Linie Aufgabe der Frauen.	16.5	23.0	30.5	27.3	2.7
(V121) Der Mann ist in erster Linie für den Unterhalt der Familie verantwortlich.	39.9	28.5	16.6	13.1	1.9

Frage 39 (V122): *Gehören Sie zu einer festen Gruppe (»Clique«), in der »jeder jeden gut kennt« und in der so manche gemeinsame Aktion läuft?*

(1) ja, wir machen viel gemeinsam 42.2
(2) ja, wir machen aber nur wenig gemeinsam 16.5
(3) nein, ich treffe mich mal mit dem einen oder anderen Freund/mit der einen oder anderen Freundin 31.2
(4) nein, ich bin lieber allein 5.7
(9) k. A. 4.4

Frage 40 (123): *Besteht Ihr Freundeskreis...*

(1) nur aus männlichen Mitgliedern 9.5
(2) nur aus weiblichen Mitgliedern 7.0
(3) aus männlichen und weiblichen Mitgliedern 67.2
(4) überwiegend aus männlichen Mitgliedern 9.4

257

| | | (5) | überwiegend aus weiblichen Mitgliedern | 4.9 |
| | | (9) | k. A. | 2.0 |

Frage 41 (V124):	*Wie oft beten Sie?*		
	(1)	nie	21.9
	(2)	selten (z. B. Totengebet)	26.9
	(3)	nur Freitagsgebet	20.4
	(4)	einmal täglich	7.4
	(5)	mehrmals täglich	10.2
	(6)	fünfmal täglich	10.8
	(9)	k. A.	2.5

Frage 42 (V125):	*Haben Sie selbst eine Koranschule besucht?*		
	(1)	nein	37.2
	(2)	1 Jahr/2 Jahre	30.6
	(3)	3 Jahre	7.0
	(4)	4 Jahre	3.9
	(5)	5 Jahre	5.3
	(6)	6 und mehr Jahre	13.7
	(7)	weniger als 1 Jahr	0.4
	(9)	k. A.	1.8

Frage 43 (V126):	*Sollten Ihre Kinder, wenn Sie selbst einmal welche haben, die Koranschule besuchen?*		
	(1)	ja	51.4
	(2)	nein	16.1
	(3)	weiß nicht	30.5
	(9)	k. A.	2.1

Frage 44 (V127):	*Wenn Sie eine eigene Familie haben oder hätten, wie wichtig wären religiöse Ziele bei der Kindererziehung für Sie?*		
	(1)	sehr wichtig	35.5
	(2)	wichtig	36.6
	(3)	weniger wichtig	17.9
	(4)	unwichtig	4.8
	(5)	sehr unwichtig	3.8
	(9)	k. A.	1.3

Frage 45 (V128):	*Fasten Sie?*		
	(1)	die ganze Fastenzeit	61.4
	(2)	mehrere Tage	25.1
	(3)	nie	12.0
	(9)	k. A.	1.6

Frage 46 (V129):	Wie häufig gehen Sie in eine Moschee?	
	(1) jede Woche	21.0
	(2) mehrmals im Monat	10.3
	(3) mehrmals im Jahr	12.1
	(4) an Feiertagen/bei religiösen Festlichkeiten	22.8
	(5) nie	23.3
	(9) trifft nicht zu/k. A.	0.4

Frage 47 (V130):	Befindet sich in Ihrer Nähe ein Gotteshaus, in dem Sie Ihre Religion ausüben können?	
	(1) ja	69.8
	(2) nein	20.2
	(3) weiß nicht	8.8
	(9) k. A.	1.2

Frage 48 (V131):	Welche der folgenden Aussagen paßt am besten auf Sie?	
	(1) Ich bin gläubig, folge den Lehren des Islam.	24.7
	(2) Ich bin auf meine persönliche Weise religiös.	16.7
	(3) Ich glaube an Gott, bin aber nicht streng religiös.	50.0
	(4) Ich kann nicht sagen, ob ich religiös bin oder nicht.	2.3
	(5) Ich bin nicht religiös, so etwas interessiert mich nicht.	1.5
	(6) Ich bin nicht religiös, da meiner Meinung nach die Religion nicht recht hat.	2.5
	(9) k. A.	2.3

Frage 49: *Es gibt ja verschiedene Forderungen auch von Muslimen. Wie ist Ihre Meinung zu den folgenden Forderungen?*

	stimme voll zu (1)	stimme zu (2)	stimme nicht zu (3)	stimme gar nicht zu (4)	k. A. (9)
(V132) Ein Muslim kann am Biologieunterricht in deutschen Schulen nicht teilnehmen.	4.4	5.5	21.9	65.1	3.0

(V133) Im Sportunterricht sollten Jungen und Mädchen getrennt werden.	11.1	12.9	20.4	52.4	3.1
(V134) In jeder Schule sollte ein Betraum nur für Muslims eingerichtet werden.	11.1	18.8	25.9	39.6	4.8
(V135) Es müßten rein muslimische Kindergärten und Schulen eingerichtet werden.	8.0	9.3	26.9	52.2	3.6
(V136) Es müßte eine größere Anzahl von Koranschulen geben.	16.9	34.8	21.4	23.0	3.9
(V137) Es müßte mehr islamischen Unterricht an deutschen Schulen geben.	22.0	31.2	20.7	21.9	4.2

Frage 50 (V138):   *Bitte sagen Sie uns, ob Sie regelmäßig, manchmal oder ob Sie nie Kontakt zu türkischen oder islamischen Vereinen haben?*

      (1)   regelmäßig Kontakt   26.5
      (2)   manchmal Kontakt   43.0
      (3)   nie Kontakt   28.4
      (9)   k. A.   2.1

Bitte beantworten Sie die folgende Frage 51 nur, wenn Sie regelmäßig oder manchmal Kontakt zu türkischen oder islamischen Vereinen haben.

Wenn Sie nie Kontakt zu diesen Vereinen haben, machen Sie bitte weiter mit Frage 52.

Frage 51:   *Wenn Sie regelmäßig oder manchmal Kontakt zu türkischen oder islamischen Vereinen haben, welche Aktivitäten machen Sie dann dort? Bitte machen Sie in jeder Zeile ein Kreuz.*

	oft (1)	manchmal (2)	nie (3)	k. A. (9)
(V139) Sport treiben	30.4	22.4	13.7	33.6
(V140) beten	23.3	32.1	11.9	32.7
(V141) politische Diskussionen	13.3	28.3	23.9	34.5
(V142) Fußballspielen	26.5	17.8	21.2	34.5

(V143) Kampfsport (z.B. Kung-Fu, Tae-kwon-do, Boxen)	13.3	15.2	36.8	34.7
(V144) religiöse Diskussionen	22.0	30.1	13.9	34.0
(V145) Ausflüge/Zeltlager	11.8	27.8	25.9	34.6
(V146) Brettspiele	10.0	23.0	31.4	35.6
(V147) Einkaufen	20.0	26.9	18.9	34.2
(V148) Musik- und Volkstanz	21.5	20.6	24.1	33.9
(V149) Koranunterricht	21.1	24.4	20.7	33.8
(V150) Näh- und Kochkurse	6.6	14.4	43.9	35.1
(V151) Schwimmen	15.0	24.3	25.5	35.3
(V152) Rechts- und Sozialberatung	5.6	23.7	33.7	37.1
(V153) Hilfen bei der Lohnsteuer	5.2	17.2	39.8	37.9
(V154) Hilfe bei Dolmetschtätigkeiten	10.9	24.2	27.2	37.7
(V155) Berufsbildungskurse	7.3	19.8	33.3	39.7
(V156) Sonstiges	2.9	2.4	8.0	86.7

Frage 52: *Von welchen der genannten türkischen oder islamischen Organisationen befinden sich Einrichtungen (z.B. Moscheen, Gebäude o.ä.) in der Nähe Ihrer Wohnung oder Ihrer Schule bzw. Arbeitsstätte?*

                    (157a) ADÜTDF (kurz: Ülkücüler)   18.0
                    (157b) AMGT (kurz: Milli Görüş)   28.3
                    (157c) ICCB (kurz: C. Kaplan)   6.1
                    (157d) DITIB (Anstalt für Religion)   18.8
                    (157e) IKZ (Verband der Islamischen Kultur-   4.1
                                  zentren Europa)
                    (157f) TIKDB (kurz: Türk-Islam Birligi)   13.8
                    (157g) weiß nicht   23.2
                    (157h) sonstige   6.2
                    (157i) keine   11.9

Frage 53: *Wenn Sie sich über die politischen Verhältnisse in Deutschland informieren, wie stark informieren Sie sich dann durch ...*

	oft (1)	manchmal (2)	nie (3)	k.A. (9)
(V158) Türkische Zeitungen	35.6	43.5	11.7	9.2
(V159) Deutsche Zeitungen	25.2	51.9	13.8	9.1
(V160) Türkisches Fernsehen	53.5	32.1	6.1	8.4
(V161) Deutsches Fernsehen	55.1	33.7	4.3	7.0
(V162) Freunde	40.4	38.9	10.7	10.0

(V163) Familienkreis	37.7	41.9	9.2	11.3
(V164) Türkischsprachiges Programm WDR (Radio Köln)	9.1	28.4	48.3	14.2
(V165) Club/Verein/Partei	12.8	20.9	50.6	15.8
(V166) Moschee/Kirche/Cem Evi	18.7	27.8	40.7	12.9

Frage 54: *Falls Sie türkische Zeitungen lesen, welche der folgenden lesen Sie oft, manchmal oder nie?*

	oft (1)	manchmal (2)	nie (3)	k.A. (9)
(V167) »Hurriyet«	38.8	35.5	13.5	12.1
(V168) »Milliyet«	10.2	30.0	32.8	27.1
(V169) »Türkiye«	19.3	25.6	30.1	24.9
(V170) »Zaman«	5.2	14.0	50.1	30.7
(V171) »Milli Gazete«	8.7	14.1	48.6	28.6
(V172) »Yeni Politika«	3.4	7.2	58.1	31.3

Frage 55: *Falls Sie türkische Fernsehsender sehen, welche der folgenden Sender sehen Sie dann oft, manchmal oder nie?*

	oft (1)	manchmal (2)	nie (3)	k.A. (9)
(V173) TRT-Int	23.8	45.6	21.2	9.5
(V174) ATV	46.8	27.6	13.8	11.8
(V175) InterStar	52.7	23.9	12.4	11.0
(V176) TGRT	24.8	28.7	30.3	16.2
(V177) Show TV	45.0	23.6	17.7	13.7
(V178) Med	6.9	10.2	61.1	21.7

Frage 56 (179): *Nehmen Sie einmal an, Ausländer (und Jugendliche) in Deutschland besäßen das Recht, bei den Wahlen zum Stadt- oder Gemeindeparlament (Kommunalwahl) teilzunehmen, und am nächsten Sonntag wäre Wahltag. Würden Sie sich an den Wahlen beteiligen oder nicht?*

(1)	nicht beteiligen	11.8
(2)	beteiligen	44.4
(3)	weiß nicht	41.2
(9)	k.A.	2.6

Frage 57 (V180):   *Glauben Sie, daß sich durch ein Wahlrecht die Situation der Ausländer ändert?*
(1)   ja, wird verbessert   52.7
(2)   nein, wird verschlechtert   6.5
(3)   ändert sich nichts   34.7
(9)   k. A.   6.1

Frage 58 (V181):   *Glauben Sie, daß ein Wahlrecht das Verhältnis zwischen Deutschen und Ausländern verändert?*
(1)   ja, wird verbessert   41.5
(2)   nein, wird verschlechtert   11.1
(3)   ändert sich nichts   40.7
(9)   k. A.   6.6

Frage 59 (V182):   *Beabsichtigen Sie, die deutsche Staatsangehörigkeit zu beantragen?*
(1)   ja   40.7
(2)   nein   21.4
(3)   vielleicht   33.9
(9)   k. A.   4.0

Frage 60 (V183):   *Glauben Sie, daß sich Ihre Situation durch eine deutsche Staatsangehörigkeit in Deutschland verbessert?*
(1)   ja   26.8
(2)   nein   18.2
(3)   zum Teil   35.3
(4)   weiß nicht   17.3
(9)   k. A.   2.5

Frage 61 (V184):   *Falls Sie die deutsche Staatsangehörigkeit bereits besitzen, was hat sich dadurch für Sie verändert?*
(0)   k. A.   78.6
(1)   Antwort   21.4

Frage 62 (V185):   *Über den Islam gibt es unterschiedliche Auffassungen. Welche der folgenden kommt Ihrer Meinung am nächsten? Bitte machen Sie nur ein Kreuz.*
(1)   Der Islam war und ist immer gültig. Er kann vom   32.0
      Menschen gar nicht in Frage gestellt werden.
(2)   Der Islam ist immer gültig, aber Islam und modernes   25.2
      Leben passen dennoch gut zusammen.

(3) Der Islam ist mit seinen Vorstellungen und Forderungen   16.5
     sicherlich oft nicht mehr ganz zeitgemäß. Aber in dem,
     was er eigentlich will und aussagt, kann er auch heute für
     uns Menschen hilfreich sein.

(4) Der Islam dient dazu, die Menschen unmündig und in   3.4
     überkommenen Herrschaftsverhältnissen zu halten.

(5) Der Islam ist nicht nur veraltet. In unserer modernen Welt   3.5
     ist er auch überflüssig, manchmal sogar störend.

(6) Der Islam ist teilweise ziemlich unmodern. Im Prinzip   4.0
     könnten wir darauf verzichten.

(9) k. A.   15.4

Frage 63 (V186): *Wie ein Muslim zu denken und zu fühlen und gleich-*
                  zeitig in Deutschland zu leben, ...

     (1) finde ich gut   33.4
     (2) läßt sich bewältigen   11.7
     (3) ist normal   34.6
     (4) verunsichert mich   6.4
     (5) macht mich fertig   3.8
     (9) trifft nicht zu   6.0
     (9) k. A.   4.1

Frage 64 (V187): *Falls Sie der Glaubensgemeinschaft des Islam angehö-*
                  ren: hat der Islam für Sie ...

     (1) keine Bedeutung   5.2
     (2) geringe Bedeutung   16.5
     (3) große Bedeutung   35.9
     (4) sehr große Bedeutung   31.9
     (6) trifft nicht zu   5.2
     (9) k. A.   5.3

Frage 64a (V188): *Falls der islamische Glaube für Sie eine Bedeutung hat,*
                   welche hat er für Sie? (Mehrfachnennung möglich)

Der islamische Glaube verstärkt

(V188a)   mein Selbstvertrauen   50.9
(V188b)   mein Zugehörigkeitsgefühl   38.5
(V188c)   meine Sicherheit   39.8
(V188d)   meine Freiheit   28.6
(V188e)   meine Selbstbestimmung   25.5
(V188f)   mein Gefühl familiärer Geborgenheit   34.5
(V188g)   sonstiges   7.4

Frage 65:   *Hier sind verschiedene Aussagen. Wie ist Ihre Meinung dazu?*

	stimme voll zu (1)	stimme zu (2)	stimme nicht zu (3)	stimme gar nicht zu (4)	k. A. (9)
(V189) Im Prinzip hat Religion mit der Welt und dem gesellschaftlichen Leben nichts zu tun.	9.1	19.0	32.8	30.8	8.3
(V190) Religion ist eine private Sache zwischen Gott und dem Menschen, die andere nichts angeht.	36.0	29.2	16.0	11.3	7.5
(V191) Die Religion muß die Politik bestimmen (Scharia).	8.9	13.3	27.4	39.2	11.1
(V192) Der Islam ist eine wichtige gesellschaftliche Stimme, die genauso wie andere öffentlich eine Rolle spielen sollte.	24.7	34.7	18.1	11.0	11.5

Frage 66 (V193):   *Die Forderungen unserer türkischen Gemeinde, wie ich leben soll, und die Möglichkeiten in Deutschland, wie ich leben kann, unterscheiden sich…*

(1)	sehr stark	15.7
(2)	stark	36.0
(3)	nicht	22.3
(4)	überhaupt nicht	7.7
(5)	trifft nicht zu	10.1
(9)	k. A.	8.3

Frage 67 (V194):   *Wieviel Wert legen Ihre Eltern darauf, daß Sie anders leben als die meisten Deutschen, die Sie kennen?*

(1)	sehr großen	19.0
(2)	großen	31.4
(3)	geringen	32.5
(4)	gar keinen	11.7
(9)	k. A.	5.4

Frage 68:   Was meinen Sie zu folgenden Aussagen?

	stimmt völlig (1)	stimmt (2)	stimmt nicht (3)	stimmt gar nicht (4)	k.A. (9)
(V195) Ich zweifle daran, ob das Leben einen bestimmten Sinn hat.	12.8	26.9	27.7	25.9	6.8
(V196) Das Leben hat für mich nur eine Bedeutung, weil es ein Geschenk Gottes ist.	34.2	35.7	15.7	7.7	6.7
(V197) Ich weiß nicht so richtig, wozu ich gehöre.	4.9	14.0	30.5	42.2	8.5
(V198) Wenn Leute, die ich kenne, zusammenstehen, habe ich oft das Gefühl, nicht dazu-zugehören.	4.7	15.3	38.4	31.8	9.9
(V199) Ich bin mit mir so zufrie-den, wie ich bin.	43.3	35.0	11.5	3.6	6.7
(V200) In vielen Situationen er-kenne ich mich selbst nicht wieder.	8.7	22.7	35.3	24.9	8.5

Frage 69 (V201):   Die westlichen Sitten (Alkoholgenuß, Sexualität usw.) verderben den Charakter von Muslimen.

(1)   ja   57.7
(2)   nein   31.2
(9)   k.A.   11.1

Frage 70:   Haben die folgenden Punkte häufig, gelegentlich oder nie zu Auseinandersetzungen mit Ihren Eltern ge-führt?

	häufig (1)	gelegentlich (2)	nie (3)	k.A. (9)
(V202) Kleidung/Aussehen	17.0	34.2	44.4	4.4
(V203) Schulische Leistungen	22.4	46.3	27.0	4.3
(V204) Abends länger ausgehen	21.0	43.6	30.3	5.0
(V205) Mein Freundeskreis	15.5	37.0	42.8	4.7
(V206) Finanzielle Angelegenheiten	9.9	35.7	47.4	6.9
(V207) Religiöse Themen	15.2	35.1	43.3	6.3
(V208) Rückkehr in die Türkei	10.8	21.9	61.9	5.3

Frage 71:   *Hier kommt noch einmal eine Reihe von Aussagen zu Staat, Religion, Glauben und Politik, aber auch zu Deutschland und zur Türkei. Bitte geben Sie auch hier für jede dieser Aussagen an, ob Sie voll zustimmen, zustimmen, ablehnen oder voll ablehnen.*

	stimmt völlig (1)	stimmt (2)	stimmt nicht (3)	stimmt gar nicht (4)	k. A. (9)
(V209) Ich identifiziere mich mehr mit dem Islam als mit einer starken Nation der Türkei.	15.3	27.9	30.6	15.7	10.4
(V210) Auch wenn man gläubig ist, liegt die Verantwortung für die Gesellschaft bei den Menschen.	21.6	50.6	13.2	4.7	9.9
(V211) Der Zionismus bedroht den Islam.	12.4	20.8	31.2	16.6	18.9
(V212) Ich identifiziere mich mehr mit einer starken Nation als mit dem Islam.	9.7	22.6	30.9	21.8	15.0
(V213) Die türkische Politik müßte sich nach dem islamischen Recht ausrichten.	15.0	23.3	30.3	20.7	10.7
(V214) Der Krieg in Bosnien zeigt, daß der Westen die Muslime unterdrücken will.	27.5	32.8	19.8	7.9	12.0
(V215) Das Türkentum ist unser Körper, unsere Seele ist der Islam. Ein seelenloser Körper ist ein Leichnam.	25.1	31.9	18.3	12.6	12.1
(V216) Wenn man nicht den Glauben von Juden oder Christen annimmt, wird man von ihnen auch nicht akzeptiert.	10.9	22.9	31.6	20.2	14.4
(V217) In erster Linie bin ich Türke, erst in zweiter bin ich Muslim.	20.4	23.2	23.5	20.5	12.4

| (V218) Obwohl der Gottesdienst zu jeder Religion gehört, gründet sich der Gottesdienst im Islam auf Wissenschaft und Vernunft. Deshalb ist der Islam die höchste existierende Religion. | 23.8 | 29.6 | 19.8 | 9.7 | 17.1 |
| (V219) Für mich ist eine starke Türkei wichtiger als die Einigkeit aller moslemischen Nationen. | 21.1 | 23.8 | 23.3 | 17.9 | 13.8 |

Frage 72: *Im folgenden finden Sie einige Aussagen zu Ihrer Familie. Bitte geben Sie an, ob diese gar nicht zutreffen, nicht zutreffen, zutreffen oder ganz genau zutreffen.*

	trifft gar nicht zu (1)	trifft nicht zu (2)	trifft zu (3)	trifft ganz genau zu (4)	k.A. (9)
(V220) In meiner Familie hat jeder großes Interesse am anderen.	12.8	21.2	42.3	16.1	7.7
(V221) In meiner Familie sind die anderen nur selten für mich da, wenn ich sie brauche.	37.4	33.5	15.9	6.1	7.2
(V222) In meiner Familie kann ich mich auf die anderen immer verlassen.	8.7	15.9	36.5	31.6	7.3
(V223) Meine Eltern kümmern sich recht wenig um mich.	50.0	27.1	9.2	7.4	6.3

Frage 73 (V224): *Wie sicher oder unsicher sind Sie, daß Sie den Schulbzw. Ausbildungsabschluß bekommen, den Sie erreichen wollen?*

(1)	ganz unsicher	13.3
(2)	ziemlich unsicher	22.0
(3)	ziemlich sicher	37.8
(4)	ganz sicher	19.8
(9)	k.A.	7.0

Frage 74 (V225): *Sind Ihre schulischen Leistungen so, wie es Ihr Vater und Ihre Mutter von Ihnen erwarten?*

(1) weiß nicht   37.2
(2) nein, sind schlechter   22.6
(3) ja, sind genauso   24.3
(4) ja, sind sogar besser   10.4
(9) k. A.   5.5

Frage 75 (V226): *Wie stark fühlen Sie sich durch das belastet, was in der Schule oder in der Ausbildung von Ihnen verlangt wird?*

(1) sehr stark   12.9
(2) stark   31.4
(3) wenig   36.0
(4) sehr wenig   5.2
(5) überhaupt nicht   6.1
(9) k. A.   8.5

Frage 76 (V227): *Wie wichtig ist es Ihnen, die berufliche und soziale Stellung Ihrer Eltern zu übertreffen?*

(1) sehr wichtig   34.6
(2) wichtig   38.2
(3) weniger wichtig   14.7
(4) gar nicht wichtig   4.7
(9) k. A.   7.9

Frage 77 (V228): *Wie hat sich Ihr Verhältnis zu Deutschen in den letzten zwei Jahren entwickelt?*

(1) Es hat sich insgesamt verbessert   33.7
(2) Es ist gleich geblieben   52.5
(3) Es hat sich verschlechtert   8.7
(9) k. A.   5.1

Frage 78 (V229): *Wie hat sich die Häufigkeit der Kontakte mit Deutschen in Ihrer Freizeit in den letzten zwei Jahren entwickelt?*

(1) Die Anzahl der Kontakte ist größer geworden   38.7
(2) Die Anzahl der Kontakte ist gleich geblieben   46.4
(3) Die Anzahl der Kontakte hat abgenommen   8.7
(9) k. A.   6.1

Frage 79 (V230):   Wie hat sich der Kontakt unter der türkischen Bevölkerung in den letzten 2 Jahren entwickelt?
(1)   der Kontakt hat sich verbessert   49.5
(2)   der Kontakt ist gleich geblieben   37.0
(3)   der Kontakt hat sich verschlechtert   7.3
(9)   k. A.   6.2

Frage 80:   Deutsche und Ausländer werden im täglichen Leben
häufig ungleich behandelt. Sagen Sie uns bitte, ob auch
Sie diese Erfahrung von ungleicher Behandlung gemacht haben.

	nicht (1)	wenig (2)	häufig (3)	sehr häufig (4)	k. A. (9)
(V231) Arbeitsplatz/Schule	24.5	32.4	22.9	13.3	7.0
(V232) Wohnung	28.8	26.5	23.1	13.5	8.1
(V233) Behörden	21.5	28.7	25.1	13.6	11.2
(V234) Supermärkte	31.7	32.9	18.1	8.3	9.0
(V235) Discos	32.5	22.4	16.9	16.1	12.2
(V236) Jugendzentren	43.6	27.4	10.6	6.0	12.6
(V237) Sportvereine	45.5	24.2	11.5	6.8	11.9
(V238) Polizei	32.0	22.0	17.6	16.5	11.8
(V239) Nachbarschaft	28.0	29.8	21.3	11.5	9.5
(V240) deutsche Jugendgruppen	27.0	27.5	21.0	12.9	11.6
(V241) sonstiges	1.6	2.2	1.8	2.2	92.2

Frage 81:   Über das Leben im allgemeinen kann man ja verschiedener Meinung sein. Was sagen Sie zu folgenden
Aussagen?

	trifft über- haupt nicht zu (1)	trifft nicht zu (2)	trifft zu (3)	trifft ganz genau zu (4)	k. A. (9)
(V242) Früher waren die Leute bes- ser dran, weil jeder wußte, was er zu tun hatte.	17.9	31.4	30.4	9.4	11.0
(V243) Heute ist jeder so mit sich selbst beschäftigt, daß er nicht an morgen denken kann.	9.5	30.9	38.0	9.8	11.8

	trifft überhaupt nicht zu	trifft nicht zu	trifft zu	trifft ganz genau zu	k.A.
(V244) In diesen Tagen ist alles so unsicher geworden, daß man auf alles gefaßt sein muß.	6.6	17.2	45.9	18.4	11.9
(V245) Den meisten Menschen fehlt ein richtiger Halt.	5.9	19.1	49.5	12.9	12.7
(V246) Das Leben der Menschen ist auch in der heutigen Zeit klar und geordnet.	9.5	37.2	33.4	6.3	13.6
(V247) Es ist heute alles so in Unordnung geraten, daß niemand mehr weiß, wo er eigentlich steht.	9.6	33.8	35.1	9.0	12.4
(V248) Die Dinge sind heute so schwierig geworden, daß man nicht mehr weiß, was los ist.	8.8	25.9	39.5	13.3	12.5

Frage 82: *Auch über den Islam gibt es verschiedene Auffassungen. Welche Position vertreten Sie?*

	trifft überhaupt nicht zu (1)	trifft nicht zu (2)	trifft zu (3)	trifft ganz genau zu (4)	k.A. (9)
(V249) Der Islam muß in allen Ländern an die Macht kommen.	24.5	32.3	16.6	14.7	12.0
(V250) Der wahre Frieden kann nur entstehen, wenn sich der Islam ausdehnt.	16.5	29.3	24.6	16.1	13.5
(V251) Der Zionismus, die EG und die USA bedrohen den Islam.	13.1	30.2	24.7	14.9	17.1
(V252) In der Zukunft werden sich auch westliche Demokratien dem Islam öffnen.	12.9	25.9	29.2	14.2	17.9

Frage 83 (V253a*):   Welche Parteien sollten nach Ihrer Meinung in der Tür-
                      kei mehr Einfluß gewinnen?

(1)	DYP (Dogru Yol Partisi) / ANAP	25.7
(2)	CHP (Cumhuriyet Halk Partisi) / DSP etc.	7.8
(3)	RP (Refah Partisi)	17.3
(4)	YDH (Yeni Demokrasi Hareketi)	2.6
(5)	kurdische Parteien	4.8
(6)	andere	4.7
(7)	MHP	18.6
(9)	k. A.	18.5

* Soweit möglich, wurden sonstige Nennungen in die obengenannten Kategorien recodiert; Dop-
pelnennungen (RP/MHP) wurden auf beide Parteien gleichmäßig aufgeteilt; bei Mehrfachnennungen wurde wie folgt recodiert: MHP + DYP = (7); DYP + RP = (3); DYP + Kurdische Partei-
en = (5); ANAP + RP = (3); CHP + Kurdische Parteien = (5).

Frage 84:   Über Fremdenfeindlichkeit in Deutschland ist in
                      letzter Zeit ja viel geredet worden. Was sagen Sie zu
                      folgenden Aussagen?

	stimme voll zu (1)	stimme zu (2)	stimme nicht zu (3)	stimme gar nicht zu (4)	k. A. (9)
(V254) Die Morde von Solingen haben gezeigt, daß wir uns auf unsere nationalen und religiösen Traditionen besinnen müssen.	28.1	33.3	19.9	4.3	14.4
(V255) Nach den Morden von Solingen müssen wir Türken uns enger zusammenschließen.	36.4	35.3	14.0	3.3	11.0
(V256) Die Morde von Solingen zeigen, daß wir uns selbst schützen müssen.	38.3	37.2	10.4	2.2	11.9
(V257) Die Fremdenfeindlichkeit zeigt, daß wir uns bewaffnen müssen.	15.9	22.4	34.8	14.6	12.4
(V258) Die ausländerfeindlichen Ereignisse haben gezeigt: wir müssen erkennen, wer wir sind und daß wir gut sind.	24.7	38.7	17.2	5.7	13.8

(V259) Die Fremdenfeindlichkeit hat gezeigt: Deutsche und Türken müssen enger zusammenhalten.	31.7	38.9	12.1	5.6	11.7
(V260) Die ausländerfeindlichen Aktivitäten haben gezeigt: Zwischen Deutschen und Türken ist eine große Kluft.	16.3	32.0	29.2	8.0	14.5

Frage 85:   *Wenn Sie an in Deutschland lebende Türken denken, was ist dann Ihre Meinung?*

	stimme voll zu (1)	stimme zu (2)	stimme nicht zu (3)	stimme gar nicht zu (4)	k.A. (9)
(V261) Wir können uns nie als Deutsche fühlen, weil wir nicht dazugehören.	37.9	36.8	11.3	3.9	10.0
(V262) Wir können uns nicht als Türken fühlen, weil wir hier leben.	8.8	21.1	33.9	25.6	10.5
(V263) Wir können uns hier als Muslime fühlen, weil der Koran überall gültig ist.	33.1	32.3	14.5	7.9	12.3
(V264) Die Deutschen lehnen uns ab, die Türken in der Türkei verstehen uns nicht, aber Muslime akzeptieren uns.	21.0	26.5	23.3	14.4	14.7

Frage 86:   *Es gibt ja sehr unterschiedliche Meinungen darüber, wie das Leben in Deutschland geregelt sein sollte. Wie ist Ihre Meinung zu folgenden Äußerungen? Geben Sie auch hier wieder an, ob Sie den Aussagen voll zustimmen, zustimmen, ablehnen oder voll ablehnen.*

	stimmt völlig (1)	stimmt (2)	stimmt nicht (3)	stimmt gar nicht (4)	k.A. (9)
(V265) In diesen Zeiten brauchen wir unbedingt wieder eine starke politische Hand.	26.5	38.7	16.7	5.6	12.6

(V266) An den vielen Kriminellen sieht man, wohin eine verweichlichte Demokratie führt.	15.4	38.6	25.1	5.2	15.6
(V267) Auge um Auge, Zahn um Zahn, so ist nun mal das Leben.	18.8	35.8	23.2	8.3	13.9
(V268) Der Stärkere muß sich durchsetzen, sonst geht es nicht voran.	14.2	27.1	29.4	14.4	14.9
(V269) Man sollte keine weiteren Asylbewerber in dieses Land hineinlassen.	16.4	24.9	27.2	15.4	16.1
(V270) Den Zustrom von deutschstämmigen Aussiedlern aus Osteuropa und Rußland sollte man stoppen.	20.4	27.1	26.4	8.6	17.5
(V271) Die Jugendlichen in Deutschland haben viel zu viele Freiheiten.	15.4	31.3	26.2	12.6	14.5
(V272) Es ist gut, daß die Polizei nicht machen kann, was sie will.	20.7	31.5	21.9	11.1	14.6

Frage 87:   *Ist es in den letzten 12 Monaten vorgekommen, daß …*

	oft (1)	gelegentlich (2)	nie (3)	k. A. (9)
(V273) Ihnen Sachen von anderen absichtlich zerstört oder beschädigt wurden?	13.2	28.7	46.6	11.5
(V274) jemand Sie absichtlich geschlagen oder verprügelt hat?	5.1	17.9	65.0	11.9
(V275) Sie von anderen erpreßt/bedroht wurden, damit Sie taten, was andere von Ihnen wollten?	5.8	13.7	68.1	12.4
(V276) jemand Ihnen eine Sache mit Gewalt weggenommen hat?	6.5	14.4	67.3	11.8

(V277) bei Ihnen eingebrochen wurde (z. B. in Ihre Wohnung, in Ihr Auto)?	5.9	13.8	68.5	11.8

Frage 88: *Ist es in den letzten 12 Monaten vorgekommen, daß Sie…*

	oft (1)	gelegentlich (2)	nie (3)	k.A. (9)
(V278) Sachen von anderen absichtlich zerstört oder beschädigt haben?	10.1	13.8	63.7	12.4
(V279) jemanden absichtlich geschlagen oder verprügelt haben?	7.9	18.1	61.5	12.5
(V280) jemanden bedroht haben, damit er/sie tut, was Sie wollen?	7.0	11.1	68.4	13.4
(V281) jemandem eine Sache mit Gewalt weggenommen haben?	6.1	11.5	69.7	12.7
(V282) irgendwo eingebrochen haben (z. B. in ein Gebäude, ein Auto oder einen Automaten)?	5.0	8.8	73.4	12.7

Frage 89: *Hier finden Sie nun Namen von verschiedenen Parteien und Organisationen. Sagen Sie uns bitte, ob diese Ihre Interessen gut, teilweise oder schlecht vertreten.*

	vertritt meine Interessen gut (1)	vertritt meine Interessen teilweise (2)	vertritt meine Interessen überhaupt nicht (3)	kenne ich gar nicht (4)	k.A. (9)
(V283) CDU	7.6	17.4	33.3	15.0	26.6
(V284) SPD	16.8	27.3	19.5	12.4	24.0
(V285) Grüne	12.0	22.4	22.9	15.4	27.4
(V286) Gewerkschaften	5.5	16.6	21.1	24.4	32.4

(V287) ADÜTDF (kurz: Graue Wölfe, Türk-Federasyon; Föderation der Türkisch-Demokratischen Idealistenvereine Europa)	21.3	14.4	20.7	18.0	25.6
(V288) AMGT (kurz: Milli Görüş, Vereinigung der neuen Weltsicht in Europa)	16.0	17.4	22.5	18.3	25.8
(V289) ICCB (kurz: Cemalattin Kaplan, Islamische Union Köln (und Umgebung), Verband der Islamischen Vereine und Gemeinden	4.7	13.5	29.2	24.7	28.0
(V290) DITIB (Türkisch-islamische Union der Anstalt für Religion)	14.0	22.5	17.5	20.2	25.7
(V291) IKZ (Verband der Islamischen Kulturzentren Europa)	6.9	16.5	20.1	27.8	28.8
(V292) TIKDB (kurz: Türk-Islam Birligi; Union der türkisch-islamischen Vereine)	10.2	17.2	18.5	26.7	27.5

Frage 90: *Was ist Ihre Position?*

	stimme voll zu (1)	stimme zu (2)	stimme nicht zu (3)	stimme gar nicht zu (4)	k. A. (9)
(V293) Wenn es der islamischen Gemeinschaft dient, bin ich bereit, mich mit körperlicher Gewalt gegen Unglaubige durchzusetzen.	18.3	17.4	25.3	26.7	12.3
(V294) Wenn es der islamischen Gemeinschaft dient, bin ich bereit, andere zu erniedrigen.	9.3	15.0	33.3	29.9	12.5
(V295) Gewalt ist gerechtfertigt, wenn es um die Durchsetzung des islamischen Glaubens geht.	10.9	17.6	27.3	30.1	14.1

(V296) Wenn jemand gegen den Islam kämpft, muß man ihn töten.	9.2	14.0	27.7	35.8	13.3
(V297) Wenn sich jemand gegen die Türkei stellt, würde ich ihn als Feind behandeln.	22.6	26.9	21.6	16.3	12.6
(V298) Um den Einfluß der Türkei zu stärken, würde ich auch mein Leben opfern.	20.3	21.6	22.7	22.6	12.8
(V299) Um die nationale Ehre zu verteidigen, muß man gegebenenfalls auch zur Gewalt greifen.	17.0	23.8	25.6	20.6	13.1
(V300) Wenn es um nationale Interessen der Türkei geht, muß man auch zur Waffe greifen.	16.1	16.7	28.0	26.6	12.6

Die Autoren

Die Studie wurde im Institut für interdisziplinäre Konflikt- und Gewaltforschung der Universität Bielefeld erstellt.
Prof. Dr. Wilhelm Heitmeyer ist der geschäftsführende Leiter. Joachim Müller und Dr. Helmut Schröder sind wissenschaftliche Mitarbeiter im Institut.

edition suhrkamp
Eine Auswahl

Abelshauser: Wirtschaftsge-
schichte der Bundesrepublik
Deutschland 1945-1980. NHB.
es 1241

Achebe: Okonkwo oder Das Alte
stürzt. es 1138

Adorno: Eingriffe. es 10
– Gesellschaftstheorie und Kul-
turkritik. es 772
– Kritik. es 469
– Ohne Leitbild. es 201
– Stichworte. es 347

Bachtin: Die Ästhetik des Wor-
tes. es 967

Barthes: Kritik und Wahrheit.
es 218
– Leçon/Lektion. es 1030
– Mythen des Alltags. es 92
– Semiologisches Abenteuer.
es 1441
– Die Sprache der Mode. es 1318

Beck: Gegengifte. es 1468
– Die Erfindung des Politischen.
es 1780
– Risikogesellschaft. es 1365

Becker: Warnung vor dem
Schriftsteller. es 1601

Beckett: Endspiel. Fin de Partie.
es 96
– Flötentöne. es 1098

Benjamin: Das Kunstwerk im
Zeitalter seiner technischen
Reproduzierbarkeit. es 28
– Moskauer Tagebuch. es 1020
– Das Passagen-Werk. es 1200
– Versuche über Brecht. es 172

Bernecker: Sozialgeschichte Spa-
niens im 19. und 20. Jahrhundert. NHB. es 1540

Bernhard: Der deutsche Mittags-
tisch. es 1480

Biesheuvel: Schrei aus dem
Souterrain. es 1179

Bildlichkeit. Hg. von V. Bohn.
es 1475

Bleisch: Viertes Deutschland.
es 1719

Bloch für Leser der neunziger
Jahre. es 1827

Bloch: Abschied von der Utopie?
es 1046
– Kampf, nicht Krieg. es 1167

Boal: Theater der Unterdrückten.
es 1361

Böhme, G.: Natürliche Natur.
es 1680

Böhme, H.: Prolegomena zu
einer Sozial- und Wirtschafts-
geschichte Deutschlands im
19. und 20. Jahrhundert.
es 253

Bohrer: Die Kritik der Roman-
tik. es 1551
– Der romantische Brief.
es 1582

Bond: Gesammelte Stücke. 2
Bde. es 1340

Botzenhart: Reform, Restaura-
tion, Krise. NHB. es 1252

Boullosa: Sie sind Kühe, wir sind
Schweine. es 1866

Bourdieu: Rede und Antwort.
es 1547
– Soziologische Fragen. es 1872

Bovenschen: Die imaginierte
Weiblichkeit. es 921

Brandão: Kein Land wie dieses.
es 1236

Brasch: Frauen. Krieg. Lustspiel.
es 1469
– Lovely Rita. Rotter. Lieber
Georg. es 1562

edition suhrkamp
Eine Auswahl

Braun: Böhmen am Meer.
es 1784
– Verheerende Folgen mangeln-
den Anscheins innerbetriebli-
cher Demokratie. es 1473
Brecht: Der aufhaltsame Aufstieg
des Arturo Ui. es 144
– Aufstieg und Fall der Stadt
Mahagonny. es 21
– Ausgewählte Gedichte. es 86
– Baal. es 170
– Buckower Elegien. es 1397
– Die Dreigroschenoper. es 229
– Furcht und Elend des Dritten
Reiches. es 392
– Die Geschäfte des Herrn Julius
Caesar. es 332
– Die Gesichte der Simone Ma-
chard. es 369
– Die Gewehre der Frau Carrar.
es 219
– Der gute Mensch von Sezuan.
es 73
– Die heilige Johanna der
Schlachthöfe. es 113
– Herr Puntila und sein Knecht
Matti. es 105
– Der kaukasische Kreidekreis.
es 31
– Leben des Galilei. es 1
– Leben Eduards des Zweiten
von England. es 245
– Mann ist Mann. es 259
– Die Mutter. es 200
– Mutter Courage und ihre Kin-
der. es 49
– Der Ozeanflug. Die Horatier
und die Kuratier. Die Maß-
nahme. es 222
– Schweyk im zweiten Welt-
krieg. es 132

– Die Tage der Commune. es 169
– Trommeln in der Nacht. es 490
– Über Politik auf dem Theater.
es 465
– Das Verhör des Lukullus.
es 740
Brecht für Leser der neunziger
Jahre. Hg. von S. Unseld.
es 1826
Brunkhorst: Der Intellektuelle
im Land der Mandarine.
es 1403
Bubner: Ästhetische Erfahrung.
es 1564
– Zwischenrufe. Aus den beweg-
ten Jahren. es 1814
Buch: Der Herbst des großen
Kommunikators. es 1344
– Die Nähe und die Ferne.
es 1663
– Waldspaziergang. es 1412
Bürger: Theorie der Avantgarde.
es 727
Burkhardt: Der Dreißigjährige
Krieg 1618-1648. NHB.
es 1542
Butler: Das Unbehagen der Ge-
schlechter. es 1722
Celan: Ausgewählte Gedichte.
Zwei Reden. es 262
Cortázar: Letzte Runde. es 1140
– Das Observatorium. es 1527
– Reise um den Tag in 80 Wel-
ten. es 1045
Dedecius: Poetik der Polen.
es 1690
Dekonstruktiver Feminismus.
Hg. von B. Vinken. es 1678
Deleuze: Logik des Sinns.
es 1707
– Verhandlungen. es 1778

316/2/6.93

edition suhrkamp
Eine Auswahl

Denken, das an der Zeit ist. Hg. von F. Rötzer. es 1406

Derrida: Das andere Kap. Die aufgeschobene Demokratie. es 1769

– Gesetzeskraft. es 1645

Dieckmann: Glockenläuten und offene Fragen. es 1644

– Vom Einbringen. es 1713

Digitaler Schein. Hg. von F. Rötzer. es 1599

Dinescu: Exil im Pfefferkorn. es 1589

Ditlevsen: Sucht. es 1009

– Wilhelms Zimmer. es 1076

Dorst: Toller. es 294

Drawert: Spiegelland. es 1715

Dröge / Krämer-Badoni: Die Kneipe. es 1380

Duerr: Traumzeit. es 1345

Duras: Eden Cinéma. es 1443

– La Musica Zwei. es 1408

– Sommer 1980. es 1205

– Vera Baxter oder Die Atlantikstrände. es 1389

Eco: Zeichen. es 895

Ehmer: Sozialgeschichte des Alters. NHB. es 1541

Eich: Botschaften des Regens. es 48

Elias: Humana conditio. es 1384

Norbert Elias über sich selbst. es 1590

Engler: Die zivilisatorische Lükke. es 1772

Enzensberger: Blindenschrift. es 217

– Einzelheiten I. es 63

– Einzelheiten II. es 87

– Die Furie des Verschwindens. es 1066

– Landessprache. es 304

– Palaver. es 696

– Das Verhör von Habana. es 553

Eppler: Kavalleriepferde beim Hornsignal. es 1788

Erste Einsichten. Hg. von Ch. Döring und H. Steinert. es 1592

Esser: Gewerkschaften in der Krise. es 1131

Evans: Im Schatten Hitlers? es 1637

Ewald: Der Vorsorgestaat. es 1676

Federman: Surfiction: Der Weg der Literatur. es 1667

Feminismus. Inspektion der Herrenkultur. Hg. von L. F. Pusch. es 1192

Fernández Cubas: Das geschenkte Jahr. es 1549

Feyerabend: Erkenntnis für freie Menschen. es 1011

– Wissenschaft als Kunst. es 1231

Fortschritte der Naturzerstörung. Hg. von R. P. Sieferle. es 1489

Foucault: Psychologie und Geisteskrankheit. es 272

– Raymond Roussel. es 1559

Denken und Existenz bei Michel Foucault. Hg. von W. Schmid. es 1657

Spiele der Wahrheit. Hg. von F. Ewald und B. Waldenfels. es 1640

Frank: Einführung in die frühromantische Ästhetik. es 1536

– Gott im Exil. es 1506

– Der kommende Gott. es 1142

edition suhrkamp
Eine Auswahl

Hodjak: Franz, Geschichten-
sammler. es 1698
– Siebenbürgische Sprechübung.
es 1622
Holbein: Der belauschte Lärm.
es 1643
– Ozeanische Sekunde. es 1771
– Samthase und Odradek.
es 1575
Huchel: Gedichte. es 1828
Irigaray: Speculum. es 946
Jahoda / Lazarsfeld / Zeisel: Die
Arbeitslosen von Marienthal.
es 769
Jansen: Reisswolf. es 1693
Jasper: Die gescheiterte Zäh-
mung. NHB. es 1270
Jauß: Literaturgeschichte als Pro-
vokation. es 418
Johnson: Begleitumstände.
es 1820
– Das dritte Buch über Achim.
es 1819
– Der 5. Kanal. es 1336
– Ingrid Babendererde. es 1817
– Jahrestage 1. es 1822
– Jahrestage 2. es 1823
– Jahrestage 3. es 1824
– Jahrestage 4. es 1825
– Mutmassungen über Jakob.
es 1818
– Porträts und Erinnerungen.
es 1499
– Versuch, einen Vater zu finden.
Marthas Ferien. es 1416
Über Uwe Johnson. es 1821
Jones: Frauen, die töten. es 1350
Joyce: Finnegans Wake. es 1524
– Penelope. es 1106

Judentum im deutschen Sprach-
raum. Hg. von K. E. Grözin-
ger. es 1613
Junior: Jorge, der Brasilianer.
es 1571
Kenner: Ulysses. es 1104
Kiesewetter: Industrielle Revolu-
tion in Deutschland 1815-1914.
NHB.
es 1539
Kipphardt: In der Sache J. Ro-
bert Oppenheimer. es 64
Kirchhoff: Body-Building.
es 1005
Kluge, A.: Gelegenheitsarbeit
einer Sklavin. es 733
– Lernprozesse mit tödlichem
Ausgang. es 665
– Schlachtbeschreibung. es 1193
Kluge, U.: Die deutsche Revolu-
tion 1918/1919. NHB. es 1262
Köhler: Deutsches Roulette.
es 1642
Koeppen: Morgenrot. es 1454
Kolbe: Bornholm II. es 1402
– Hineingeboren. es 1110
Konrád: Antipolitik. es 1293
– Die Melancholie der Wiederge-
burt. es 1720
– Stimmungsbericht. es 1394
Krechel: Mit dem Körper des
Vaters spielen. es 1716
Krippendorff: Politische Inter-
pretationen. es 1576
– Staat und Krieg. es 1305
– »Wie die Großen mit den Men-
schen spielen.« es 1486
Kristeva: Fremde sind wir uns
selbst. es 1604

316/5/6.93

edition suhrkamp
Eine Auswahl

edition suhrkamp
Eine Auswahl

Medienmacht im Nord-Süd-Konflikt. Friedensanalysen Bd. 18. es 1166

Menninghaus: Paul Celan. es 1026

Menzel / Senghaas: Europas Entwicklung und die Dritte Welt. es 1393

Millás: Dein verwirrender Name. es 1623

Miłosz: Zeichen im Dunkel. es 995

Mitscherlich: Krankheit als Konflikt. es 164

– Die Unwirtlichkeit unserer Städte. es 123

Mitterauer: Sozialgeschichte der Jugend. NHB. es 1278

Möller: Vernunft und Kritik. NHB. es 1269

Morshäuser: Hauptsache Deutsch. es 1626

Moser: Besuche bei den Brüdern und Schwestern. es 1686

– Eine fast normale Familie. es 1223

– Der Psychoanalytiker als sprechende Attrappe. es 1404

– Romane als Krankengeschichten. es 1304

Muschg: Literatur als Therapie? es 1065

Mythos ohne Illusion. es 1220

Mythos und Moderne. es 1144

Nakane: Die Struktur der japanischen Gesellschaft. es 1204

Negt / Kluge: Geschichte und Eigensinn. es 1700

Ngũgĩ wa Thiong'o: Der gekreuzigte Teufel. es 1199

Nizon: Am Schreiben gehen. es 1328

Nooteboom: Berliner Notizen. es 1639

– Wie wird man Europäer? es 1869

Oehler: Pariser Bilder I (1830-1848). es 725

– Ein Höllensturz der Alten Welt. es 1422

Oppenheim: Husch, husch, der schönste Vokal entleert sich. es 1232

Oz: Politische Essays. es 1876

Paetzke: Andersdenkende in Ungarn. es 1379

Paz: Der menschenfreundliche Menschenfresser. es 1064

– Suche nach einer Mitte. es 1008

– Zwiesprache. es 1290

Petri: Schöner und unerbittlicher Mummenschanz. es 1528

Plenzdorf: Zeit der Wölfe. Ein Tag, länger als das Leben. es 1638

Politik der Armut und die Spaltung des Sozialstaats. Hg. von S. Leibfried und F. Tennstedt. es 1233

Politik ohne Projekt? Hg. von S. Unseld. es 1812

Powell: Edisto. es 1332

– Eine Frau mit Namen Drown. es 1516

Ein Pronomen ist verhaftet verhaftet worden. Hg. von E. Wichner. es 1671

Pusch: Alle Menschen werden Schwestern. es 1565

– Das Deutsche als Männersprache. es 1217

edition suhrkamp
Eine Auswahl

Raimbault: Kinder sprechen vom Tod. es 993

Rakusa: Steppe. es 1634

Reichert: Vielfacher Schriftsinn. es 1525

Ribeiro, D.: Unterentwicklung, Kultur und Zivilisation. es 1018

Ribeiro, J. U.: Sargento Getúlio. es 1183

Rodinson: Die Araber. es 1051

Rohe: Wahlen und Wählertraditionen in Deutschland. es 1544

Rosenboom: Eine teure Freundschaft. es 1607

Rosenlöcher: Die verkauften Pflastersteine. es 1635

– Die Wiederentdeckung des Gehens beim Wandern. es 1685

Roth: Die einzige Geschichte. es 1368

– Das Ganze ein Stück. es 1399

– Krötenbrunnen. es 1319

– Die Wachsamen. es 1614

Rubinstein: Sterben kann man immer noch. es 1433

Rühmkorf: agar agar – zaurzaurim. es 1307

Russell: Probleme der Philosophie. es 207

Schedlinski: die rationen des ja und des nein. es 1606

Schindel: Ein Feuerchen im Hintennach. es 1775

– Geier sind pünktliche Tiere. es 1429

– Im Herzen die Krätze. es 1511

Schleef: Die Bande. es 1127

Schöne Aussichten. Hg. v. Ch. Döring und H. Steinert. es 1593

Schönhoven: Die deutschen Gewerkschaften. NHB. es 1287

Schröder: Die Revolutionen Englands im 17. Jahrhundert. NHB. es 1279

Das Schwinden der Sinne. Hg. von D. Kamper und Ch. Wulf. es 1188

Segbers: Der sowjetische Systemwandel. es 1561

Senghaas: Europa 2000. es 1632

– Friedensprojekt: Europa. es 1717

– Konfliktformationen im internationalen System. es 1509

– Die Zukunft Europas. es 1339

Sieferle: Die Krise der menschlichen Natur. es 1567

Simmel: Schriften zur Philosophie und Soziologie der Geschlechter. es 1333

Sloterdijk: Der Denker auf der Bühne. es 1353

Sloterdijk: Eurotaoismus. es 1450

– Kopernikanische Mobilmachung und ptolemäische Abrüstung. es 1375

– Kritik der zynischen Vernunft. es 1099

– Versprechen auf Deutsch. es 1631

– Weltfremdheit. es 1781

Söllner: Kopfland. Passagen. es 1504

Staritz: Geschichte der DDR 1949-1985. NHB. es 1260

Steinwachs: G-L-Ü-C-K. es 1711

Stichworte zur ›Geistigen Situation der Zeit‹. 2 Bde. Hg. von J. Habermas. es 1000

edition suhrkamp
Eine Auswahl

Streeruwitz: New York. New York. Elysian Park. es 1800
– Waikiki-Beach. Sloane Square. es 1786
Struck: Kindheits Ende. es 1123
– Klassenliebe. es 629
Szondi: Theorie des modernen Dramas. es 27
Techel: Es kündigt sich an. es 1370
Thiemann: Schulszenen. es 1331
Thompson: Die Entstehung der englischen Arbeiterklasse. es 1170
Thränhardt: Geschichte der Bundesrepublik Deutschland. NHB. es 1267
Todorov: Die Eroberung Amerikas. es 1213
Treichel: Liebe Not. es 1373
Tugendhat: Ethik und Politik. es 1714
Vargas Llosa: Gegen Wind und Wetter. es 1513
– La Chunga. es 1555
Vernant: Die Entstehung des griechischen Denkens. es 1150
Veyne: Foucault: Die Revolutionierung der Geschichte. es 1702
Vor der Jahrtausendwende: Berichte zur Lage der Zukunft. Hg. von P. Sloterdijk. es 1550
Walser: Ein fliehendes Pferd. es 1383
– Geständnis auf Raten. es 1374
– Selbstbewußtsein und Ironie. es 1090
– Über Deutschland reden. es 1553

– Wie und wovon handelt Literatur. es 642
Weiss: Abschied von den Eltern. es 85
– Die Ästhetik des Widerstands. es 1501
– Fluchtpunkt. es 125
– Das Gespräch der drei Gehenden. es 7
– Notizbücher 1960-1971. es 1135
– Notizbücher 1971-1980. es 1067
– Rapporte. es 276
– Rapporte 2. es 444
– Rekonvaleszenz. es 1710
– Der Schatten des Körpers des Kutschers. es 53
– Stücke I. es 833
– Stücke II. 2 Bde. es 910
– Verfolgung … Marat/Sade. es 68
Sinclair (P. Weiss): Der Fremde. es 1007
Die Wiederkehr des Körpers. Hg. von D. Kamper und Ch. Wulf. es 1132
Wippermann: Europäischer Faschismus im Vergleich 1922-1982. NHB. es 1245
Wirz: Sklaverei und kapitalistisches Weltsystem. NHB. es 1256
Wittgenstein: Tractatus logico-philosophicus. es 12
Zoll: Alltagssolidarität und Individualismus. es 1776
Der Zusammenbruch der DDR. Hg. von H. Joas und M. Kohli. es 1777

316/9/6.93